충청도 태안
동학농민혁명

동학총서
015

충청도 태안 동학농민혁명

이해준 성주현 임형진 안외순 채길순 문영식 장수덕

동학학회 엮음

도서 모시는사람들

머리말

1998년 창립 이래 동학학회는 동학에 대한 학제적 연구를 통하여 한국사상의 정체성을 확립하는 데 기여해 왔습니다. 동학 연구의 범위도 협의의 동학에만 국한시키지 않고 근대사와 근대사상을 포괄하는 것은 물론 동서고금의 사상 및 현대 과학의 사상과도 비교하는 광의의 동학으로 그 외연을 확대하였습니다. 그동안 동학학회는 서울과 지역을 순회하며 47차에 걸친 학술회의를 개최함으로써 동학의 글로컬리제이션(Glocalization)에 총력을 기울여 왔습니다.

지역 순회 학술대회는 2011년 경주 추계학술대회를 시작으로 2012년 정읍 춘계학술대회와 고창 추계학술대회, 2013년 보은 춘계학술대회와 예산 추계학술대회, 2014년 영해 춘계학술대회와 남원 추계학술대회, 2015년 대구 춘계학술대회와 홍천 추계학술대회, 2016년 구미 춘계학술대회와 김천 추계학술대회, 2017년 청주 춘계학술대회와 수원 추계학술대회, 2018년 영동 춘계학술대회와 원주 추계학술대회, 2019년 전주 춘계학술대회와 여주 추계학술대회를 개최하였습니다. 그리고 2020년 옥천 춘계학술대회와 태안 추계학술대회를 개최하였습니다. 또한 연 2회 단행본 발간과 더불어 등재학술지인 동학학보를 연 4회 발간함으로써 학회지의 질적 제고와 양적 성장의 기틀을 마련하였으며, 홈페이지 개편 및 온라인 논문투고시스템의 구축으로 동학학보가 명실공히 권위 있는 학술지로 발돋움하게 되었습니다.

2020년 11월 6일 동학농민혁명 제126주년을 맞이하여 동학농민혁명의 전개 과정에서 매우 중요한 위치를 차지하는 태안에서 「동학의 글로컬리제이션: 동학농민혁명과 충청도 태안」을 대주제로 추계학술대회가 개최되었습니다. 학술대회에서 발표된 다섯 편의 논문과 기조강연 및 한 편의 추가 논문, 그리고 부록을 추가하여 단행본으로 발간하게 된 것을 매우 뜻깊고 또한 기쁘게 생각합니다. 태안군 주최, 동학학회 주관, 그리고 동학농민혁명기념재단 · 태안문화원 · 태안동학농민혁명유족회 · 태안동학농민혁명기념사업회 · 동학학회 후원회가 후원한 태안 추계학술대회는 1894년 내포지역에서 치열하게 전개된 태안 동학농민혁명의 역사적 의의와 가치를 21세기 글로컬 시대의 시각으로 재조명하고 태안지역 문화의 세계화와 태안지역의 진취적인 정체성 확립 및 문화적 역량 제고에 기여하였습니다. 특히 동학농민혁명사에서 태안이 차지하는 역사적 위상을 사료 연구를 통해 실증적으로 규명함으로써 한국 근대사의 전환기에 태안 일대의 주민들이 기여한 실상을 밝혀낸 뜻깊은 학술대회였습니다.

백화산 어귀 교장(絞杖) 바위 아래 1972년 가장 먼저 '동학농민혁명군 위령탑'이 세워진 데서도 알 수 있듯이, 충청도 태안은 근대사회로 전환하는 과정에서 변혁운동의 중심지로서 역할을 했던 지역입니다. 태안의 동학농민혁명사는 경주로부터 직접 유입된 초기 동학 전파와 예포로부터 유입된 동학포교사, 9월 재기포를 전후한 관아 습격, 그리고 관군과 일본군 유회군(儒會軍)의 동학농민군에 대한 토벌전으로 살펴볼 수 있습니다. 태안은 넓은 들을 끼고 풍부한 어장을 갖추었으며, 수많은 중국 사신과 상단들이 출입하던 항구가 있어 상업적 거래가 활발하게 이루어진 지역입니다. 그러다보니 태안 관내의 동학교도들로부터 속전(贖錢)이라는 세목으로 강제징수하는 등 태안 관아의 수탈과 횡포가 극심했기 때문에 태안 지역에는 동학 교세가 빠르게 확산되었습니다. 갑오년의 동학농민혁명은 전국에서 동시다발적으로 일어난 혁명적 거사였음에도 그동안의 연구는 특정 지역에 치중되어 마치 동학농민혁명이 특정 지역에 국한된 혁명으로 치부되는 경향이 있었습니다. 따라서 본 학술대회는 그동안 가려졌던 태안 지역 동학농민혁명의 참여 과정과 활동 그리고 참여자의 인물 분석 등을 통해 태안의 역사적 위상의 재조명, 태안 지역 동학농민혁명 기념사업의 활성화 계기 마련, 나아가 태안 지역 동학농민혁명 유적지 현황 파악과 함께 그 활용 방안을 모색함으로써 동학농민혁명의 유적지 선양화 사업으로 이어질 수 있는 모티브를 제공하였습니다. 역사학, 정치학, 철학, 종교학, 국문학 등 다양한 분야의 동학 전문가들이 모여 개최한 태안 추계학술대회는 경주, 정읍, 고창, 보은, 예산, 영덕, 남원, 대구, 홍천, 구미, 김천, 청주, 수원, 영동, 원주, 전주, 여주, 옥천에 이어 열아홉 번째로, 충청도 태안에서 지역민들과 전문 연구자 및 대학생들의 참여를 통해 학문적 교류와 소통의 장을 마련하고 후속연구를 촉발시키며, 지역적 정체성과 애향심을 고취시켜 애국·애족·애민의 정신을 함양하고, 동학정신과 동학혁명의 가치를 후속세대에 전승하며, 아울러 국내외 전문가를 포함한 인적 인프라 구축을 통해 동학의 글로컬리제이션에 기여할 수 있었다는 점에서 그 의의가 크다 하겠습니다.

　동학은 진정한 의미에서의 인간학이고, 동학학회는 이러한 진정한 인간학을 연구하고 그것을 삶 속에 투영시키는 학회입니다. 동학은 상고시대 이래 면면히 이어져 온 민족정신의 맥을 살려 주체적으로 개조·통합·완성하여 토착화시킨 것으로 전통과 근대 그리고 탈근대를 관통하는 '아주 오래된 새것'입니다. 동학의 즉자대자적(卽自對自的) 사유체계는 홍익인간·광명이세의 이념을 현대적으로 구현하는 원리를 제공하고 나아가 평등하고 평화로운 세계를 창조하는 토대가 될 수 있게 한다는 점에서, 백가쟁명의 사상적 혼란을 겪고 있는 오늘의 우리에게 그 시사하는 바가 실로 크다 하겠습니다. 문명의 대전환이라는 맥락에서 볼 때 동학은 새로운 문명의 패러다임, 즉 전일적인 새로운 실재관을 제시함으로써 데카르트-뉴턴의 기계론적 세계관의 근저에 있는 가치체계의 한계성을 극복할 수 있게 한다는 점에서 서구적 근대를 초극하는 의미가 있다 하겠습니다. 특수성과 보편성, 지역화와 세계화, 국민국가와 세계시민사회의 유기적 통일성을 핵심 과제로 안고 있는 오늘의 우리에게 이번에 발간하는 단행본이 해결의 단서를 제공해 주기를 기대해 봅니다.

끝으로, 태안 추계학술대회 개최와 이번 단행본 발간을 위해 지원과 배려를 아끼지 않으신 태안군 가세로 군수님과 신경철 태안군의회 의장님께 충심으로 감사드립니다. 그리고 이 책을 발간해 주신 '도서출판 모시는사람들'에도 감사의 마음을 전합니다.

2020년 12월
동학학회 회장 최민자

충청도 내포(태안) 지역 동학농민혁명의
전개 과정과 역사적 성격

이 해 준
공주대학교 명예교수

'동학농민혁명과 충청도 태안'이라는 주제의 학술회의에서는 기존에 해당 분야 연구를 많이 해 오신 연구자들이 「태안 지역의 동학 전파 과정(포덕과정)과 조직화」(임형진) 「동학농민혁명 희생자와 홍주 의사총 관계 연구」(성주현) 「옥파 이종일과 동학, 천도교, 그리고 3.1독립만세운동의 연속성」(안외순) 「태안(내포) 동학 유적의 체계적 보존관리와 활용방안」(채길순) 「1960년대 이후 태안 지역 동학기념사업(선양사업) 분석과 현재적 의의」(문영식) 등으로 내포(태안) 동학농민혁명의 연구성과를 총정리하여 시기별, 성격별, 그리고 유적의 보존 관리와 활용 방안까지 발제를 하였다. 이분들의 연구로 내포 동학이 지닌 특징과 성격, 의미가 매우 심도 있게 재조명될 것으로 모두 기대한다.

　필자는 동학농민혁명에 관심과 인연이 아주 많지는 않았지만, 몇가지 아직도 생생한 기억들이 되새겨 진다. 우연이지만 공주 우금치 동학전적비의 건립관련 자료 정리를 한 것이라든가, 대학 강사로서 1977년 한 학기 강의를 '동학'으로 정하고 종강 후 학생들과 고창에서 우금치까지 7박 8일의 도보 행군을 했던 것, 이이화 선생과의 인연, 목포대 교수로서 전라도 동학 관련 자료를 수집한 것, 그리고 동학자료의 세계유산 등재 과정에 적지만 참여한 것 등이 생각난다. 그렇지만 실제로 동학에 관련된 연구를 하지는 않아 이 글을 정리하는데 부담도 적지 않다.

　한편으로 그런데 필자는 그동안 지역사와 지역문화 연구를 평생의 과제로 삼아 온 특이한 한국문화사 연구자이다. 그런 중에 충남지역, 그리고 내포 지역 문화와의 인연도 매우 많다. 내포 지역의 문화는 충청도의 서해안 문화로 그 성격이 매우 특이하고 강함에도 금강 유역의 백제문화, 호서 지역의 유교문화가 강조되면서 소외되어 있었다. 이를 널리 알리고 홍보하는 작업이 이루어지고, 2000년대 초반에 내포문화권 개발사업이 시작된다. 바로 그 과정에 '내포를 아시나요'라는 책자의 편집과 내포문화 관련 연구 발제 등을 기획하고 참여하였다. 특히 충남역사문화원장으로 재직하면서 충남도청의 고위 관리들에게 내포문화 특강을 실시하고, 그것이 인연이 되어 『내포문화총서』를 간행하기도 한다. 어쩌면 이러한 인연과 애정으로 이 글을 작성하게 되었다.

이 글에서 충청도 내포 지역, 특히 태안 지역의 민중 동향과 근·현대 시기의 커다란 사상계의 변화 모습을 동학농민혁명 중심으로 다시 한번 부각하고 재조명하여 그 역사와 의미를 되새겨 보고자 한다.

1. 내포 지역의 역사문화

충청도 사람 하면 우선은 '순하고 온화한 사람들', '정이 많은 사람들'로 부르는 데 이견이 없다. 이러한 충청도 사람들의 인성은 바로 풍요로운 자연환경에서 배태된 것일 것이다. 그리고 그중에서도 특히 내포 지역은 지형이 대체로 완만하고 서해와 연결된 해안지대는 삶에 또 다른 풍요를 가져다주는 천혜의 자연조건을 지닌다. 기후가 좋고, 넓은 평야와 이를 살찌우는 하천의 발달, 넓은 바다와 개펄의 해산자원은 이 지역민들의 삶에 여유를 부여하였고, 그 넉넉함으로 인심도 순후한 곳이다. 그래서 내포 지역을 충청도에서 '가장 살기 좋은 곳'이라고 일컬었고, 김정호는 '태극을 이루는 대진

태극을 이루는 대길지 내포지역

지(大吉地)'라고도 하였다.

충남은 동남부의 공주권과 서북부 홍주권 두 지역으로 크게 나누어지고, 역사와 문화도 이 2개의 큰 기둥을 토대로 발전하였다. 즉 금강(백제)문화권, 내포문화권이 바로 그것으로 백제문화와 유교문화로 상징되는 금강권의 문화와, 바닷길(조운, 해운, 포구 갯펄)과 새벽문화로 상징되는 내포문화가 바로 그러한 특성을 잘 보여준다.

필자가 충남문화를 '서해와 금강이 만나 이룬 문화'¹라고 하는 것도 바로 이러한 서로 다른 특징을 보여주는 두 개의 기둥을 염두에 두고 이름 붙여 강조한 것이다. 예컨대 금강문화권은 금강유역을 중심으로 발달하여 문화 예술과 지성사, 행정 거점으로서의 지위를 지켜 왔다. 대개 백제문화를 그 상징으로 자랑하지만, 조선시대 호서예학과 산림으로 대표되던 기라성 같은 지성들이 태어나 활동한 터전이기도 하였고, 충청도의 오랜 행정, 군사 중심지로서의 지위를 지켜온 곳이다.

이와 비교하여 내포 지역은 정말 특이하고 또 다른 역사 문화적 특징과 다양성을 지닌 곳이다. 필자는 내포 지역의 독특한 문화를 '새벽문화'라고 이름 한다. 한국역사상에서 내포 지역은 특이하고 커다란 궤적을 남기는데 우선 내포문화는 '열린 출구, 관문'으로서 시대 변화에 매우 빠르게 대처한 '개방'과 '선진', '다양성'을 보여준다. 즉 백제시대의 대중국 교류나, 라말려 초의 내포 불교가 보여주는 모습, 그리고 조선 후기 실학의 발전, 천주교의 이른 전파와 교세 확장, 한말 홍주 의병으로 대표되는 의병 활동, 그런가 하면 오늘 이야기하는 동학농민군의 활동도 특이하였던 곳이 바로 내포지역이었던 것이다.

- 대중국해로와 당진, 한나루
- 서산, 태안마애불로 상징되는 내포 백제불교
- 라말 선종의 유입과 성주사지, 보원사지
- 려말선초 성리학의 수용
- 조선 후기 실학과 호락논쟁
- 천주교의 전파, 동학의 형성과 농민혁명, 한말의병
- 해안 갯펄 문화
- 근대 애국계몽, 항일독립운동

　내포문화는 무엇보다 서해로 향해 열린 관문적 성격이 강하다. 지리적으로 중국과 서울, 그리고 호남 지역을 사이에 둔 삼각지대로 개방적인 문화 교류를 해 왔다. 서해안을 따라 발달한 바닷길은 일찍부터 내포만의 독특한 문화권을 형성하게 하였다.
　내포의 서해안 바닷길은 흡사 오늘날의 철도교통이나 고속도로망과 같은 의미로 받아들여도 좋을 만큼 정치 · 경제 · 문화적으로 커다란 역할을 한 문화전파 루트이었으니 내포 지역은 각 시기마다 새로운 문화의 전파와 출입로 역할을 다했다. 백제시대의 중국과 교섭이라든가, 서산마애불로 상징되는 내포 불교의 전통과 라말 선종의 유입, 려말선초 성리학의 수용과 인맥, 그리고 조선 후기 실학이라든가 천주교의 전파, 보부상단의 활동 등이 그러한 예가 될 것이다.

2. 내포 지역 동학농민혁명 연구

내포 지역은 동학농민혁명이 활발하게 전개된 곳이었지만, 호남의 동학농민혁명에 비하여 크게 주목받지 못한 아쉬움이 많았다. 그러나 내포 지역의 동학이 연구자들에 의하여 새롭게 연구되면서 내포 지역이 동학과 농민혁명에서 특별한 지역적 성격과 특이점을 보여주는 곳으로 주목되기 시작하였다. 그리고 이러한 내포 지역 동학농민혁명에 관한 연구는 많은 연구자들에 의하여 다음에서 보는 것처럼 폭넓고 다양하게 진행되었다.

○ 내포동학 연구논문

배항섭, 1994, 「충청지역 동학농민군의 동향과 동학교단」, 『百濟文化』 23집, 공주대 백제문화연구소.

양진석, 1995, 「1894년 충청도지역의 농민전쟁」, 『1894년 농민전쟁연구 4)』, 역사와비평사.

이상재, 1997, 『거인 춘암 박인호 연구』, 예산문화원.

이인화, 1997, 「내포 지역 동학농민운동의 전개 과정과 그 결과」, 『당진향토문화논총』 17집. 당나루향토문화연구소.

표영삼, 2000, 「충청 서부지역 동학혁명」, 『교사교리연구』 5호, 천도교중앙총부.

이진영, 2003, 「충청도 내포 지역의 동학농민전쟁 전개양상과 특성」, 『동학연구』 14, 15호, 동학학회.

박성묵, 2008, 「내포 지역 동학혁명과 춘암 박인호」, 승통100주년 기념학술대회.

이인화, 2008,「내포 지역 동학농민혁명의 전개과정과 그 결과」,『의병과 동학』, 민속원.

채길순, 2009,「충청남도 서북지역의 동학혁명사 연구」『동학학보』 17호, 동학학회.

유병덕, 2009,「태안 지역 동학농민운동의 전개과정과 그 특징」, 제2회 태안역사문화학술발표.

성주현, 2010,「박인호계 동학군의 동학혁명과 그 이후의 동향」,『동학과 동학혁명의 재인식』, 국학자료원.

신영우, 2013,「내포일대의 갑오년 상황과 동학농민군의 봉기」,『동학학보』 29. 동학학회.

박성묵, 2013,「내포 동학혁명 지도자의 활약상과 역사문화적 의의」, 동학학회 · 예산동학농민혁명기념사업회, 동학농민혁명 제119주년기념학술대회 · 제33차 추계 학술대회.

조극훈, 2013,「춘암 박인호의 동학 이해와 근대성」, 동학학회 · 예산동학농민혁명기념사업회, 동학농민혁명 제119주년 기념학술대회 · 제33차 추계 학술대회.

임형진, 2013,「내포 지역의 동학유입경로와 조직화 과정」, 동학학회 · 예산동학농민혁명기념사업회, 동학농민혁명 제119주년 기념학술대회 · 제33차 추계 학술대회.

성주현, 2014,「내포 지역의 동학과 동학농민혁명」, 갑오동학농민혁명 120주년 기념학술세미나, 충청남도 · 충청남도역사문화연구원.

신영우, 2015,「내포의 동학」,『내포의 역사와 문화』 내포문화총서 1, 충청남도 · 충청남도역사문화연구원.

충청남도, 충청남도역사문화연구원, 2015,『내포의 동학』, 내포문화총서 2.

충청남도, 충청남도역사문화연구원, 2015, 『내포의 근대사상과 종교』, 내포문화총서 4.

김양식, 2016, 「갑오군정실기에 나타난 충남지역 동학농민군의 활동」, 동학농민혁명 정기학술대회.

장수덕, 2018, 「갑오동학란 피란록의 저자 탐구와 사료적 가치의 재평가」, 『한국근현대사연구』, 86집.

장수덕, 2019. 「내포 지역 재지량반의 동학농민전쟁에 대한 인식과 대응」, 『원불교사상과 종교문화』 80집.

장수덕, 2020, 『내포 지역 동학농민전쟁 연구』, 공주대학교 대학원박사학위논문.

○ 『내포의 동학』 기획총서

특별하게 주목할 것은 앞에 소개한 연구물 중에 2015년에 충청남도와 충남역사문화연구원이 편찬 간행한 『내포의 동학』(내포문화총서 2)를 주목하여 본다. 이 책자는 내포 지역 동학농민혁명의 연구 정리서라 할 수 있는데 여기에는 분야(주제)별로

신영우, 「19세기 후반 동아시아와 내포 지역」, 성주현, 「동학의 내포 지역 전래와 확산」, 임형진, 「동학농민혁명의 전개와 내포 지역의 동향」, 김양식, 「내포 지역 동학농민군의 봉기와 좌절」, 정을경·홍동현·박성묵, 「내포 동학이 남긴 유산」, 이병규, 「내포 지역 동학농민혁명 유적지의 활용 방안」

등이 수록, 정리되어 있고 같은 내포문화총서 4 『내포의 근대사상과 종

교』편에도 성주현, 2015, 「내포 지역 동학과 동학농민혁명」 성주현, 2015, 「동학에서 천도교로, 민족종교로 거듭나다」 등이 수록되어 있다.

○ 동학자료집 발간과 유적 선양

주지하듯이 동학농민전쟁사 사료발간위원회가 발간한『동학농민전쟁사료총서』에는 조석헌의 「창산후인 조석헌역사」, 문장준의 「문장준 일기」, 박인호의 「갑오동학병기실담」 등이 수집 정리되었고, 관리들이나 유생들의 기록으로 홍건(洪健)의 『홍양기사(洪陽紀事)』, 김윤식(金允植)의 「면양행견일기(沔陽行遣日記)」, 김약제(金若濟)의 「김약제일기(金若濟日記)」 「취어(聚語)」, 김현제(金玄濟)의 『갑오동학난피난기(甲午東學亂避亂錄)』, 안희중(安熙中)의 「임성경난기(任城經亂記)」 등도 전해진다.

이와 함께 태안군·충남역사문화원에서는 『북접일기』 조석헌, 문장준 역사(2006)를, 당진시·당진문화원에서는 김윤식(金允植)의 『속음청사(續陰晴史)』(沔陽行遣日記)(2016), 장수덕 『당진·서산지역의 동학농민전쟁 - 피난록을 중심으로-』(2016)을 발간하기도 하였다.

한편 태안에서는 다른 지역에서 보기 힘든 선양회와 기념사업회 활동이 일찍부터 전개된다. 1964년 현재의 (사)동학농민혁명기념사업회 태안 지부의 전신인 동학정신선양회가 태안 지역 동학농민전쟁을 주도했던 문장로(文章魯)의 손자인 문원덕(文源德, 1915-1986)[2]에 의하여 설립되어 태안동학농민군들의 영혼을 위로하고 희생정신을 계승하게 된다. 그리고 문원덕은 내포 지역의 동학농민군 후손들을 찾아 순도자의 이름과 순도한 장소와 시기를 조사 정리하여 1966년『갑오동학혁명 당시 순국자 명단』과 『갑오동학혁명 당시 순도한 순도자 명단(288인)』을 작성한다. 또 이를 계기로 최초로 유족회를 결성하였고, 자료 발굴에 힘을 쏟아 마침내 『조석헌역사』와『문장준역사』라는 태안 지역의 귀중한 동학농민혁명자료들도 빛을 보게 된다.

유족회는 일본군과 관군이 자행한 참혹한 학살 현장을 찾아 알리기도 하고, 1978년에는 동학농민군 참살 기억이 새겨져 있는 백화산 교장(絞杖)바위 아래에 동학농민군위령탑을 세워, 해마다 이곳에서 위령제를 개최한다. 2000년 10월에는 태안 지역동학전래비도 세웠다. 그리고 특히 2020년에는 아버지의 뒤를 이어 기념사업회와 유족회를 이끄는 문영식 회장의 노력으로 백화산 교장바위 자리에 동학농민혁명 기념관도 건립되기에 이른다.

3. 한말 내포 지역 동학 조직과 기포

1) 한말 전환기 내포 지역

주지하듯이 한말 전환기의 내포 지역은 천주교와 함께 동학, 한말 위정척사, 그리고 개화사상의 독특한 면모들이 어우러져 있는 곳이었다. 특히 오늘 우리가 이야기하는 동학농민들의 항쟁과 활동상은 바로 이러한 내포 지역의 농민문화, 민중문화를 지역적 특징으로 잘 보여준다고 하겠다.

이러한 다양하고 특별한 내포의 역사문화 중에서 내포의 동학농민혁명은 19세기말 내포의 다양하고 특별한 정신문화를 대표하는 상징이자 역사이다.

충청도 내포 지역은 풍부한 물산과 지리적 이점으로 일찍이 재경 사족을 비롯하여 왕가의 경제기반이 있었으며, 이들은 신분적 사회적 지위를 이용하여 토지의 소유에 집중하였다. 이 때문에 농민들은 봉건적 토지관계의 모순과 억압된 신분제하에서 착취와 수탈의 이중고에 시달렸다. 또한 내포 지역은 세곡을 운송하는 길목이어서 전운사의 횡포도 이에 못지않았다. 이뿐만 아니라 개항 이후 서양 문물의 유입과 일본 상인의 활동은 경제적 어려움에 빠져있는 내포 지역민들을 더욱 생활고에 시달리게 만들었다.

내포 지역에서 동학이 급속하게 확장되기 시작한 요인을 찾아보면 재지 양반들과 지방관들의 폭압적인 수탈과 아전들의 만연된 포흠 등 크게 두 가지로 귀결이 된다. '합덕민란(合德民亂)'은 양반 지배층의 폭압적인 수탈로 인한 갈등의 정점에서 발생한 대표적인 사건으로 당시 내포 지역 지방관들의 묵인 속에서 자행된 지배층 횡포의 전형을 보여주는 사건이기도 하였다.

이와 같은 시대적 상황 속에서 동학이 추구하는 만민평등이 실현되는 후천개벽의 이상사회는 곧 이들 헐벗고 굶주린 내포 지역 민중들에게 구원으로 등장했다. 바로 이즈음에 동학이 내포에 전파되었으며, 많은 사람들이 불안을 해결하고자 동학에 입도하여 사인여천(事人如天)의 새로운 세상을 꿈꾸기 시작한 것으로 전해진다. 즉 '사인여천의 정신에 의거 상하귀천이 없고 남녀존비가 없이 서로 맞절하고 경어를 쓰게 되니 모두가 자연스럽게 열복하였다'고 하듯 동학을 통하여 민중들은 평등 의식과 삼경(三敬) 사상을 직접 접할 수 있었다.

내포 동학은 처음에는 교조신원운동 차원에서 서서히 세를 넓혀 나갔고, 척왜양창의운동의 단계에서는 강성한 지역 동학 세력으로 성장할 수 있었다. 즉 내포 동학은 이러한 반봉건과 척왜양창의 정신이 강하였으며, 간악한 일본의 무력과 조정의 무능력으로 좌절하고 말았지만 내포 지역 동학정신과 동학농민혁명의 궤적은 역사의 큰 모습으로 우리에게 남아 있다.

2) 내포 지역 동학 포교와 조직화

내포 지역에 동학이 포교되기 시작한 것은 1870년대 말부터 해월 최시형에 의하여 충청 지역에 동학이 전파되기 시작하면서부터였다. 1871년 3월 영해 교조신원운동 이후 명맥을 유지하던 동학교단은 1875년 8월 정선에서 새로운 의례를 제정하고 10월부터 순회 설법을 시작으로 점차 안정되어 갔고, 이에 따라 충청도와 경기도 지역으로 확산세를 보였다.

내포 지역의 동학은 1870년대 말 해월 최시형의 지도를 받은 삽교 하포리의 박인호, 아산 도교의 안교선 등이 그 중심이었고, 이들은 1880년대에 들어와 동학교문의 중진 지도자로 성장하여 독자적인 포덕 활동에 나선 것으로 알려진다.

내포 지역 초기 동학교인들은 초기 동학교단에 경제적 후원을 하거나 교단을 정비하는데 크게 기여하고 특히 『동경대전』 간행 과정에도 함께 참여하여 당시 동학교단의 상층부 지도자로서 활동하였다 한다. 또 내포 지역 동학세력은 1892년 말 공주에서 전개된 교조신원운동에 적극 참여하였고, 특히 1893년 2월 광화문 앞에서 전개된 교조신원운동에 이들 내포 지역의 동학지도자 박인호와 박덕칠, 그리고 박인호의 사촌동생인 박광호 등이 중심인물로 등장한다. 즉 광화문 교조신원운동에 박광호는 상소인의 대표인 소수(疏首)로, 박인호와 박덕칠은 손병희와 함께 봉소(奉疏)로 각각 참여하였다. 이는 바로 내포 동학 조직이 교단에서 커다란 역할을 담당하였다는 것을 보여주는 것이라 할 수 있다.[3]

이렇게 시작된 교조신원운동은 11월 삼례 취회, 1893년 광화문에서의 복합상소로 이어졌고, 보은도회(報恩都會)에서는 육임소를 설치하고, 포접제(包接制)를 정비하는 등 동학 조직을 완비한다. 특히 보은법소(報恩法所)를 창의소(倡義所)라 개칭하여 그것이 단순한 종교의 자유와 신원운동의 차원을 넘어서 반봉건, 반외세 움직임을 분명하게 표방하고 있음을 보게 된다.

내포 지역 동학 조직도 3월 보은의 척왜양창의운동에도 참여하였는데 당시 박인호(朴寅浩, 朴道一)는 덕포 대접주, 박희인(朴熙寅, 朴德七)은 예포 대접주로, 그리고 안희선(安敎善)은 아산포 대접주로 각각 임명되었다.[4] 이에 따라 내포 지역 동학 조직은 덕포(德包)와 예포(禮包)를 정점으로 12개의 포가 형성되었으며, 지역적으로는 신창, 덕산, 당진, 서산, 태안, 예산, 면천, 안면도, 해미, 남포 등지까지 그 영향력이 미쳤던 것으로 알려진다.

3) 내포 지역 동학 기포

●**덕산과 원평 기포** : 내포 지역 동학의 첫 기포는 1894년 2월 6일에 전개된 '덕산 기포'였다. 덕산 기포는 나성뢰를 장두로 추대하고, 방재성, 김윤필 등의 주도로 합덕저수지 개간과 수세 부과로 수탈을 일삼던 이정규(李廷珪)를 처단하고자 농민군 수천 명이 모여 이정규의 집을 불태운다. 이후 이정규는 평북 선천으로, 그리고 나성뢰는 함경도 이원으로 각각 유배되는데, 덕산 기포를 주도한 나성뢰가 언제 동학에 입도하였는지 확인되지 않지만, 이해 8월 홍주의 주요 동학지도자로 참여 활동한 것을 보면 덕산 기포는 동학 조직과 밀접한 관련이 있으며, 내포 지역 동학의 첫 기포였다고 할 수 있다. 덕산 농민봉기 소식은 내포 지역 곳곳에 전해졌고, 이를 계기로 동학에 가입하는 사람들이 계속 늘어났다고 한다.

두 번째 기포는 1894년 4월 9일에 전개된 서산 원벌 기포(元坪으로 현재 서산시 운산면 원평리)로 경화사족의 후예인 이진사(李進士)는 남연군 묘소 및 주변 토지 관리를 맡은 자로 탐학이 극심했다 하는데 그가 동학도를 음해하고 핍박하며 재물을 탈취하자, 통문을 돌려 동학도 1백여 명이 원평에서 도회(都會)를 개최하고 직접 응징에 나선 것이다. 이 원평도회는 내포 지역에서 동학이라는 이름으로 시작된 최초의 '도회'라는 점에서 의의가 크다.

2월과 4월에 걸친 두 차례의 기포로 내포 지역 동학 조직은 결속력이 더욱 강화되고 동학에 가입하는 사람들도 계속 늘어났다고 한다. 당시 덕산과 예산에서 활동하던 한 일본 상인은 당시 이 지역 동학의 동향을 일본공사관에 '덕산과 예산지역은 인민의 반수가 동학에 속하였지만 아직 소동 같은 것은 없고 평상시와 같이 각자 영업에 종사 중이라 하고, 집회 또는 협의를 할 때는 신호로서 징 같은 것을 쳐서 울렸다고 하며, 예산과 덕산에 동학 두목이 2, 3명이 있는 것 같은데 지방에서 동학의 평판이 아주 좋았으며 그후 점점 증가하였다'고 보고 하기도 한다(「仁川港 河野商廛 雇員 新居歡次郞 證言」, 『주한일본공사관기록』 1)

●청일전쟁과 내포 동학 : 이후 내포 지역 동학도는 이후 조용히 생업에 종사하며 시국을 관망하였는데, 이런 상황에서 동학도를 크게 자극한 것이 바로 청일전쟁이었다. 정부는 전라도 동학농민군을 진압하기 위해 청나라에 도움을 청하였고, 청국군은 5월 3일과 5일 아산 백석포로 상륙, 성환으로 향했고 5월 19일 청국군 2천여 명이 또 백석포로 상륙하였다. 이들은 아산읍을 비롯한 여러 곳에 주둔해 있었고 아산만 일대는 청군 군함과 함께 이를 정탐하는 일본 군함도 있어 전운이 크게 감돌자 지역민들의 불안감이 매우 증폭되었다.

이런 상황에서 일본은 6월 21일 대원군을 앞세워 경복궁을 무력 점령한 뒤, 23일 일본 군함 3척은 아산 앞바다 풍도 인근에 있던 4척의 청나라 군함을 공격하였다. 이 풍도 해전 이후 일본군은 수원을 거쳐 안성으로 내려와 6월 27일 성환역 인근의 야산에 집결해 있던 청국군을 협공하여 패퇴시켰다. 참패한 청국군 3,500명은 백석포와 아산 방면으로 후퇴하다 서산·해미·홍주·덕산·예산 등지로 흩어진 뒤 약탈 행위를 자행하였다. 한편 내포 지역으로 들어온 일본군도 청국군을 추격하면서 민간은 물론 관공서까지 침범하여 폐해를 끼쳤다. 특히 일본군의 행패는 심각하여 각종 문서를 불태우고 각종 물건을 빼앗아갔다. 내포 지역의 당시 정황을 아산 현감은 다음과 같이 보고하였다.

> 객사에 주둔하거나, 혹은 산판에 주둔하면서 사직을 불태웠습니다. 이어서 인가와 각각의 관청건물 등에 들어가 남아 있는 돈과 곡식 및 여러 물건들을 모두 빼앗아갔으며, 각종 장부들도 모두 불에 타고 찢겨졌습니다. 도로의 민가와 의복, 그릇, 여러 물건들이 부서지고 찢겨졌고, 뒤져서 가져간 것이 그 수를 알 수 없으며, 위협하고 능멸한 것은 이루 말할 수 없을 정도입니다.(『金藩集略』別啓, 갑오 7월 초3일조)

김윤식의 『속음청사(續陰晴史)』에서도 당시의 일본군이 아산에 도착하자 민심이 흉흉해졌고 부녀자들이 창황히 피란 갔던 사실들을 기록하였다. 홍건(洪楗)도 『홍양기사(洪陽紀事)』에서 일본군의 습격을 받은 고을들은 약탈에 못 이겨서 풍학(風鶴)처럼 움직여 여러 날이 되어도 진정되지 않았다고 한다.

이처럼 내포 지역민들은 전쟁의 공포를 직접 체험하면서 위기의식을 느끼게 되고, 특히 일본이 경복궁을 점령하였다는 소식이 전해지자 7월에 동학도들은 반일 의식으로 보국안민을 위해 구체적인 행동을 취한다. 내포 지역의 중심지였던 홍주의 경우 주민들이 대거 동학에 가입하였고, 심지어 아전들도 절반 이상 동학에 입도하여 제대로 행정을 펼칠 수 없었고 밤낮으로 동학 주문 소리가 끊이지 않았다고 한다(洪楗, 『洪陽紀事』 7월 7일조 기사).

이때 기포한 내포 지역 동학의 주요 인물들이 홍주의 김영필(金永弼)·정대철(丁大哲)·이한규(李漢奎)·정원갑(鄭元甲)·나성뢰(羅成蕾), 덕산의 이춘실(李春實), 예산의 박덕칠(朴德七, 박희인)·박도일(朴道一, 박인호), 대흥의 유치교(兪致敎), 보령의 이원백(李源百), 남포의 추용성(秋鏞成), 정산의 김기창(金基昌), 면천의 이창구(李昌九) 등이었고, 이 밖에 덕산의 한명보와 한응고 등도 참여하였다.

내포 지역 동학군의 활동이 본격화 되자, 7월 15일 공주 감영에 도착한 선무사 정경원은 하루가 다르게 세력을 확대하는 동학을 진정시키기 위해, 최시형의 협조를 받아 지역별로 집강을 임명하도록 하였고, 당시 임명된 내포 지역 집강은 서산 이창구(李昌九), 아산 안선교(安敎善), 홍주 김영필(金永弼), 온양 방화용(方化鏞), 결성 정대철(丁大哲), 예산 박덕칠(朴德七), 면천 이화삼(李花三), 덕산 박용결(朴龍結) 등으로 알려진다.

그러나 당시 일본의 경복궁 점령과 청일전쟁으로 인한 민족적 위기감, 그리고 사회경제적 모순과 부조리에 대한 동학도들의 반감으로 이 같은 동학 진정책과 선유사의 효유책은 실효를 거둘 수 없었다. 8월 6일에도 선무사 정경원이 홍주에서 경내 동학 접주들을 불러 모아 직접 윤음을 읽어주며 효유하였고, 이승우와 홍건 등이 동학군 해산을 유도하였고, 별유관 김경제가 동학지도자를 홍주 관아로 불러 효유하고자 하였으나 큰 실효는 거두지 못하였다는 것으로 보인다.(『홍양기사』 갑오년 8월 18일 및 9월 14일조)

한편 일본군은 8월 16일에 벌어진 청국군과의 평양 전투에서 승리한 뒤, 동학농민군 토벌에 주력하려 하였고, 이에 동학농민군들은 일본과 친일 개화파정권에 저항하기로 하고 전라도에서 2차 동학농민혁명을 일으킨다. 이는 충청도의 동학농민군에게도 전해져 최시형이 이끄는 동학교단의 만류에도 동학농민들이 각지에서 일어났고 이는 내포 지역도 마찬가지였다.

8월 말에 이르자 박인호와 박덕칠(박희인)은 각각 도소를 설치하고 본격적인 활동에 들어갔다. 박인호는 덕산에, 박희인은 목시에 도소를 설치하였다. 9월 들어 정부에서는 대원군 명의로 효유문을 시달하고, 일본에 청병하여 동학군을 토벌해 줄 것을 요청하고 9월 22일 신정희를 도순무사로 하는 순무영을 설치하여 동학군의 토벌을 본격적으로 시작하였다. 긴장이 고조되던 9월 중순, 태안에 머물던 안무사 김경제(金景濟)는 군수 신백희(申伯禧)와 협력하여 해미, 서산, 태안 지역의 동학지도자 30여 명을 체포 투옥하고 이들을 10월 1일 관아에서 처형하기로 하였다.

이와 같은 위급한 상황을 예포 대접주 박희인은 덕산에 있는 도소에 보고하는 한편, 이 상황을 타개하기 위해 해월 최시형이 있는 보은 대도소로 가서 이들 30여 명의 희생을 막기 위해 하루빨리 기포할 것을 건의하였다.

내포 지역의 동학 조직이 기포할 움직임을 보이자 관의 탄압은 점점 심해졌다. 9월 26일에는 홍주에서 이승우가 산천포(山川包) 수접주 이창구(李昌九) 휘하의 소접주 이한규(李漢奎)와 정원갑(鄭元甲)을 체포하여 본보기로 처형하는 일이 벌어졌다. 이에 내포 지역 동학군은 기포를 앞당길 수밖에 없었고 마침 해월 최시형이 청산 문암에서 내린 기포령이 9월 그믐에 내포 지역에 도착하자 내포 지역 동학군은 두 경로를 통해 기포하였다. 하나는 서산, 태안, 해미 등 내포 서부 지역으로 박덕칠(박희인)이 예포에서, 다른 하나는 아산, 예산, 덕산, 신창 등 내포 동부 지역으로 박인호가 덕포에서 기포하였다. 즉, 10월 1일을 기하여 전면적으로 무장봉기를 한 것이다.(『홍양기사』 갑오년 10월, 『금영계록』, 갑오년 10월)

4. 내포동학농민군의 결성과 항쟁

내포 지역의 1894년 동학농민혁명은 전라도 지역만큼이나 활발했고, 그 역사적 의미가 컸다. 특히 박인호의 덕포(德包)와 박희인의 예포(禮包)를 중심으로 1894년 초기부터 조직적인 움직임을 보였다. 더구나 이곳은 청일전쟁 초기 주요 전투 지역이었기 때문에 반일 정서가 매우 고조되어 있었다. 따라서 7월부터는 내포 지역 대부분의 마을이 동학농민군에게 장악되었으며, 대일 항쟁에 맞서기 위한 전투 준비가 조직적으로 이루어졌다. 그 결과 동학농민군의 활동이 매우 활발했으며, 크고 작은 전투가 여러 차례 발생하였다. 동학농민군은 여미평에서 대도회를 열고, 승전곡과 신례원 전투에서 승리를 거둘 수 있었으며, 비록 패배하기는 했지만 홍주성 전투 등 대규모 전투가 발생할 수 있었다. 홍주성 전투의 패배 이후 많은 동학농민군이 유회군과 일본군에게 희생이 공공연히 자행되었으며 그 가족들에게도 화가 미쳐 정든 고향을 등지고 뿔뿔이 흩어져야만 했다.

1) 예포와 덕포의 동학농민군

10월 1일 날 박희인(박덕칠)의 예포 동학농민군은 새벽에 서산 관아를 습격, 군수 박정기를 처단하고 수감된 30여 명의 동학도를 모두 구출하였다. 그런 다음 해미로 진출하여 읍내를 점령하였다. 10월 2일에는 예산으로 이동하여 목소리(木市, 현 예산군 삽교읍 성리)에 대도소를 설치하고 10월 2일에 마을 곳곳을 수색하여, 아전 김원섭의 집에 숨은 태안 군수 신백희와 별유관 김경제를 찾아내 처단하였다.

박인호의 덕포 동학군은 10월 3일에 덕산에서 기포하여 10월 5일 아산 관아를 공략하였다. 이 기포에 노인과 어린아이, 총을 가진 사냥꾼까지 참가해 1만 6천여 명에 달하였다고 한다. 이들은 아산 관아에서 무기 등 군수물자를 확보하고 다음 날 신창을 거쳐 당진으로 이동하였다.

이렇게 내포 지역 박인호의 덕포와 박덕칠의 예포 동학군은 태안, 서산, 해미, 예산, 덕산, 신창 등 10여 군현을 점령하고 각지 군기고를 습격하여 무장을 강화하였다. 결성에서도 동학군 수천 명이 현청을 부수고 현감을 구타하였고 군기를 빼앗아 무장하고 홍주로 향하였다. 그리고 10월 7일 면천 접주 이창구는 동학군 수천 명을 이끌고 보령으로 이동하여 수영(水營)을 점령하고 무기 화약 등을 탈취한 뒤 결성, 광천으로 향하였다.

당시 이들 내포 지역 동학농민군의 세력이 얼마나 강성하였으면, 홍주 목사 이승우는 10월 6일 정부에 태안과 서산을 먼저 수비해야 하며 홍주도 위험하다고 보고하였다. 면천에서 유배 생활을 하며 동학도의 활동상을 목격했던 외무대신 김윤식도 좀 시기는 뒤이지만, 10월 26일 일본공사관에 홍주 등지의 동학농민군을 진압해 줄 것을 요청할 정도였다.

이와 같이 10월 1일 기포한 내포 지역 동학농민군의 항쟁이 강화되자, 관군과 민보군(유회군)의 반농민군 활동도 본격화되었다. 10월 8일 자로 호연초토사(湖沿招討使)에 임명된 홍주 목사 이승우는 홍주 유림들을 독려하여 유계(儒契)를 조직하는 한편, 10월 3일 관병을 모집하여 다섯 진영으로 재편하고 보부상, 유회, 농보 등을 총동원하여 방어책을 세웠다. 그뿐만 아니라 군제도 제정하여 동학군 토벌을 전개하였다. 10월 8일 관군 260명은 보령 수영을 점령하였던 동학농민군을 광천시장에서 격파하였고, 그리하여 동학농민군은 수십 명이 희생되었고 9명이 체포되었으며, 수영에서 탈취한 상당수의 무기를 빼앗겼다. 기세를 올린 관군은 홍건의 건의에 따라 동학군 토벌을 결심하고, 11일 새벽에 예포의 대도소가 있는 목소리를 습격하였다.

(『홍양기사』, 갑오년 10월 11일조).

2) 여미평 대도회 - 내포동학농민군 결성

내포 동학군은 이승우의 토벌군을 만나 광천(廣川), 그리고 이후 목시(木市)와 합덕(合德)에서 피해를 입고, 그중에서도 산천포(山川包) 수접주 이창구(李昌九)의 갑작스러운 죽음은 결정적 타격을 준다. 내포동학농민군들은 이창구의 복수를 외치면서 박인호가 경통을 보내어 10월 15일 여미평(여미벌)에 모이기로 하였고, 각지에서 여미평에 모인 동학군은 동학에 의지하여 희망을 얻었고, 이곳에서 10여 일 제회(齊會)하면서 보은집회에서 천명된 동학교단의 기본 입장인 보국안민, 척왜양, 제폭구민을 주장하면서, 전에 없는 새로운 조직, 동학농민군을 탄생시켰다. 그리고 10월 24일 박희인(朴熙寅)의 예포대도소(禮包大都所)까지 여미평에 합류하였다.[5]

여미평 대도회 당시 이곳에는 포접별, 마을별로 제회(齊會)한 내포 동학도들의 숫자가 15,000여 명에 이르렀다고 한다.[6] 여미평의 동학농민군들은 동리 입구에 최시형이 직접 써 주었다는 '천불변도역불변(天不變道亦不變)'의 깃발을 세우고 중앙에는 '덕의대접주 박인호(德義大接主 朴寅浩)'라는 대장기도 세웠고, 또 그 좌우에는 '척양척왜' '보국안민' '포덕천하' '광제창생'의 깃발을 세워 위엄도 보였다고 한다.

3) 승전곡과 신예원 전투

●승전곡 전투 : 10월 24일 아침 경군과 일본군으로 구성된 진압군이 동학군을 토벌하기 위해서 면천에서 여미평으로 진격해 오고 있다는 급보를

전해 들은 농민군들은 승전곡(勝戰谷, 당진시 면천면 사기소리)으로 신속한 진군을 시작하여 오후에 도착하였다. 승전곡은 좁은 협곡이며, 검암천(劍巖川)과 이배산을 따라 돌아 나가는 샛길이 운산과 면천을 이어 주는 유일한 통로였다. 승전곡은 양쪽 절벽이 수 10m 높이로 둘러싸여 있어 먼저 이곳을 선점만 한다면 방어하기에는 최적의 요새 같은 곳이었다. 이곳의 지리에 익숙한 동학농민군은 승전곡 양쪽 산등성이로 올라가 유리한 고지를 선점하였고, 진압군은 이를 알지 못한 채 승전곡을 향해 진격해 왔다.

드디어 10월 24일 오후 4시경 면천 승전곡에서 일본군이 이끄는 진압군은 승전곡 양쪽에 매복한 농민군에게 포위되었다. 농민군은 산 위에서 총을 쏘고 서풍이 부는 것을 이용해 화공을 감행하였다. 이에 일본군은 어렵게 포위를 뚫고 새벽에 덕산으로 후퇴하였다. 이 과정에서 일본군은 소 5마리와 배낭 78개, 상하 겨울 내의 78벌, 휴대식량 312식분, 일대(日袋) 78개, 군대수첩 78개, 구두 78켤레 등을 빼앗겼다고 한다.

승전곡 전투는 동학농민군이 교전하여 승리한 최초의 전투라는 점, 동학농민군이 이후 예산 관작리에서 더 확대되고 조직화 된 동학농민군으로 탄생할 수 있었던 계기를 만든 점 등으로 동학농민 전쟁사에 매우 중요한 전투라 할 수 있다.

이렇게 첫 전투에서부터 값진 승리를 한 동학농민군은 퇴각하는 진압군들을 압박하면서 신속하게 면천읍성에 무혈 입성하였다. 이에 주변 고을의 서리들과 삼반 이하 관노와 사령에 이르기까지 모두 굴복하였으며 이후 태안과 서산, 해미에 이어서 여미와 면천까지 내포의 북서부 지역이 완벽하게 동학농민군에게 장악되었다.

내포 동학도의 여미평 대도회는 예산을 향하여 홍주를 거쳐 서울로 직향하려고 시작한 진군의 전초 기지였다. 그러나 갑자기 늘어난 동학도들과 민중들로 구성된 연합군 형태의 동학농민군을 조직하고 보니 일사불란하게 대군을 통솔할 위엄도 부족하거니와 일마다 합의된 의결을 도출하기가 힘들었다고 한다.

●신예원 전투 : 동학농민군은 전열을 정비하고, 10월 25일 군량을 모아 선발 부대를 따라 대천을 거쳐 덕산 구만보를 지났는데 이곳에서도 또 한 차례 관군과 접전이 있었지만 동학농민군은 이들을 격파하고 예산으로 진 군했다. 26일 예산 신례원 후평(뒤뜰) 관작리에 도착하였는데, 이때 신례원 에서 합류한 각 지역의 동학농민군은 수효가 약 5만 명에 이르렀고 약 3㎞ 에 걸쳐 볏짚을 이용한 초막을 세워 묵었다고 한다.

동학농민군이 이렇게 한양과 홍주를 놓고 진로를 고민할 때 홍주성에서 는 이승우가 승전곡에서 패전하고 돌아온 관군과 일본군을 설득하여 방어 차원의 선공을 하려고 했지만, 일본군은 전혀 움직이지 않았고, 경군도 방 어가 최선임을 주장하였다고 한다. 그러던 중에 10월 25일 밤, 예산의 유회 군(儒會軍)들이 홍주 목사 이승우에게 청원서를 들고 찾아와 예산의 관군과 연합하여 신례원에 유숙한 동학농민군의 본영을 공격하자고 청하였고, 이 승우는 곧바로 군병을 정비하여 유회군(유회 長頭 金德景)을 선봉으로 10월 26일 새벽에 관작리에 주둔한 동학농민군을 공격하도록 명령하였다.

예산 · 대흥 · 홍주 관군과 민보군이 27일 새벽 신례원 관작리에 집결해 있는 농민군을 공격하였다. 유회군이 대포를 쏘며 갑자기 쳐들어오자 동학 농민군들은 일면 당황하였으나 수적으로 우세를 발판으로 반나절의 공방 끝에 전세를 역전시키는 데 성공하였다. 그리고 곧바로 예산산성에서 토병 들을 수십 겹으로 에워싸고는 재빠르게 공성전을 전개한 끝에 입성하였다. 「홍양기사(洪陽紀事)」나 「양호우선봉일기(兩湖右先鋒日記)」의 기록에 따르면 이날 전투에서 유회군은 새벽에 대병력을 동원하여 기습적으로 공격을 감행했으나 중군대장 김병돈(金秉暾), 영관 이창욱(李昌旭), 주홍섭(朱弘燮), 주창섭(朱昌燮) 등 관군 10여 명과 한량 한기경(韓基慶), 예산 유생 홍경후(洪敬厚), 덕산 의동(義童) 신태봉(申泰鳳)을 잃었으며 대략 수백 명의 많은 전사자를 내고 퇴각하였다고 한다.

또 당시의 상황을 박인호도 '관군은 예산산성에 진을 치고 대포를 설치하고 동학군을 공격하기 위해 준비하였으나 동학군이 이를 간파하고 산성을 에워싸고 습격하였는데 이때 선봉에 올라가는 사람은 화포군(火砲軍)이 아니고 어린아이[道童]이었다.'고 하여 동학군들의 사기 진작과 하늘의 뜻을 은근히 강조하기도 한다.

동학농민군들은 이날의 전투로 말미암아 자연스럽게 공격의 예봉을 홍주로 겨누었고, 이승우도 홍주성에서 최후의 일전을 준비할 수밖에 없었다. 당시 홍주성에서는 이승우의 토병들과 승전곡에서 쫓겨온 일본군, 그리고 경병과 유회군과 농보군 등 내포 지역의 반동학 세력들이 총집결하여 동학농민군과 일전을 준비하였다고 볼 수 있다.

4) 홍주성 전투와 내포 동학군

홍주성 공격을 결정한 동학군은 10월 27일 예산을 출발하여 10월 28일 덕산 역촌 후현에 유숙하였다. 이날은 동학을 창도한 수운 최제우의 탄신일이므로 기도식을 가졌다. 이어 홍주성 북문 밖 향교촌 후현으로 이동 유진하였다. 이곳에서 동학군은 대열을 둘로 나누어 일대는 간동으로, 다른 일대는 서문으로 진출하면서 홍주성 전투가 시작되었다. 간동으로 진출한 동학군은 향교를 지키며 저항하는 유생 7명을 처형하였다(『홍양기사』, 갑오년 10

월 28일조).

동학군이 홍주성을 공격하자 일본군도 이에 맞서 서문 밖 빙고치 등에 병력을 분산 배치하였다. 그러나 동학군의 위세에 눌려 일본군은 홍주성 안으로 퇴각하였다. 이로써 동학군은 홍주성만 남겨 두고 홍주 전역을 장악하였다. 동학군은 홍주성 공략을 위해 전략을 세우는 과정에서 의견의 일치를 보지 못하였다. 박인호는 성을 3, 4일 포위한 후 항복을 받는 방안을, 박덕칠은 성을 넘어가서 들이치자는 방안이 각각 제시하였던 것이다. 동학지도부는 재삼 숙고한 끝에 박덕칠의 제안을 수용하였다. 이에 따라 홍주성을 사이에 두고 동학군과 관군 · 일본군 양측의 전투는 해가 지면서 격렬하게 전개되었다.

10월 28일 밤(양력 11월 25일) 홍주성 전투가 시작되었다. 동학군은 홍주성을 공격하기 위하여 민가에서 볏짚을 한 묶음씩 가지고 성 밑으로 가서 짚단을 쌓아 성을 넘기로 했다. 그러나 관군은 볏단에 불을 놓아 오히려 동학군을 역공하였다. 불빛으로 사방이 환하여지자 관군과 일본군은 일제히 사격을 가해 동학군은 불에 타 죽거나 총에 맞아 수백 명의 사상자를 내었다. 그뿐만 아니라 동문(東門)인 조양문을 공격해 들어가던 박덕칠과 결사대는 일단 성문까지 접근은 성공했으나 조양문을 격파하는 데는 실패하였다.

동학군으로 하여금 성곽을 기어오르도록 하였지만, 일본군과 관군은 우수환 화력으로 동학군을 사살하였고 불과 십여 분의 전투 끝에 동학군은 수백 명이나 희생되었다. 날이 어두워지자, 홍주성을 포위한 농민군은 민가에 몸을 숨기고 총을 쏘아댔다. 그러자 관군은 불화살을 쏘아 민가를 불태우고 대포를 연달아 쏘아 매우 많은 농민군이 죽었다. 농민군의 사기는 떨어졌고 하나둘 대오는 흩어지고 일부 도망하는 농민군도 있었다. 서문에 진을 치고 있던 농민군들이 포를 쏘곤 하였지만, 화약이 떨어져 힘이 없었다. 공격을 포기한 동학군은 원거리에서 포위망을 형성한 채 밤을 새우고 29일을 맞았다.

관군은 성문을 열고 나가려 하였으나, 성문을 지키던 일본군이 제지하였다. 그러자 일부 관군이 성문을 타고 내려가 후퇴하는 농민군을 추격하기도 하고, 홍주 남산 위에 주둔한 홍주와 대흥 민보군 5, 6천 명이 농민군을 사로잡기도 하였다. 이로써 10월 28일, 29일 양일간의 홍주성 전투는 농민군의 패배로 막을 내렸다. 박인호는 당시의 홍주성 전투를 뒤에

> 격전에 또 격전이 거듭되고 동학군의 죽은 자가 3만을 헤아리게 되었으니 나로서 지금 생각한다면 참으로 무모한 것이었고 또 부끄러운 일이라 생각하오. 날이 밝아오나 결국 홍주 함락은 단념할 수밖에 없음으로 진은 헤어지고 상경하자던 용기까지 무너지고 말았소. (「한말 회고 비담의 기 2 - 갑오 동학기병 실담-」)

라고 회고한다. 홍주성 전투는 10월 28일(음)부터 29일까지 양일간 전개되었다.

홍주성 전투에서 동학군은 수많은 희생자를 내었다. 이틀 동안 성 아래에서 죽은 농민군이 대략 6, 700명이나 되었다고 관문서에 기록되지만, 동학기록에는 그보다 훨씬 많은 수가 희생된 것으로 기록된다. 동학혁명 당시 공주 우금치 못지않은 피해가 발생한 지역이라고 할 수 있다.

사실상 내포 지역 동학농민전쟁은 이렇게 홍주성 전투에서 끝이 났다고 해도 과언이 아니다. 왜냐하면, 동학농민군은 패전과 함께 대부분 해산되었고 박인호를 위시한 지도부도 순식간에 와해되었기 때문이다.

홍주성 점령에 실패한 내포 지역 동학농민군 주력부대는 이튿날 10월 29일 해미 방면으로 퇴각한 뒤, 11월 3일 예산에 재집결하여 5일 해미읍성을

점령하였다.

초토사 이두황은 목천 세성산 전투를 치루고 공주로 행군하다가 해미성에 동학농민군이 주둔한 사실을 알게 되었다. 그는 영병 1,800여 명을 이끌고 덕산에 이르렀으며 가야동에 유진하였다가 야음을 틈타 일락치을 넘어서 다음날 새벽, 해미읍성의 북쪽 교동에 숨어들었다. 이러한 사실을 까맣게 모르고 있던 동학군들은 날이 밝자 아침 식사를 준비하다가 북문 쪽에서 이두황 군대의 공격을 받았다. 이때 대흥의 유회군과 윤영렬(尹英烈)이 이끄는 천안 의병 400명도 이두황을 도왔다. 이 전투에서 동학농민군은 군기마저 버리고 읍성에서 퇴각하였고, 이 과정에서 40여 명이 사살되고 100여 명이 사로잡히는 등 수많은 희생자가 속출하였다.

살아남은 동학농민군은 다시 태안 매봉재(현 인지면 화수리 또는 음암면 신장리)에 집결하였다. 이 소식을 접한 이두황은 11월 8일 저녁 다시 기습하였다. 동학농민군은 두어 시간쯤 저항하였으나, 전세가 불리하다는 것을 알고 화약을 폭발시키고 물러날 수밖에 없었다고 한다. 그리하여 해미의 동학지도자 김지희를 비롯한 다섯 명이 붙잡혀 처형되었고 대포 1문, 천보총 7정, 조총 7정 등의 무기를 빼앗겨 큰 손실을 입었다.

홍주성 전투 이후 해미, 서산, 태안까지 퇴각한 동학군은 11월 중순 이후 일본군, 관군, 유회군의 대대적인 토벌에 의해 잔혹하게 희생되었고, 이로써 내포 지역의 동학농민혁명은 막을 내리게 되었다.

5. 내포 동학농민혁명의 재조명

내포 지역의 동학지도자들은 최시형의 '유무상자(有無相資)' 정신과 '사인여천(事人如天)' 이상 실현의 충실한 봉승자(奉承者)들이었다는 특징을 보인다. 내포 지역의 동학지도자들은 경전의 간행사업에서부터 복합상소, 보은 집회까지 중추적인 역할을 담당하던 보은법소의 중심인물들이었다. 그들은 1870년대 동학이 전파되기 시작할 무렵부터 홍성 전투에서 결정적인 패배를 할 때까지 최시형의 보은법소와 긴밀한 밀도를 유지하였으며, 보은법소의 지시를 기다리고 봉승하는 입장에는 변함이 없었다. 내포 지역 동학도들이 핍박에 항거하여 자체적인 기포 요구가 높았음에도 불구하고 대접주들은 동학교단의 지시를 받기 위해 달려가는 긴밀함도 보여주었다.

내포 지역 동학도들은 독자적인 활동을 전개하다가, 동학 조직의 위기 상황과 동학교단의 기포령에 따라 1894년 9월 이후 본격적인 활동을 벌인다. 내포동학농민군의 활동은 전봉준의 호남 지역과 손병희의 호서 지역 연합 전선에 참여하였던 다른 지역의 동학농민군과 비교하여 '국지적(局地的), 개별적(個體的)'인 동학농민혁명으로 평가받을 수도 있다. 그러나 이제 내포 지역 동학농민혁명의 발발 과정에서 기포의 주체가 지니는 내포 지역의 특성, 그리고 동학농민군의 결성 과정이나 2차 봉기의 시점에서 활발하게 전개된 내포 지역 동학농민혁명의 창의(倡義), 거의(擧義) 명분이 지닌 특별함을 종합적으로 정리하여 새로운 평가가 있었으면 한다.

그리고 내포 지역의 동학농민혁명은 최시형의 훈시문에 따라 기포할 때 단기간의 조직화하고 기포 수도 많아 주목받을 만하다. 충청도 지역에서 동학 기포는 총 18개 지역, 65개 포가 형성되는데, 내포 지역은 이중 총 11개 지역, 46개 포가 결성되어 그중 3분의 2정도를 차지하는 사실을 크게 주목하지 않을 수 없다.

또한 내포 지역 동학교도는 농민혁명 이후에도 동학교단과의 긴밀하고 지속적인 관련성을 지닌다. 동학농민혁명 이후 내포 지역의 동학 조직은 동학농민혁명만으로 끝난 것이 아니라 민족운동을 지속적으로 이어 갔다. 우선 손병희를 정점으로 교단이 재건되자 이에 적극적으로 참여하였다. 동학은 천도교로 전환된 이후 지방교구로 각각 재조직되었고, 3·1운동, 신간회 조직 등 민족운동에도 적극 참여하는 등 내포 지역 민족운동의 한 축을 담당하였다. 주지하듯이 내포 동학농민혁명 최고 지도자였던 박인호가 동학교단의 최고의 자리인 천도교 4대 교주 자리에 오르는 것도 주목할 필요가 있다.

필자는 부족하지만 이 글에서 내포 지역 동학농민전쟁의 성격과 의의를 재조명하여 보았다. 이 글을 통하여 한말 전환기 내포 지역의 다양한 의식과 사상 중에서 내포 지역 동학과 민중 동학교단과 동학농민혁명의 성격이 종합적, 객관적으로 이해, 특화되기를 다시 한번 기대해 본다.

동학농민혁명 희생자와
홍주의사총 관계 연구

성 주 현
숭실대학교 한국기독교문화연구원 HK연구교수

1. 머리말

동학농민혁명은 아는 바와 같이 1894년 1월 10일(음) 전북 고부군에서 첫 기포를 하여 이듬해인 1895년 봄까지 이어졌다.[1] 당시 조선 후기는 이른바 '민란의 시대'라고 불릴 정도로 전국적으로 농민들이 중심이 되어 대정부 항쟁을 전개하였다.[2] 17세기 말부터 전개된 농민 항쟁은 임술민란 등을 거치면서 동학농민혁명으로 이어졌다. 농민 항쟁과 동학농민혁명이 전개되는 과정에서 정부는 이를 진압하기 위해 회유와 탄압 등 강온 작전을 통해 무마하려고 하였다. 이 과정에서 농민 항쟁과 동학농민혁명을 주도한 세력뿐만 아니라 참여한 일반 농민층도 적지 않게 희생되었다.

고부에서 동학농민혁명이 발발하자 조선 정부는 초기에는 '엄격히 조사하여 등급을 나누고 구별하여 등문'하게 할 것과 "제창한 사람 외에 일체 속임을 당하였거나 위협에 못 이겨 추종한 사람들은 될수록 공정하게 하고 일일이 깨우쳐 주어 각각 생업에 안착하게 하여 조정에서 보살펴 주는 뜻을 표시하라."[3]라고 하여, 주도자는 엄격하게 조사하고, 참가 농민들은 적절하게 효유하라는 방침을 시달하였다. 또한 3월 금산에서 동학교인들이 폐정을 요구하는 통문을 돌리자 '중민(衆民)은 효유(曉諭) 안업(安業)케 하고, 거수(渠首)를 체포하여 효수(梟首)[4]할 것을 정하였다. 그러나 3월 들어 동학농민혁명이 점차 거세게 확대됨에 따라 내무부는 '진압(鎭壓) 초제(剿除)할 것'

[5]으로 더욱 강경하게 대응하면서 동학농민군은 정부군과 일본군에 의해 포살(砲殺)되고 총살(銃殺)되는 등 희생자가 늘어 갔다.

동학농민혁명 당시 희생된 동학농민군의 수효는 기록에 따라 상당한 차이를 보인다. 동학농민군의 희생자 수에 대해서는 아직 구체적으로 밝혀진 바는 없지만 많게는 '30, 40만의 다수', '20만 이상의 다수'에서 적게는 '수만 명'으로 기록하고 있다. 이처럼 동학농민군의 희생자는 그 범위가 크다. 이는 역설적으로 확인이 불가능하다는 의미이기도 하다. 126년 전 역사적 사건 즉 동학농민혁명에 대한 다양한 기록이 남아 있지만, 이들 기록에서 희생자의 수효를 추적하는 것은 지난한 일이다.

동학농민혁명으로 희생된 동학농민군의 수효를 정확하게 밝힌다는 것은 중요한 의미가 있겠지만, 사실상 이는 불가능하다고 할 수 있다. 그럼에도 불구하고 희생자에 대해서는 많은 관심을 가지고 있다. 다만 본고에서는 주최 측의 요청에 따라 기존의 연구 성과를 토대로 동학농민군 희생자에 대해 살펴보고, 그 연장선에서 내포 지역에서 가장 많은 격렬하게 전개되었던 '홍주성 전투'와 '홍주의사총'의 관계를 통해 동학농민군과의 관계성을 추적해 보고자 한다.

2. 동학농민혁명과 희생자 현황

동학농민혁명은 반봉건 반외세의 기치로 전개되었다는 것이 이미 많은 연구를 통해 밝혀졌다. 반봉건은 성리학 이데올로기를 기반으로 한 조선 정부에 대한 저항이었으며, 반외세는 조선에 지배력을 강화하려는 일본에 대한 투쟁이었다. 이로 인해 동학농민혁명은 조선 정부뿐만 아니라 일본으로부터도 진압 또는 탄압을 받는 대상이었다.

조선 정부는 동학농민혁명의 첫 시발인 고부 기포가 일어났을 때, 주도 세력에 대해서는 '엄격하게 조사하여 처벌할 것'과 참여 농민에 대해서는 '효유하여 생업에 종사케 할 것'을 지침으로 삼았다. 그렇지만 고부 기포에 이어 무장에서 동학농민군이 포고문[6]을 선포하고 다시 기포를 하자 '진압 초제할 것'으로 더욱 강경하게 대응하였다. 이는 동학농민군을 효유하기보다는 진압하는 데 더 초점을 두었다고 할 수 있다. 그럼에도 불구하고 관군은 고부 황토현[7]과 장성 황룡촌[8]에서 동학농민군에게 패배하였다. 이후 승세를 잡은 동학농민군은 전주성을 무혈로 점령하였다. 전주성이 점령당하자 정부는 청군 파병을 요청하였고, 그 결과 톈진조약에 의해 청군과 일본군이 각각 백석포와 인천으로 진출하였다.

청일 양군의 출병과 전주성 전투로 인한 동학농민군의 열세 등 복합적인 요인에 의해 동학농민군과 정부는 이른바 전주화약을 맺었다. 일본군이 경복궁을 점령함에 따라 동학농민군이 총기포하자, 조선 정부는 물론 일본군도 동학농민군을 '초멸'하기로 결정하였다. 특히 일본군은 이른바 '동학농민군 토벌대'라고 불린 제19대대에게 다음과 같은 훈령을 내렸다.

一. 각 부대는 이미 출정하였거나 금후 출정하는 한병(韓兵)과 협력하여 동학도(東學徒) 정토(征討)에 종사하여 화근을 초멸(剿滅)하여 재발할 후환을 남기지 않기를 요한다.

一. 수령이라 인정되는 자는 포승하여 경성 공사관에 보내고, 부회뇌동한 자는 귀순케 하여 관대하게 대하고 가혹한 처치를 하지 말라.

一. 중앙정부 부내 유력자 및 유력한 지방관과 동학당과의 왕복문서에 대해서는 주의를 기울여 그것을 수취하도록 하라.

一. 저번 동학당 진압을 위해 전후 파견된 한병(韓兵)의 진퇴 조절은 먼저 일본 군대의 지에 따르고, 일본 군대가 지배한다는 것을 한병의 각 부대장에게 통지하였으므로, 일본 사관은 그 요량으로 한병을 지휘하라.[9]

일본군의 전령에 의하면, '화근을 초멸하여 재발할 후환을 남기지 않기'였던 만큼 동학농민군은 철저한 탄압의 대상이었다. 관군과 일본군의 '초멸작전'으로 인해 동학농민군의 희생자가 많을 수밖에 없는 상황이었다. 전봉준은 재판 과정에서 공주 우금치 전투 과정에서 동학농민군이 희생당한 상황을 다음과 같이 언급한 바 있다.

> 두 번 접전 후에 1만여 명의 군병을 점고하니, 남은 자가 3천 명에 불과하고, 그 뒤에 또 접전 끝에 점고하니 5백여 명에 불과하였다.[10]

이른바 우금치 전투는 동학농민혁명 당시 최대의 전투였을 뿐만 아니라 희생자가 가장 많았던 전투였다. 두 차례의 전투에서 1만 명 중 7천여 명이 희생되었고, 또 한 차례 전투 후에는 5백여 명만 남을 정도로 많은 희생자가 많았다. 즉 공주 우금치 전투에서만 9,500여 명이 희생된 것이다.[11] 그렇다면 1894년 1월 10일부터 이듬해 2~3월까지 이어진 동학농민혁명 과정에서 얼마나 많은 희생자가 있었을까?

동학농민군 희생자와 관련하여 아직 본격적인 연구가 없는 상황에서, 본고에서는 일찍이 동학농민혁명을 연구한 한우근이 『동학농민봉기』를 통해 밝힌 동학농민군의 희생자 상황을 정리해 보면 다음 〈표 1〉과 같다.

〈표1〉 한우근의 『동학농민봉기』에 나타난 희생자 현황[12]

지역 및 전투	동학농민군 희생자 상황	비고
공주 우금치 전투	동학농민군은 6, 7일간의 격전 끝에 드디어 수많은 사상자를 내고 무기를 버린 채 후퇴할 수밖에 없었다.	
해미 방면	동학농민군 수백 명을 붙잡아 그중에 50여 명을 학살	일본군
태안반도	30명의 동학농민군을 학살.	일본군
문의 지방	동학농민군은 20명의 전사자와 무수한 부상자	일본군
회덕 방면	동학농민군을 습격하여 수십 명을 사살	일본군
보은 청안	동학 접사 동무현 등 4명을 붙들어 살해	일본군
온양 신창 방면	동학농민군을 습격하여 30여 명을 붙들어 살해	관군
청산 옥천 방면	동학농민군도 습격을 받아 3백여 명이나 학살. 동학 접주 정원준, 서도필 등 9명은 포살	일본군, 관군
유구 방면	동학농민군을 습격하여 동학 접주 최한규 이하 27명을 살육	일본군, 관군
대흥읍	19명을 체포 살해	일본군, 관군
직산	접주 황성도 이하 6명 살해	일본군, 관군
진천	두령 박명숙 등 2명 살해	일본군
대천	두령 최창규 등 2명 살해	일본군
공주 달동	접주 장준환과 지명석 살해	일본군
덕산 방면	동학농민군 186명 전사자를 내고 후퇴하는 도중 쓰러진 자가 수십 명	진주/일본군
섬거	도접주 김이갑 참수, 동학도 27명 총살	일본군, 관군
광양읍	동학농민군을 수색해 90여 명 학살	일본군
순천	김우경 권성택 김영구 김영우 남정일 외 94명 총살, 효수, 타살	일본군, 관군
순천 사항리	41명 살해, 정홍서 효수	관군
광양성	김인배 유하덕 효수, 박홍서 이하 40여 명 포살	일본군
하청역 부근	동학농민군 9명 살해	일본군
보성	동학농민군 두령 11명 살해, 양성좌 허성각 허용범 등 효수	일본군
장흥부	김보열 김성한 정현흠 김시언 구자익 등 효수, 박태지 김규매 살해	일본군
장흥 보춘동	7명의 동학농민군과 7명의 동학 협의자 체포(살해)	일본군
장흥 해창산	동학농민군 11명 포박(살해)	일본군
장흥군 주위	51명의 동학농민군 포박(살해)	일본군
광양 순천 일대	각기 1백 명 내외 무차별 학살	일본군
광주(光州)	전수길 효수, 허인 주윤철 박원화 장살, 정수해 이병조 이규석 포살, 동학당 3명 포살	관군
담양	이문영 체포, 장대진 임송도 포살	관군

동복	157명 포살, 5명 고문치사, 최자충 노익호 전경선 압송 중 사망	관군
화순	왕일신 김용보 조번개 김자근 포살, 최성칠 최범구 고문치사	관군
함평	접주 전경오 이춘익 이재민 이곤진 김성필 김인호 김성오 김성서 노덕팔 김치오 정원오 정권서 김경선 윤경오 포살, 동학당 이두련 등 5명 포살, 거괴 윤정보 장경삼 박춘서 정평오 김시환 윤찬진 김경문 박경중 포살, 동학당 이재복 김원숙 포살	관군
무안	접주 배정규 박순서 포살, 거괴 김용문 김자문 정여삼 장용진 조덕근 고문치사	관군
능주	7명 포살	일본군
영광	적괴 종문수 오태숙 효수, 최준숙 등 9명 포살, 거괴 강경수 포살, 이현숙 효수	관군
옥과	거괴 전재석 김낙유 황찬묵 포살	관군
무장	김병윤 효수, 김경석 사망	관군
우진영	정동관 사망	관군
남평	5명 포살	관군
고창	동도 2명 포살	관군
나주	강도수 정사심 이화삼 등 13명 포살, 접주 최국서 등 3명 포살	관군
죽포	2명 포살	관군
오산	1명 포살	관군
여정	3명 포살	관군
장호원 음성	수십 명의 전사자	일본군
청산 옥천	동학농민군 수백 명 학살	일본군
해주 서쪽	15명의 전사자	일본군
강릉	20명 살해	관군, 민보군
봉평 창촌	윤태열, 정창호 이창문 김대영 김희열 용하경 오순영 이화규 등 13명 효수 또는 포살,	일본군
평창	즉사 70명, 포로 10명 총살	일본군
홍천 내면	5백여 명 남김없이 토벌	관군
청두리	권성오 등 12명 포살	관군
정선, 여랑	이중집 등 14명 포설	관군
백운포	접주 위승국, 접사 심성숙 등 17명 포살	관군
원당리	오덕현 등 3명 포살, 차기석 피체(총살)	관군
약수포 신배 응봉	김치실 등 11명 포살, 박학조 피체(총살)	관군
흥정 삼리 등지	임정호 등 38명 포살	관군

위의 〈표1〉에서 보는 바와 같이, 많게는 수백 명에서 5백 명, 적게는 한두 명의 동학농민군 지도자까지 희생되었다. 동학농민군의 희생은 포살과 총살, 효수, 살해 등 학살이었다.[13] 이 외에도 희생자와 관련된 상황이 적지 않았는데, 몇 가지를 살펴보면 다음과 같다.

호남 지방에서는 우금치 전투를 전후하여 도처에서 동학농민군의 접주나 두령이 일본군과 관군에 의해서 학살되었다. 그리고 위에서 알려진 지방 외에도 얼마나 많은 동학농민군 내지 일반 농민이 학살되었는지 정확하게 알 수 없다.[14]

일본군은 남 소좌(南少佐)의 지위하에 그들의 전략대로 끝까지 추격하면서 수색 · 학살 작전을 벌였던 것이다.[15]

그들은 이미 해산한 사람까지도 수색하여 효수 · 총살 · 타살을 서슴지 않았으며, 그들의 목적이 단순한 병란의 진압에 있는 것이 아니라, 동학당을 송두리째 뿌리 뽑겠다는 그들의 전략을 그대로 드러낸 것이다.[16]

우금치 전투 이래의 전사자와 각처에서 붙들려 학살당한 사람은 막대한 수에 이른 것으로 추산된다.[17]

동학농민군에 대한 관군의 가차 없는 처형상을 나타내고 있다. 우금치 전투를 전후하여 도처에서 동학농민군의 접주나 두령이 일본군과 관군에 의해서 학살, 얼마나 많은 동학농민군 내지 일반 농민이 학살되었는지 정확하게 알 수 없음.[18]

정적(情迹)이 드러난 자는 일일이 적발하여 용서 없이 사형에 처할 것.[19]

이처럼 관군과 일본군은 단순히 병란을 진압하는 것이 아니라 동학농민군이 재기할 것을 염려하여 '용서 없이', 또는 '가차 없이' 초멸 작전으로 동학 세력의 뿌리를 뽑고자 하였기 때문에, 그만큼 동학농민군의 희생자가 많았음을 알 수 있다.

참고로 최근 한 연구에서, 동학농민군을 진압한 일본군 제19대대 병사의 기록인 구스노키 비요키치(楠美大吉)의 「종군일지」[20]를 분석하여 동학농민군의 진압 상황을 밝힌 바 있는데, 이를 정리하면 〈표2〉와 같다.[21]

〈표2〉 구스노키 비요키치의 동학농민군 진압 활동

날 짜	장 소	동학농민군 피해 규모	비 고
1894.11.14	경기 이천	접주 김기룡 체포 및 총살, 부녀자 13명 체포	
11.17	충청 가흥	동학농민군 민가 소각, 동학농민군 18명 전사, 접주 이경원 총살	
11.20	충청 청풍	동학 접주 집 소각	
11.22	충청 제천	접주 1명 총살	
11.23	충청 청풍	민가 수십 호 소각	
12.16	경상 상주	박용래 체포 및 추방	
12.18	경상 개령	김광한, 이준서 외 수십 명 총살	
12.19	경상 김천	동학농민군 공격 10명 총살	
12.23	경상 안의	마을 수색, 동학농민군 8명 총살	
12.26	전라 남원	순창으로 병사 파견(전봉준 수색), 교룡산성 사원, 민가 소각	
12.31	전라 곡성	동학농민군 가옥 수십 호 소각, 동학농민군 10명 체포하여 조선인을 소살	
1895.01.02	전라 옥과	조선인이 체포한 동학농민군 5명을 고문 후 총살, 시체 소각	
01.03	전라 동북	동복 현감이 동학농민군 12명을 체포하여 일본군에 넘김	
01.04	전라 능주	동학농민군 70~80명 체포하여 고문, 가벼운 자는 민보군에 넘기고 무거운 자 20명 정도 총살(제1중대)	
01.05		민보군을 위장시켜 동학농민군 수백 명 체포, 가벼운 자 추방, 중한 자 수십 명 총살	

01.07		동학농민군과 전투(석대벌 전투), 동학농민군 수십 명 전사	
01.08		동학농민군과 전투(석대벌 전투), 동학농민군 수십 명 전사, 부상자 헤아릴 수 없음	
01.09		동학농민군 8명 생포, 3명 타살(1차), 48명 타살, 부상자 10명 체포 후 소살(2차)	
01.11	전라 장흥	동학농민군 수색하여 남자 체포 고문, 죽청동에서 동학농민군 16명 고문한 후 8명 석방 8명 총살 후 불태움	
		동학농민군 18명 전사, 11명 부상	시라키 중위
01.12		월림동 대접사 이법헌 집 수색, 동학농민군 11명 총살, 3명 소살	
01.14		동학농민군 17명 총살, 동학농민군 17세 소년 최동 체포	
01.15	전라 해남	동학농민군 1백여 명 소살	후 비 보 병 제18대 대 제3중대
01.17	전라 강진	조선인 시체가 밭에 수십 구 발견, 개와 새의 먹이	
01.18		동학농민군 모조리 잡아 죽였는데 3백여 명 넘어	
01.19		접주 이동식, 김춘래 형제 등 3명 체포, 최동과 함께 나주로 이송	
01.22	전라 해남	동학농민군 16명 붙잡아 해남성 밖에서 총살	
01.29		동학농민군 수색, 도일동 접사의 집 소각	
01.31		동학농민군 7명 붙잡아 해남성 밖에서 돌살	
02.04	나주	나주성 남쪽의 작은 산에 사람 시체 산을 이룸	

　동학농민군 희생자에 대한 구체적인 공식 기록은 없지만, 이와 관련하여 처음으로 기록을 남기기 시작한 것은 천도교단이었다. 그동안 이단으로 불렸던 동학은 1905년 12월 1일 천도교로 전환한 후 근대적 종교의 틀을 갖추면서 동학농민혁명에 대해서도 관심을 가졌다.

　동학농민혁명 당시 통령으로 전봉준과 함께 생사고락을 같이했던 손병희는 희생자들에 대한 신원을 누구보다 강하게 인식하였을 것이다. 손병희는 동학농민혁명에 대해 '정부는 무고한 백성을 벌하고, 재산을 빼앗고, 부녀자를 빼앗고 있었으므로 정부를 넘어뜨리고 새로운 정부를 세워서 악정을 고칠 목적'[22]으로 일으켰다고 한 바와 같이, 동학농민혁명의 정당성을 주장한 바 있다.

이러한 인식의 연장선에서 천도교단 내에서는 동학농민혁명에 대한 기록을 남기기 시작하였다. 그렇지만 일제 강점 직후 기록인「본교역사」에는 희생자뿐만 아니라 동학농민혁명에 관한 내용이 전혀 언급되어 있지 않다. 즉,

> 포덕(布德) 삼십오년(三十五年) 갑오(甲午) 십이월(十二月) 이십칠일(二十七日)에 신사(神師)-지시(知時) 상(象)이 파측(叵測)하여 불가(不可) 현신안거(現身安居) 고(故)로 수내피거(遂乃避居) 우동협(于東峽) 홍천(洪川) 등지(等地)하사 과세언(過歲焉)하시니, 기시(其時) 배행자(陪行者)는 손병희(孫秉熙) 김연국(金演局) 손병흠(孫秉欽) 손천민(孫天民) 임학선야(林鶴仙也)러라.[23]

「본교역사」는『천도교회월보』가 창간된 1910년 8월부터 연재가 시작되었는데, 동학농민혁명이 일어난 1894년인 포덕 35년조에 동학농민혁명에 대한 내용이 없다. 다만 동학농민혁명 이후 당시 교단의 최고 책임자였던 해월 최시형과 교단 지도부가 강원도 홍천 등지로 피신해 있다는 것만 기록하였다.

그렇다면 왜 동학농민혁명에 대해 언급하지 않았을까? 이는 당시까지만 해도 동학농민혁명에 대해 인식이 부족했고, 일제강점기 때 동학농민혁명을 기록한다는 것이 용이하지 않다고 판단하였기 때문으로 보인다. 무단통치기 조선총독부는 동학의 정통을 계승한 천도교에 대해서 여전히 경계와 감시를 지속했기 때문에 동학농민혁명에 대해 기록을 남기지 못하는 요인으로 작용하였을 것이다.

그렇지만 3·1운동 이후 문화 운동이 전개되면서 천도교단은 동학농민혁명에 대해 더욱 적극적으로 평가하였다. 1920년 천도교청년회에서 개최

한 천도교교리임시강습회의 교재로 사용하기 위해 발행한 『천도교서』에는 동학농민혁명에 대해 상당한 지면을 할애하였으며, "도인(道人)이 금산(錦山) 진산(珍山)에서 기(起)하였다가 관례(官隷)의 침해(侵害)로 인(因)하여 살상(殺傷)이 팔천여(八千餘)에 달(達)하다.", '각(各) 군수(郡守) 재(宰)가 다시 정권(政權)을 집(執)함에 도인(道人)을 살(殺)함으로서써 위사(爲事)하니 기(其) 참살(斬殺) 교살(絞殺) 분살(焚殺) 매살(埋殺) 포살(砲殺) 투수살(投水殺)한 참상(慘狀)과 기(其) 부모(父母) 처자(妻子) 형제(兄弟)를 연(連)하여 좌죄(坐罪)됨과 기(其) 가산(家産) 전지(田地) 축물(畜物)의 몰수(沒收)함은 만고(萬古)에 무(無)한 대학정(大虐政)'[24] 등 동학농민혁명 당시의 참상을 적극 밝혔다. 특히 동학농민혁명에 참여한 각지의 주요 인물을 정리하기도 하였다.[25]

또한 동학농민혁명에서 희생된 교인을 확인하고 '순교록'을 만들었다. 『천도교서』 부록으로 첨부된 '순교록'은 현재 남아 있지 않아 희생자의 현황을 확인할 수는 없지만, 희생자에 대한 본격적인 기록이라고 할 수 있다. 이를 계기로 천도교 신파의 기관지 『신인간』에서는 동학농민혁명의 역사적 의미를 밝히거나 연구의 주제로도 확장되었다.[26]

1935년 간행된 『천도교창건사』와 1938년 간행된 『동학사』에는 이와 관련하여 다음과 같이 각각 기록하였다.

기여(其餘) 각군(各郡) 도인(道人)이 관리(官吏)에게 피살(被殺)된 자(者)-합(合)하여 이십만(二十萬) 이상(以上)에 달(達)하니, 실(實)로 공전(空前)의 대참변(大慘變)이었다.[27]

동학군(東學軍)으로서 관병(官兵), 일병(日兵), 수성군(守城軍), 민포군(民包軍)에게 당(當)한 참살(慘殺) 광경(光景)은 이루 말할 수 없었다. 그 중(中)에

가장 참혹(慘酷)한 곳이 호남(湖南)이 제일(第一)에 거(居)하였고 충청도(忠淸
道)가 기차(其次)이며, 또는 경상(慶尙), 강원(江原), 경기(京畿), 황해(黃海) 등
(等) 제도(諸道)에도 살해(殺害)가 많았었다. 전후(前後) 피해자(被害者)를 계
산(計算)하면 무릇 삼사십만(三四十萬)의 다수(多數)에 달(達)하였고[28]

위의 인용문에 의하면, 동학농민혁명 과정에서 20만 명에서 30, 40만 명
이 희생되었다. 그렇지만 각지 희생자 상황에 대해서는 구체적으로 밝히지
못하였다. 이는 동학농민혁명 과정에서 희생되었던 상황을 가해자 측이나
피해자 측에서 구체적으로 남기지 못하였기 때문이다.

한편 앞에서 살펴본 자료 중 홍주에서의 희생자와 관련해서는 다음과 같
이 각각 언급하였다.

이때에 홍주목사(洪州牧使) 이승우(李勝宇)와 전라관찰사(全羅觀察使) 이도
재(李道宰) 등(等)이 동학당(東學黨)을 초토(剿討)하여 유류(遺類)가 없게 하니,
호서(湖西)의 홍주(洪州) 〈굵은 글씨, 밑줄 살려야 함〉 정산(定山), 영남(嶺南)
성주(星州) 진주(晉州) 안동(安東), 호남(湖南)의 전주(全州) 나주(羅州) 등이 가
장 심하였으며[29]

전남(全南), 충청(忠淸), 경상(慶尙) 삼도(三道)로 말하면, 폭화(暴禍)를 아니
받은 고을은 별(別)로 없는 것이나 유독(惟獨) 고부(古阜), 태인(泰仁), 정읍(井
邑), 고창(高敞), 흥덕(興德), 무장(茂長), 영광(靈光), 함평(咸平), 나주(羅州), 강
진(康津), 장흥(長興), 보성(寶城), 순천(順天), 운봉(雲峯), 남원(南原), 금산(錦
山), 진산(珍山), 고산(高山), 여산(礪山), 함열(咸悅), 김제(金堤), 금구(金溝), 전
주(全州) 제읍(諸邑)과 홍주(洪州), 〈굵은 글씨, 밑줄 살려야 함〉 예산(禮山), 공

주(公州), 청주(淸州), 목천(木川), 청산(靑山), 보은(報恩), 옥천(沃川), 영동(永同), 황간(黃澗), 임천(林川), 서천(舒川), 한산(韓山), 부여(扶餘), 홍산(鴻山) 등 읍(邑)이며 (중략) 등(等) 제읍(諸邑)이 더욱 심(甚)하였으며[30]

위의 인용문에 의하면, 홍주는 동학농민군의 피해 즉 희생자가 많았던 곳 중의 하나였다. 홍주에서의 희생자는 홍주성 전투에서 비롯된 것이라 할 수 있다. 홍주성 전투에서 많은 희생자가 있었지만, 그 실체에 대해서는 알려진 바가 없었다. 그러던 중 1949년 4월 5일 홍성 군수 박주철과 홍성 경찰서장 박헌교가 직원들을 인솔하고 현재의 홍주의사총이 있는 대교리(大校里) 동록(東麓)에서 식목 행사를 하다가 의외로 수많은 유골을 발견하면서 유골의 진위 논쟁에 휩싸이게 되었다. 그러나 당시 발굴된 유골은 「병오순란의 병장사공묘비(丙午殉難義兵將士公墓碑)」라는 묘비를 세우면서 '1906년 병오 의병' 무덤인 홍주의사총으로 알려지게 되었다.

3. 홍주의사총과 동학농민군의 관계

홍주의사총의 공식 명칭은 '홍성 홍주의사총'으로, 사적 제431호 문화재로 지정되어 있다. 홍주의사총 일대에서 발견된 유골은 9백여 구에 이른다고 하여 처음에는 '구백의사총'이라고 불렸으나[31] 1991년 6월 홍성의사총으로 변경되었다가 현재는 '홍주의사총'으로 널리 알려져 있다. 문제는 홍주 의사총이 여전히 동학농민군이 아닌 의병의 무덤으로 되어 있다는 점이다.

본 절에서는 그동안 의병 무덤으로 알려져 있는 홍주의사총과 동학농민군과의 관계를 살펴보고자 한다. 이를 위해서 1894년 동학농민혁명 당시의 홍주성 전투와 1905년 의병 전쟁 당시의 홍주성 전투를 비교하고자 한다.[32]

첫 번째로 두 전투 상황의 기록을 살펴보면 다음과 같다.

(가) 오후 4시 25분 적의 한 부대가 빙고(氷庫) 언덕을 향해 전진해 왔다.
거리 약 4백 미터에 있는 벼 수확 끝낸 논[畓田]으로 접근해 오자 언덕 위에
있던 우리 군이 몇 번 일제사격을 퍼부어 적(賊, 동학농민군, 필자 주) 수명을
쓰러뜨렸다. 그래서 적은 잠시 머뭇거렸으나 자기편의 인원이 많은 것을 믿
고 끝내 빙고(氷庫) 언덕에까지 전진해 왔다. 언덕 위에 있던 분대는 중과부
적으로 퇴각하여 서문의 오른쪽과 왼쪽에 의지해서 가까이 다가오는 적을
저격했다. 이와 동시에 제5분대는 덕산(德山) 가도 서쪽 북문 앞 가까이에
있는 고지에 모여 있는 적을 향해 세 번 일제사격을 했다(거리 8백 미터). 적
은 이 사격에 놀라 두 대열로 갈라져 도로 동쪽 고지 숲속에 진을 쳤다. 이
때 홍주병(洪州兵)이 북문에 배치해 있던 대포 2발을 발사했다. 그 거리는 3
백 미터였다. 적이 흩어져 북쪽 숲속으로 들어가 갈라졌던 두 대열이 합쳐
졌다. 이때 또 제2분대가 일제사격을 가해 적의 기세를 꺾었다. 적의 한 부
대가 동문 전방 6백 미터에 있는 숲속으로 들어가 서서히 전진해 왔다. 그리
고 민가에 불을 지르고 연기와 불길이 솟아오르는 것을 이용하여 성 밖 100
미터 앞으로 가까이 다가와 연달아 맹격해 오므로 응원대를 동문으로 증파
하여 응전시켰다. 적은 밤이 되자 야음을 이용하여 대포를 동문 앞 40미터
지점에 끌고 와, 동문을 마구 쏘았다. 우리 군은 최선을 다하여 싸웠다. 오
후 7시 30분 총소리가 거의 멈췄다. 우리 군과 홍주(洪州) 민병은 성벽에 의
지해서 밤을 새워 경계했다.

26일 오전 6시 적은 세 방면에 엄호병을 남기고 약 1,500미터 되는 곳에
있는 응봉(鷹峰) 고지로 퇴각하여 진지를 점령하고 오후 4시 30분 패잔병을
응봉(鷹峰)으로 모아(氷庫 언덕은 제외) 퇴각했다. 오후 5시 빙고(氷庫) 언덕의

적도 해미(海美) 방면으로 퇴각했다. 그래서 1개 부대(洪州兵)를 내보내 추격했다. 오후 6시 속속 부상자와 도망자를 잡아 왔다. 포로의 말에 따르면 총인원이 6만이라고 했다. 그 실제는 3만 남짓 될 것이다.

27일 새벽부터 황혼에 이르기까지 속속 적의 도망자와 부상자를 잡아 왔고, 적이 해미(海美)로 퇴각했다고 보고를 해 왔다.[33]

(나) 31일 오전 2시 30분 등소위(藤少尉)가 인솔하는 제2중대의 1소대는 서문 밖 독립가옥에 방화하고 맹렬한 사격으로써 적을 견제하고, 성(星) 기병 소위(騎兵 少尉)는 오전 2시 50분 폭파병을 이끌고 동문으로 진격, 총화투석을 무릅쓰고 오전 3시 10분 대폭성(大爆聲)과 함께 문짝을 비산(飛散)시켜 돌입구를 터놓자 돌격대는 곧 성내로 돌입하였다. 북문은 오전 3시 30분 폭파하였다.

폭도(의병, 필자 주)는 우리의 신속 과감한 돌입으로 인해 크게 혼란을 일으켜 그 대부분은 가옥 내에서 우리를 사격하고 다른 일부는 큰길에서 종사(縱射)를 해 와 마침내 시가전을 야기하였다. 이때 날은 아직 새지 않아 수색이 곤란하였으므로, 우선 적의 퇴로를 막기 위해 제4중대는 주로 동문에서 남문을 거쳐 서문에 이르는 성벽을, 제2중대는 주로 서문에서 북문에 거쳐 동문에 이르는 성벽을 점령하고, 헌병 및 경찰관의 일부는 동문과 북문을 감시하였다.

동이 틀 무렵부터 옥내 수색을 개시하여 사력을 다해서 저항하는 자는 사살하고 그렇지 않은 자는 포획하여 오전 7시 30분 성 내외의 수색을 끝냈다.[34]

(다) 익삼십일일(翌三十一日)에 일병(日兵)이 서문(西門) 외(外)에 화(火)를

방(放)하고 기병(騎兵) 폭파대(爆破隊)가 동북(東北) 양문(兩門)에 폭약(爆藥)을 장치(裝置)하야 성문(城門)을 파쇄(破碎)하고 보병(步兵)을 선두(先頭)로 하야 헌병(憲兵) 경관(警官)이 서문(西門)으로 입격(入擊)하니 성중(城中)에 재(在)한 의병(義兵)이 사력(死力)을 진(盡)하야 격전(激戰)하얏스나 지(支)키 불능(不能)하야 사방(四方)으로 도주(逃走)하고 오후(午後) 사시(四時)에 성(城)이 함락(陷落)되얏다.[35]

위의 인용문에서 (가)는 동학농민혁명 당시 홍주성 전투 상황이고, (나)와 (다)는 1905년 의병 전쟁 당시 홍주성 전투 상황이다. 이 두 전투에서 가장 큰 차이점은 동학농민군은 홍주성을 점령하기 위해 전투했고, 의병은 홍주성을 지키기 위해 전투했다는 점이다. 두 전투에서 발견되는 유골의 위치가 각각 다르다는 것이 그 사실을 말해 준다. 동학농민군의 유골은 홍주성 밖에서 발견되었고, 의병의 유골은 홍주성 안에서 발견되었다. 1949년 유골이 발견된 곳이 홍주성 밖이었다는 것은 홍주의사총의 유골이 동학농민군이라는 것을 증명한다고 할 수 있다.

두 번째로 두 전투에 참가한 인원수를 각기 살펴볼 필요가 있다. 이는 희생자 수와 밀접한 관계가 있기 때문이다.

(라) ① 이상(以上) 제포(諸包)는 난봉(亂蜂)과 여(如)히 일시병(一時兵)을 기(起)하야 해미군(海美郡) 여미평(余美坪)에 집중(集中)하니 불과수일(不過數日)에 기중(其衆)이 수만(數萬)에 달(達)하얏다.[36]

② 동군(東軍)은 수삼일(數三日)을 혹공혹위(或攻或威)하되 여가(如可)치 못하고 부득이(不得已) 수만(數萬)의 결사대(決死隊)를 조직(組織)하야[37]

③ 이때 적이 대대(大隊) 만여 명을 합해서 성을 세 겹으로 포위했다.[38]

④ 박덕칠(朴德七) 박인호(朴寅浩) 등(等)은 칠천군(七千軍)을 거느리고 홍주(洪州) 예산(禮山) 등(等) 방면(方面)을 지키어[39]

⑤ 다음 28일 오전 10시 포로 중 김재현(金載鉉)이라는 자를 심문하여 병사 수를 물으니 6만이라고 했으나 실제는 3만 명에 달하며[40]

⑥ 포로의 말에 따르면 총인원이 6만이라고 했다. 그 실제는 3만 남짓 될 것이다.[41]

⑦ 그러나 아무리 군율이 서지 못한 교군(敎軍)이라도 무려 수만 명에 이르는 대군인데다[42]

⑧ 만산폐야개시적(漫山蔽野皆是賊) 연염창천(煙焰漲天) 수십리(數十里)[43]

⑨ 11월 28, 29일 동학도(東學徒) 수만 명(예산, 해미, 태안, 서산서 모인 자)이 홍주(洪州)를 습격했으나[44]

(마) ① "의거(義擧)할 때에 군병(軍兵)은 얼마나 되었는가?" 하기로 나는 대답하기를

"총을 멘 군사가 6백 명이요, 창 가진 군사가 3백 명이요, 유회군(儒會軍) 3백여 명으로 도합 천여 명이었다."[45]

② 동월 26일에 홍주성에 들어가니 총을 멘 군사가 6백여 명이요, 창을 잡은 병사가 2백여 명이요, 무기를 가지지 못한 백면서생이 3백여 명 되는데[46]

③ 동남 지역까지 뻗쳤다는 것을 보면 홍주성 전투에 참가한 의병 병력은 상당수였다는 것을 알 수 있다. 1,000명까지는 안 되었다 하더라도 거기에 가까운 수를 가름해가늠해 보면 일본 경찰이 500명 된다 했으니 가운데를 잘라도 700~800 정도는 되지 않았는가 추측할 수 있다.[47]

④ 일방(一方)으로 인민(人民)에게 병기(兵器), 양식(糧食)을 징발(徵發)하고

병(兵)을 모집(募集)하니 기수(其數) 오백여인(五百餘人)에 달(達)하얏다.[48]

⑤ 비도(匪徒) 2백여 명으로 충청남도 홍주성(洪州城)에 웅거[49]

⑥ 주요한 폭도 및 폭도의 수요: 민종식(閔宗植) 이하 약 500명[50]

⑦ 4월 26일(음) 홍주 남산 꼭대기에 이르렀을 때의 병력은 5천여 명에 이르렀다. 마침 이날은 홍주 장날이기도 하였다.[51]

⑧ 소위(所謂) 의병(義兵) 삼백여(三百餘) 명(名)이 홍주성(洪州城)에 입거(入據)하고 동일석시(同日夕時)에 우유(又有) 사백(四百) 명(名)이 증가입성(增加入城)하였는데[52]

⑨ 금(今)에 의병(義兵)이 홍주(洪州) 전성(全城)을 거(據)하야 대포(大砲)와 소총(小銃)의 제반(諸般) 무기(武器)를 지(持)하고 사오백(四五百) 병중(兵衆)을 옹(擁)하였으나[53]

위의 (라)는 동학농민혁명 당시 홍주성 전투에 참가한 동학농민군 인원수에 대한 것이고, (마)는 의병 전쟁 당시 참가한 의병 인원수이다. 이를 좀 더 구체적으로 살펴보면 홍주성 전투에 참가한 동학농민군은 최소 7천 명(④항)이며 많을 때는 수만 명(① ② ③ ⑦항) 또는 6만 명(⑤ ⑥항)으로 기록하였다. 의병의 경우에는 최소 2백여 명(⑤항)에서 최대 5천여 명(⑦항)으로 기록하였다. 위의 기록으로 본다면 동학농민군의 전투 참가자가 의병의 전투 참가자보다 훨씬 많았음을 알 수 있다.

세 번째로 두 홍주성 전투에서 희생된 각각의 인원수에 대해 살펴보면 다음과 같다.

(바) ① 홍산도인(鴻山道人) 김현필(金顯弼)은 홍주접전(洪州接戰)에 갔다가 관병(官兵)에게 피금(被擒)되어 수백(數百) 명(名)의 다수(多數)를 한곳에 모아

놓고 난총(亂銃)질로 죽이는 중(中)에[54]

② 이때 이승우가 비로소 탄환을 넣고 일제히 쏘니 적은 이미 뒤가 막혀서 한 발자국도 물러서지 못하고 탄환에 맞는 자가 서서 죽는다. 다시 뒤로 돌이킬 수 없으므로 계속해서 그 자리에 쌓여서 시체가 성(城)보다 높아 마치 둑과 같은 것이 셋이 되었다.[55]

③ 적도(賊徒) 전사자 200여 명, 부상자 미상[56]

④ 사자(死者) 이백여(二百餘) 명(名), 부상자(負傷者) 무수(無數), 잔당(殘黨) 십(十) 명(名) 박(縛)[57]

⑤ 당시 일본(日本) 군대(軍隊)와 조선(朝鮮) 군사(軍士) 약 2천여 명이 여기서 적(賊)을 격퇴, 적(賊) 수천 명을 살상하고 그 거괴(巨魁) 이창구(李昌九), 이군자(李君子) 2명을 죽였다 한다.[58]

⑥ 현재(12월 8일: 필자 주) 홍주성(洪州城) 안에는 적(賊)을 잡아 아직 처형이 결정되지 않은 자가 수백 명이 있다.[59]

⑦ 이날(12월 10일:필자주, 필자 주) 도중(途中) 해미(海美)에 잠복해 있던 적(賊) 수십 명을 잡아 모두 홍주성(洪州城)으로 호송하였다.[60]

⑧ 오늘(12월 10일:필자주, 필자 주) 이후 잡는 적도(賊徒)는 계속해서 그곳(洪州城:필자 주)으로 호송할 터이니, 신속히 처형할 것을 목사(牧使)에게 충고하라. 그렇지 않으면 내외로 걱정이 앞서기 때문이다.[61]

⑨ 일시(一時)에 사상자(死傷者)가 수천(數千)에 달(達)하고 행오점차문란(行伍漸次紊亂)할 제(際)에 관군(官軍)이 승승추격(乘勝追擊)하니 시(尸)가 야(野)에 편(遍)하고 혈(血)이 천(川)을 성(成)하야 기참상(其慘狀)이 목도(目睹)키 난(難)하얏다.[기시사자누삼만여명(其時死者累三萬餘名)][62]

⑩ 양일성하지살적약육칠백인(兩日城下之殺賊約六七百人)[63]

(사) ① 윤월 9일, 성이 함락되어 죽은 자가 3백여 명이고 잡혀간 자가 80

여 명이었다.[64]

②토벌 결과의 개요: 약 반수의 손상을 주고 수괴는 놓쳤으나[65]

③이번에 죽은 자가 백여 명이요, 잡혀간 자가 83명이다.[66]

④이 싸움에 일본 군사의 죽은 자가 3백여 명이나 되었고, 우리나라 남녀 죽은 자도 역시 60~70명이 되었다.[67]

⑤이날(5월 31일: 필자 주) 자신이 패하여 도피할 무렵에 성의 동문 밖에서 전사한 자가 반드시 몇 명 있었으나 그 수를 상세히 알지 못하고[68]

⑥의병여(義兵與) 거민(居民)이 각자도생(各自逃生)에 투동분서(投東奔西)하여 혹피총사(或被銃死)하며 혹자상천답(或自相踐踏)에 서각서요이피사자(逝脚逝腰而被死者) 수천여(數千餘) 명(名)이오 피금자(被擒者) 수백(數百) 명(名)인데[69]

⑦폭도는 시체 82, 포로 1백45로 수괴 민종식(閔宗植) 이하 약간은 도망쳐 나가게 한 것은 유감이었다.[70]

⑧의병(義兵)으로 대란(大亂)을 지내매 사자(死者)는 기수(其數)를 모르거니와 생자(生者)도 사방(四方)에 도피(逃避)하야 경내(境內)가 참혹(慘酷)한 중(中)에[71]

위의 기록으로 볼 때 (바)는 동학농민군의 희생자에 관한 기록이고, (사)는 의병 희생자에 관한 기록이다. 동학농민군의 경우 사망자가 최소 2백여 명(③, ④항), 600~700명(⑩항), 수백여 명(①항), 수천 명(⑤, ⑨항), 그리고 많게는 3만 명(⑨항)으로 기록하였다. 이 중 일본 측의 기록은 2백여 명과 수천 명으로, 관변 측 기록은 600~700명, 그리고 동학 측의 기록은 수천 명에서 많게는 3만 명까지 나타나 있다. 여기에 동학농민군이 포로로 잡혀 처형되지 않은 수백여 명(⑥, ⑦, ⑧항)과 부상자까지 포함한다면 사망자는 더 늘어난다.

의병의 경우에는 대체적으로 80~100여 명(③, ⑦항), 3백여 명(①, ②, ④항), 그리고 많게는 1천여 명(⑥항)으로 나타나 있다. 이 중 일본 측 기록은 82명, 홍주성 전투에 참가하였던 의병이 남긴 자서전에는 3백 또는 1백여 명으로 기록되었으며, 당시 보도된《대한매일신보》만 유일하게 1천여 명으로 기록하였다.

끝으로, 동학농민혁명 당시 홍주성 전투 이후 동학농민군 희생자와 의병 전쟁 당시 홍주성 전투 이후 희생자의 처리에 대해서도 살펴볼 필요가 있다. 당시 정부나 유생들의 동학농민군과 의병에 대한 인식은 서로 상반되게 나타났다. 이들은 동학농민혁명에 대해서는 유교를 정치 이념으로 하는 왕조에 대한 반란으로 규정하고[72] 일본군과 연합하여 적극적인 토멸을 전개하였다. 그러나 의병들에 대해서는 이들의 거병 명분을 유교의 이념에 두고 있음에 근거하여 소극적으로 진압하거나 이에 적극적으로 참여하였다. 이러한 상황에서 홍주 지역의 유림은 충청도 서북부 지역의 동학농민군이 홍주성을 점령하려 하자, 각 유회소를 통해 의군을 모집하는 한편 보부상과 연결하여[73] 민보군을 조직하였다. 홍주의 민보군은 홍주 목사 이승우[74]가 이끄는 관군과 협력하여 동학농민군의 홍주성 공격을 막았으며, 이후 동학농민군 색출에도 앞장섰다.

이러한 상황에서 동학농민군의 홍주성 공격이 처참한 피해를 남기고 참패하였다. 이에 따라 홍주성 전투에 참가하였다가 죽은 동학농민군의 시신은 제대로 수습되었을 리가 없다.[75] 그뿐만 아니라 홍주성 전투 후 민보군은 일본군과 함께 보령(保寧)[76]을 비롯하여 홍산(鴻山), 해미(海美), 덕산(德山) 등지의 동학농민군을 색출하여 홍주성으로 압송하였다.[77]

홍주성에 있던 일본군은 동학농민군 수백 명이 사로잡혀 있자 만일의 사태에 대비하여 조속한 시간 내에 이들을 처형할 것을 이승우 홍주 목사에게 시달하였으며,[78] 이승우 홍주 목사는 홍주성 북문 밖 월계천(月溪川) 변에서 동학농민군을 효수하였다.[79] 동학농민군의 처형장이었던 월계천은 홍성의 사총 앞을 흐르는데, 1949년 유골이 발견된 대교리 동록은 홍성천과 월계천이 만나는 지점이다. 홍성천 역시 동학농민군이 가장 격렬하게 전투한 동문 앞을 흐른다. 동학농민군은 바로 이 동문 전투에서 가장 많은 희생자를 내었으며, 이로 인하여 홍주성 공격에 실패하였던 것이다. 그뿐만 아니라 동학농민혁명 막바지에 이르자 동학농민군에 참여하였던 일부 유생과 관리 등은 오히려 동학농민군 토멸에 앞장섰으며 그 결과 동학농민군의 희생은 더 늘어 갔다.[80]

이상과 같이 홍주성 전투에서 동학농민군은 관군과 일본군, 그리고 민보군에 의해 철저하게 토멸되어 월계천과 홍성천 주변에서 목숨을 잃고 희생되었다. 이때 희생당한 동학농민군은 대부분 서산을 비롯하여 태안, 당진, 아산, 덕산 등지에서 참여한 관계로 홍주와는 연고가 없었고 그들의 시신은 그냥 버려질 수밖에 없었다. 그리고 그렇게 버려진 동학농민군의 시신을 수습한다는 것 자체가 당시 상황으로는 동학농민군으로 몰리어 참형을 당할 수 있는 일이었다.[81]

이에 비해 1906년 당시 홍주 의병에 대해서는 1894년 동학농민혁명과는 상당한 인식의 차이를 드러냈다. 정부는 가급적이면 의병을 긍정적으로 보았으며, 이에 대한 대처 방안도 동학농민혁명과는 사뭇 달랐다. 관군이나 유생들은 홍주 의병에 적극 가담하였으며 정부에서 파견한 진압군은 지극히 소극적이었다.

1906년 홍주의 의병이 홍주성을 점령하였다는 소식이 정부에 보고되었으나 그에 대한 조정의 처리 방안은 매우 소극적이거나 방관적이었다.[82] 당시 고종은 유생들이 자신의 학문적 근거인 유학의 이념에 따라 의병들이 기병을 하자 그 명분을 인정해 줌으로써 무력적인 탄압보다는 회유적인 방법을 지시하여 피해를 최소화하였다. 이에 따라 홍주 의병 진압에 나선 관군 역시 소극적으로 대처할 수밖에 없었다.[83]

이와 같은 상황에서 일본군이 5월 20일부터 28일까지 홍주성을 공격하였으나 작전에 동원된 관군들은 소극적인 태도로 일관하여 성과를 거두지 못하였다. 이에 일본군은 정부에 속히 홍주성 의병을 진압할 것을 요청하였으나 정부는 의병 해산 조칙(詔勅)을 내는 데 그치고 말았다.[83] 즉 정부는 의병의 활동을 공식적으로는 인정하지 않았지만 그들이 활동하는 데는 동학농민군보다 비교적 제약을 하지 않았다. 이것은 의병들의 주요 세력이 유생을 비롯하여 전직 관료 등이었기 때문이다. 이러한 인식 때문에 의병들은 동학농민군보다 피해를 덜 보았다고 할 수 있다.

한편 1906년 의병에 참가하였던 유생들의 지도부는 홍주성 전투에서 대부분 후일을 기약하며 피신을 하거나 피체되었다.[85] 홍주성 전투에서 희생당한 의병은 이미 앞에서 살펴보았듯이 대부분 82명 또는 3백여 명으로 기록하였다. 당시 선유사(宣諭使)로 파견된 윤시영은 이들의 시신을 성 밖으로 옮겨 한곳에 매장하도록 했다. 이때의 상황을 윤시영은 다음과 같이 기록하였다.

윤 4월 17일 일찍 민부(民夫)를 내어 죽은 사람을 옮겨 묻으니 어제 찾아 묻은 자와 합하여 83명이다. 당일에도 목 잘린 자 15명을 찾았는데 혹시 결성(結城) 서산(瑞山) 사람이 있는 것 같다.[86]

이때 매장된 의병들은 홍주 지역의 의병보다는 결성이나 서산 등의 지역에서 참가한 의병으로 보인다.

그뿐만 아니라 윤시영은 의병 시신을 매장하기에 앞서 윤 4월 14일(양 6.5) 사람들의 왕래가 빈번한 곳에 방(榜)을 붙여 "이번 성 함락 때 죽은 사람을 오는 17일 다른 곳으로 옮겨 묻고자 하니 시친자(屍親者)가 있으면 그 날 이른 아침에 성 아래에 기다렸다가 시체를 찾아가라."라고 하였다.[87] 유림의 주도로 전개된 홍주 의병은 사후 선유사로 파견된 윤시영 홍성 군수의 선처에 의해 홍주 지역에 연고자가 있는 대부분의 시신은 찾아간 것으로 보인다. 결국 연고자가 없어 찾아가지 못한 시신 83구만 성 밖 어느 한곳 즉 남산에 매장되었다.[88]

4. 맺음말

이상으로 동학농민혁명 과정에서 희생자에 대해 살펴보고, 홍주의사총과의 관계성을 살펴보았다. 본문을 정리하는 것으로 맺음말을 대신하고자 한다.

성리학 이데올로기의 조선 정부에서는 동학농민혁명은 탄압의 대상이었다. 초기 고부 기포가 일어났을 때는 주도세력은 엄격한 처벌, 일반 참여자는 효유의 대상이었지만, 무장 기포 이후에는 초멸의 강경 대응으로 전환되었다. 더욱이 일본의 출병으로 지휘권을 확보한 일본군은 동학농민군을 '초멸'의 대상으로 인식됨에 따라 동학농민군의 희생은 크게 늘어날 수밖에 없는 상황으로 전개되었다. 이에 따라 동학농민군을 진압하기 위해 파병된 일본군을 '토벌대'라 불렀다.

당시 동학농민군의 희생자에 대한 현황은 현재까지 구체적으로 밝혀진 바가 없다. 다만 천도교단과 관련된 연구에 의하면 20만 또는 30, 40만으로 추정하고 있다. 이에 대해서는 앞으로 많은 연구가 필요하다고 판단된다.

한편 홍주의사총과 동학농민혁명 희생자와의 관계를 정리하면 다음과 같다.

첫째, 홍주성 전투에 참가한 인원수이다. 동학농민군은 최대 6만 명에서 최소 7천 명이었으며, 의병은 최대 5천 명에서 최소 2백 명으로 기록하고 있다. 참가 인원수에서도 동학농민군이 절대적으로 많은 수가 참여하고 있다.

둘째, 홍주성 전투에서 희생당한 인원수이다. 동학농민군은 최소 2백 명이며(홍주성에 압송되어 효수당한 동학농민군 제외) 최대 수천 명 내지 3만 명으로 나타나고 있으며, 의병은 최소 83명이며 최대 1천여 명으로 기록하고 있다.

셋째, 전투현장이다. 동학농민군의 전투현장은 서문과 동문, 그리고 북문을 중심으로 홍주성을 공략하였으며, 의병은 홍주성 안에서 일본군을 상대로 방어적인 전투를 전개하였다. 이는 유골이 발견된 지점과 중요한 상관관계가 있다. 또한 체포된 동학농민군은 유골이 발견된 북문과 간동에서 처형을 당하였으며, 그리고 동문 앞을 흐르는 홍성천에서 가장 큰 희생자를 내었다.

넷째, 정부나 유림의 인식이다. 동학농민군은 정부와 유림이 중심이 된 민보군, 일본군의 토멸 대상이었으며 의병의 경우 정부는 소극적 내지 방관적, 유림은 적극적 참여, 일본군은 적극적 탄압으로 분산되고 있다. 특히 홍주 지역에서 활동한 유림 중심의 민보군은 최후까지 동학농민군을 토멸하였다. 이들은 바로 동학농민혁명 당시 동학농민군 토멸의 핵심적 역할을 하였다.

다섯째, 포로의 처리방안이다. 동학농민군은 관군과 일본군에 의해 즉시 처형되었으며 그 처형장이 바로 홍주의사총 앞을 흐르는 월계천과 간동이었다. 의병은 대부분이 석방되었다. 특히 홍주 의병대장 민종식도 체포되었으나 당시 조정에 의해서 석방되었다.

여섯째, 시신의 수습과정이다. 이는 유골 진위를 확인하기 위한 가장 중요한 변수가 되는데 당시 유림의 활동이 왕성하였던 홍주에서 동학농민군 시신을 수습한다는 것은 불가능하였다. 홍주성 전투 후 민보군과 일본군이 동학농민군을 색출하는 과정에서 동학농민군의 시신을 수습한다는 것은 사실상 불가능하였다.

그리고 동학농민군은 대부분 해미와 한산 방면으로 집결되어 있어 홍성천에 버려진 동학농민군의 시신은 그대로 버려질 수밖에 없었다. 이에 비해 의병의 경우는 홍주성 전투 후 선유사로 파견된 윤시영 홍주군수에 의해 대부분 연고자가 찾아갔으며 시친자(屍親者)가 없는 83명만이 매장되었다.

이상으로 보아 홍주의사총에 묻혀있는 유해는 1906년 병오 의병이기보다는 1894년 홍주성 전투에서 희생당한 동학농민군의 희생자였음을 확인할 수 있다.

태안 지역의 동학 포덕과 조직화
그리고 동학농민혁명

임 형 진
천도교 종학대학원 원장·경희대 후마니타스칼리지 교수

1. 여는 글

충청도 태안이 포함된 내포 지역은 해안과 내륙을 겸비한 곳으로 전통적으로 물산이 풍부한 지역이었다. 드넓은 평야와 해안마다 생성된 포구에는 항상 농산물과 수산물이 넘쳐 났다. 이러한 지리적 환경으로 인해 내포 지역은 일찍부터 양반 사족이 정착하였으며, 이들은 신분적 사회적 지위를 이용하여 토지의 소유를 집중하였다. 이로 인해 농민들은 봉건적 토지 관계의 모순과 억압된 신분제 아래에서 착취와 수탈의 이중고에 시달렸다.[1] 또한 내포 지역은 세곡을 운송하는 길목이어서 전운사의 횡포도 심했으며, 개항 이후에는 서양 문물의 유입과 무엇보다도 일본 상인의 활동이 활발해 지역민들이 경제적 어려움에 처해지는 등 다른 어떤 지역보다도 생활고가 극심하고 상대적 박탈감이 큰 지역이었다. 모두가 하늘을 모신 위대한 존재라는 동학의 가르침은 내포 지역처럼 빈부 격차가 심하고 상대적 박탈감이 큰 곳에서는 확산되는 속도가 빨랐다. 충청도 태안이 그런 대표적인 지역이었다.

충청도 태안 지역에 본격적으로 동학이 전파된 것은 1880년경 내포 지역에서 시작된 동학의 바람에 의해서였다. 1890년 태안의 최형순이 내포의 박덕칠에 의해 포덕되어 최초로 입도한 이래로 동학의 불길은 태안의 전 지역으로 크게 확대되었다. 동학사상의 만민평등 의식은 곧바로 억압받고 천대받던 당시 민중들에게 구원의 소리였다. 그래서 소리 소문 없이 동학에 입도하는 자들이 늘어나고, 급기야 이들이 꿈꾸는 후천개벽의 세상을 건설하는 데 일로 매진하게 되었고, 1894년 동학농민혁명은 그 위대한 결실이었다.

충청도 서부 지역에서 특별히 동학농민혁명의 열기가 고조된 데에는 양반 토호 계층의 탐학과 함께 일대 주민들의 서양에 대한 적개심도 한몫했다. 1868년 내포 지역인 덕산에 있던 대원군의 아버지 남연군의 묘가 도굴되는 사건이 벌어졌다. 전통적으로 조상에 대한 남다른 예를 중시하던 조선 사회의 충격은 대단했다. 이를 계기로 대원군은 쇄국정책을 더욱 강화하는 한편 당시 죽은 서양인 2명의 시신을 효시함으로써 서양인들의 만행을 만천하에 알렸다. 당시 내포 일대의 민중은 자신들의 지역에서 발발한 서양인의 악행과 함께 외세의 침략으로 점차 경제권을 상실해 가는 상황에서 분노가 점점 극대화되었다.

이러한 분위기 속에서 태안을 포함한 내포 지역의 동학 조직은 관의 지목과 탄압을 피하면서 1982년부터 공주, 삼례, 광화문, 보은 등지에 거대한 12개 포를 구성해서 참석할 정도로 크게 번성했다. 이들은 동학의 창도자인 수운 최제우의 억울한 죽음을 신원하고 동학을 정부에서 공식적으로 인정하도록 촉구하는 대집회에 참여했다. 그리고 동학농민혁명의 '보국안민', '척양척왜'의 기치를 들고 전 동학도의 총동원령이 내려졌을 때는 면천 승전곡에서 일본군의 정예부대를 퇴각시켰으며 북상을 기도하기 위해 신례원 관작리에 주둔, 이곳에서도 관군과 유회군을 크게 무찔러 내포 지역 최대 승전을 일궈 낼 정도였다. 비록 10월 28일 내포 행정의 중심인 홍주성의 전투에서 패퇴함으로써 그 세력은 약화되었지만 끝까지 살아남은 지도자들의 노력으로 그 정신은 면면히 계승되었다. 본 연구는 충청도 서부 지역의 동학 유입과 포덕 그리고 갑오년 당시의 태안을 중심으로 한 동학의 조직과 동학농민혁명의 참여 과정 등을 살펴보고자 한다.

2. 충청도 서부 지역의 동학 유입

1860년 창도된 동학은 처음에는 경상도 일대를 중심으로 퍼져 나갔으나 1871년 영해에서 일어난 이필제 중심의 교조신원운동으로 커다란 위기에 봉착하였다. 초기에 근근이 이어 오던 동학 조직은 이 거사 이후 대대적인 검거령과 단속령이 내려 지하로 숨어 들어가야 했다. 도통을 이어받은 해월 최시형은 영월, 단양 등 강원도와 충청도의 심심산골로 잠적해 후일을 도모하여야 했다. 동학이 다시금 본격적으로 세상에 나온 것은 최시형이 1875년 8월 정선에서 새로운 의례를 제정하고 10월부터 순회설법을 시작하면서부터였다. 강원도의 산골 지역을 넘어서 동학은 점차적으로 충청도와 경기도 지역으로 확산되기 시작한 것이다.

충청남도의 동학은 강원도 충청북도 지역을 거쳐 차령산맥을 넘어 들어 왔으며, 이어 경기·전라 지역으로 교세가 확장되는 동학 포덕의 교두보 역할을 했다. 즉 충청남도 지역의 동학 포덕은 평야 지대가 많은 경기도와 전라도 지방으로 확산되는 중요한 계기가 되었다.

충청남도의 동학 포교의 통로는 연원 조직으로 볼 때 음성·진천 통로를 통해 아산·천안·목천·직산·예산·당진·홍성·서산·태안으로 확장되었으며, 청주·조치원 통로로 회덕·진잠·연기·공주·청양·보령·서천·한산·부여로, 옥천·영동 통로를 통해서는 논산·금산 지역으로 확장되었을 것으로 추측된다. 이렇게 충청남도 지역으로 유입된 동학은 전라도 경기도 지역으로 빠르게 확산되었다.

충청남도 동학은 연원이나 활동으로 보아 다음 다섯 지역을 중심으로 확산되었다고 할 수 있다.

① 동북부 지역: 아산·천안·목천·직산

② 서북부 지역: 예산・당진・홍성・서산・태안(내포 지역)

③ 중동부 지역: 공주・연기・전의・청양・회덕・진잠

④ 동남부 지역: 논산・금산

⑤ 서남부 지역: 보령・서천・한산・부여

이렇게, 확장된 교세를 바탕으로 1892년 공주에서는 근대 시민사회운동의 시효라 할 '공주취회'가 열리고, 이어 전개된 '삼례집회'(1892), '광화문복합상소(1893)', '보은취회'(1893)와 같은 사회운동에는 후일 동학의 최고 수뇌부를 구성하게 되는 훌륭한 충청남도 지역 동학 지도자들이 등장하게 된다.

이 동학 지도자들은 공주취회를 수행하고, 1894년 봄에는 금산・진산・진잠・회덕 지역에서 1차 기포하였으며, 9월 18일 재기포 시기가 되자 수많은 동학 지도자들이 충청남도 전 지역에서 기포하여 전투를 이끌었다.[2]

동학의 세력이 충청도 지역에 최초로 등장한 것은 1862년 수운 최제우에 의해서 접제가 실시될 때 경기도 남부 지역의 김주서와 이창선이 접주로 임명되면서였다. 비록 김주서와 이창선 모두 경기도 사람들이지만 이들의 주 활동 무대가 경기도 남부 지역인 것으로 미루어 보아 충분히 충청도 지역과 연계되었을 것이라고 짐작할 수 있다. 실제로 경기 남부 지역은 단양 등 충북뿐만 아니라 당진・아산 등 충남과도 생활권이 밀접하게 연결되어 있었다. 이러한 관계로 본다면 아산 등 충청도 내포 지역에는 1860대 후반에 이미 동학이 포덕되었을 것으로 추정된다. 왜냐하면 1870년대 중반부터 교단에서 경전 간행 후원 등의 활동을 하였던 인물 중에는 안교선 등 내포 지역이라고 할 수 있는 아산 출신자들이 적지 않았기 때문이다.

충청도 서부 지역의 기록에 동학이 처음 등장한 시기는 1880년경이다. 즉, 1883년 6월에 간행된 경주판 『동경대전』 발문에 충청도 아산 도인 안교선이 공주 도인 윤상호와 같이 실무를 맡았다고 되어 있다. 경주판『동경대전』은 공주접에서 자금을 마련하여 동협접(東峽接, 강원도)과 영남접이 힘을 모아 만든 것이다.[3] 이를 통해 1883년경이면 충청도 지역에 상당수의 교인이 존재하였고 또한 그들이 적지 않은 자금을 출연할 정도로 부력도 갖추고 있었음을 알 수 있다.[4]

아산 지역의 천도교사를 담은『아산교보』에 의하면 온양면 용화리 334번지 이규호(李圭鎬) 부부는 1884년 11월 16일에 입도한 것으로 되어 있다.『천도교회사초고』에는 1883년(계미년) 3월조에도 "… 박인호(朴寅浩), 안교선(安敎善), 안익명(安益明), 윤상오(尹相五) … 등이 차례로 신사께 배알하였다."는 기사가 있으며 내포와 공주 지역 지도자들이 단양 남면 갈래골에 있는 신사를 찾아왔다고 하였다.[5] 이를 통해 미루어 보면 내포 지역 일대에는 이미 상당수의 동학도인들이 자리잡고 있었던 것으로 판단된다.[6]

현재까지 확인된 바로는 1870년대 말부터 해월 최시형에 의하여 충남 지방에 동학이 전파되기 시작하였으며 특히 해월의 지도를 받은 삽교 하포리의 박인호, 아산의 안교선, 공주의 윤상오 등이 그 중심이었다. 그리고 이들이 1880년대 들어서는 동학교문의 중진 지도자로 성장하여 독자적인 포덕 활동에 나선 것으로 보인다. 이들의 입도는 내포 지역에 동학이 유입된 경로를 실증적으로 짐작하게 하는 부분이다.

특히 후일 예포 대접주가 되어 충청도 서북부 지역의 최대 지도자가 되는 박인호의 동학 입도가 큰 전기를 이룬다고 할 수 있는데, 그는 1883년 단골로 다니던 예산 읍내의 오리정 주막 주모[7]를 통해서 입도하였다. 그는 주모로부터 하늘님을 믿는 동학이라는 것이 영남에서 생겼는데 기름에 불을 붙인 것 같이 영남과 호남에 크게 번지는데, 사람을 하늘같이 섬기고 바른 마음으로 하늘님을 믿어 이 세상이 평화로운 새 세상이 된다는 그들의 주장을 듣고 동학 입도를 결심했다. 박인호는 1883년 3월 18일 목천에 머물던 최시형을 직접 찾아가 "사람을 한울처럼 섬기고 바른 마음으로 한울님을 믿어야 세상이 포덕천하가 된다."는 말을 믿고 동학에 입교했다. 후일 박인호는 동학농민혁명 당시에는 내포 지역 최고 지도자로 활동하였으며 천도교로 개명되었을 때도 3세 교주인 의암 손병희(孫秉熙)의 최측근으로 그리고 손병희 사후에는 천도교의 제4대 교주로 이름을 드높였다.

전술한 대로 충청도 서부 지역은 풍부한 물산과 지리적 이점 때문에 일찍이 양반 사족이 정착하였으며, 이들은 신분적 사회적 지위를 이용하여 토지의 소유를 집중하였다. 이로 인해 농민들은 봉건적 토지 관계의 모순과 억압된 신분제 아래에서 착취와 수탈의 이중고에 시달렸다. 이러한 사회 경제적 배경은 동학이 이 지역에 유입 또는 포덕되는 데 적지 않은 영향을 주었다.

이 지역의 동학 포덕은 1890년대 초반부터 급격히 확산되기 시작했는데 특히 1892년 10월 하순에 공주에서 일어난 교조신원운동 다음부터 확산세가 두드러졌다. 박인호를 중심으로 한 충청도 서북부 지역의 교세는 지속적인 포교 활동에 의해 큰 조직체로 성장하게 되는데, 그 배경에는 동학교리에 내포된 개혁적 이념이 외세의 조선 침탈과 이에 대한 위협과 불안, 부정부패의 척결, 신분제의 평등 등 반봉건과 반외세 의식의 성장과 맞물려 있었다.

1892년 1월에 충청 감사 조병식(趙秉式)이 동학을 금지하는 금령을 발표하자 동학 지도부는 이에 반발해 더욱 적극적인 활동을 모색하기로 결정했다. 우선 동학 지도부는 포덕의 대상이자 함께 인내천적 세상을 만들어 나갈 농민과의 유대를 강화하고 연대성을 굳건히 하여 이를 토대로 동학 포덕을 자유롭게 할 수 있기를 요구하는 것은 물론 억울하게 대구 장대에서 순교한 교조 수운 최제우를 신원해 달라는 교조신원운동을 전개하기로 했다.

1892년 서인주(徐仁周), 서병학(徐丙鶴)의 주도로 10월에 공주에서 처음으로 교조신원운동이 이루어졌다. 공주취회 또는 공주집회라고 불리는 공주 교조신원운동은 서병학과 서인주의 영향력 아래에 있던 교도들이 참여했다. 공주교조신원운동은 1892년 10월 20일부터 도인 천여 명이 공주의 송소에 모여 21일에 단행되었다. 이날 동학도들은 행렬을 갖추고 서인주와 서병학의 지휘에 따라 당당하게 공주 관아로 들어가 수운 최제우의 신원을 소청했던 것이다.[8] 당시 공주집회에 모인 동학도들의 청원 요지는 다음과 같다.

무고한 백성들을 엄동설한에 내몰아 사경에 헤매게 하고 남편을 징역 보내어 어버이를 이별하고 길가에서 울부짖게 하니 무슨 죄가 있기에 이렇게 하는가. ··· 외읍에 수감되어 있는 여러 동학도들을 모두 석방하여 달라. ··· 한편 임금에게 계달하여 스승님의 신원을 씻도록 해 달라.[9]

정중한 의송단자를 받은 충청 감사 조병식은 동학도들의 예의 바른 태도에 놀라 무력으로 해산시키기보다는 감결로서 해결하고자 했다. 조병식은 22일에 제음(題音)을 보내왔다. 그리고 24일에는 각읍 수령들에게 감결(甘結)을 시달하였다. 충청 감사는 다만 나라에서 정한 동학 금단 조치는 자신의 권한 밖이라 하여 제외하고 여타 사항들은 동학도의 요구대로 감결을 하달했던 것이다. 동학도들은 조병갑의 신속한 조치에 대하여 고맙게 여기고 차후의 처분을 관망하기로 하고 24일에 해산하였다. 당시 1천여 명의 백성들이 모였다는 사실만으로도 세상을 놀라게 하였는데 감사로부터 다짐까지 받아 내자 세상은 동학을 주목하게 되었다. 동학도들이 의관을 정제하고 언행을 삼가며 질서 정연하게 행동하여 진짜 도인답다고 칭찬이 자자하였다. 당시의 상황을 지켜본 공주 유생 이용규(李容珪)는 『시문기(時聞記)』10

월 26일 자에 "동학도 천여 명이 금영(錦營) 아래에 모여 도를 행하려는 뜻으로 감히 조병식에게 정소(呈訴)했으며, (감사는) 제서를 엄히 내려 쫓아 보냈다."[10]라고 하였다.

서인주 등이 주도한 공주취회에 내포 지역의 동학도들이 얼마나 참여했는지는 알 수 없다. 그러나 공주집회의 뒤를 이은 삼례집회와 광화문 앞의 교조신원운동, 그리고 보은에서의 척왜양창의운동 등에서는 내포 지역 동학도들이 더욱 적극적으로 참여했다. 이를 보아 1890년대 초반에 들어서 내포 지역에 동학도들이 급속하게 확산되었다는 사실을 알 수 있다.

특히 내포 지역을 중심으로 교세를 형성한 박인호는 1893년 1월 광화문 앞에서 전개된 교조신원운동에 박인호와 박희인(朴熙寅, 朴德七로도 불림. 이하 박희인으로 통일), 그리고 박인호의 사촌 동생인 박광호 등과 함께 중심인물로 등장하였다. 모두 내포 지역의 지도급 동학 지도자들이다. 『천도교회사초고』 계사년조에는 광화문복합상소에 대하여 다음과 같이 기록하고되어 있다.

> (1893년) 2월 8일에 강시원 손병희 김연국 박인호 등이 수만 교도를 솔(率)하고 과유(科儒)로 분작(分作)하고 일제히 경성(京城)에 부(赴)하여 한성 남부 남산동 최창한 가(家)에 봉소도소(奉疏都所)를 정하고 절차를 협의하더니 (중략) 10일에 치성식을 거행하고 익일(翌日)에 광화문 외(外)에 봉소진장(奉疏進狀)하니 기시(其時)에 진소(陳疏) 도인(道人)에 소수(疏首)는 박광호, 제소(製疏)는 손천민, 서사(書寫)는 남홍원, 봉소(奉疏)는 손병희 박인호 김연국 박석규 임국호 김낙봉 권병덕 박덕칠 김석도 이근상 제인(諸人)이러라.[11]

즉 광화문교조신원운동에 박광호는 상소인의 대표인 소두로, 박인호와 박희인은 봉소로 각각 참여하였다. 이 시점에서 박인호 중심의 내포 동학 도인들이 충청도 지역의 동학 지도자를 넘어서 동학교단 전체에서 조직력과 역량이 인정되어 중심적인 역할을 담당했다는 것을 보여준다. 물론 내포 동학도인들이 광화문복합상소에 어느 정도의 규모로 참여했는지는 정확히 알 수 없지만 박인호, 박희인 등 충청도 서북부 지역 동학의 중진급 지도자로 성장한 인물들이 중심인물로 참여했다는 사실로 미루어 상당한 숫자가 동참했을 것으로 추측된다. 특히 태안 지역에서는 1890년 3월 16일 교주인 최시형이 서산을 방문한 것을 계기로 해서 새롭게 입도한 다수의 도인들이 참여했을 것으로 짐작할 수 있다.

광화문복합상소에 이어 내포 동학도인들은 이해 3월 보은에서 열린 척왜양창의운동에도 참여하였다. 1893년 3월 20일(양 5.5)에 보은으로 집결한 도인들은 석축 안에 1만여 명 그 밖에 1만여 명이었다. 보은취회에서 최시형은 포제를 정하고 대접주를 임명했다. 조직적으로 행동하기 위해서 동학의 단위 조직을 포로 제도화하고 이 포를 영도하는 대표자를 대접주로 칭하게 한 것이다. 원래 포와 큰접주라는 명칭이 전해져 왔는데 3월 20일에 이르러 자연스럽게 형성되어 사용되어 온 큰접주라는 명칭을 대접주라는 공식 명칭으로 바꿔 부르게 된 것이다.[12]

이때 부여한 포명과 대접주는 약 50개에 이른다. 그러나 기록이 전해지지 않아 정확한 포명은 밝혀낼 수가 없다.[13] 당시 박인호는 덕의 대접주,[14] 박희인은 예산 대접주로 각각 임명되었다.[15] 박인호와 박희인 모두 내포 동학을 대표하는 지도자들로 보은취회 때 이미 교단의 절대적 신임을 받고 있었음을 알 수 있다. 특히 보은 척왜양창의운동에서의 내포 지역의 동학도들은 매우 강성이었던 것으로 추정된다. 『취어』의 기록을 보면 다음과 같은 기록에서 알 수 있듯이 내포 동학도들이 쉽게 해산하지 않고 끝까지 저항했음을 추정할 수 있는데 그것은 내용에 있는 '천안, 직산, 덕산 등지를 비롯한 많은 돈이 장내로 흘러들어 오고', '길에는 쌀을 사고파는 사람들'이라는 대목 때문이다. 즉, 이들 지역은 대부분 박인호의 덕의포가 이끄는 지역이었다.

> 다른 모든 깃발을 철거하였지만, 오직 척왜양기(斥倭洋旗)만은 남겨 두어 자신들의 요구가 척왜양에 있음을 강조하였다. 같은 날 지도부에서는 노약자들을 진중으로부터 주변으로 철수시켰으나, 상주·선산·태안·수원·광주·정난·직산·덕산 등지의 교도들은 오히려 장내로 몰려들었다. 수원접이 장재(壯才)에서 장내(帳內)로 진을 옮기었다. 12시경 광주 동학도 수백 명이 네바리에 돈을 싣고 왔다. 광주, 천안, 직산, 덕산 등지를 비롯한 많은 돈이 장내로 흘러들어 오고 길에는 쌀을 사고파는 사람들이 그치지 않았다.[16]

충청도 서북부 지역의 동학은 교조신원운동이 전개되면서 점차 그 세력이 확산되었다. 이러한 사실은 『대교김씨가갑오피란록(大橋金氏家甲午避亂錄)』과 「피난록(避難錄)」 등으로도 확인이 된다.[17] 서산 사람 홍종식(洪鍾植)은 "나는 갑오년 2월 초 8일에 김병학이라는 이의 소개로 한윤삼 형제 외에 6~7인과 같이 입도하였다. … 길 가는 자는 우물이나 개천을 향하여 입도식을 하였고, 산에서 나무하던 자는 숫돌물을 놓고 다투어 입도하였다."고 증언할 정도[18]로 교세의 확산이 대단했다는 것을 알 수 있다. 당시 면천 지역으로 유배를 왔던 김윤식(金允植)도 "내포 지역에는 동학교인이 적었으나 지금은 가득 차서 날이 가고 달이 갈수록 엄청나게 늘어났다."[19]라고 기록했다. 1984년 갑오년이 즈음할 시점에 충청도 서북부 지역의 동학은 확실하게 자리 잡았다.

3. 태안 동학 유입과 내포 지역 동학의 조직화

태안 지역에 동학이 포덕된 것은 서산 지곡면 장현리 사람 최형순(崔亨淳)에 의해서였다. 최형순은 경주 최씨로, 경주로 시제를 다니면서 1890년 무렵에 최시형으로부터 직접 동학을 전수받아 포덕한 것으로 알려졌다. 최형순은 주로 서산·태안 지역을 중심으로 충청도 전역을 무대로 동학교리를 포교했는데 뜻밖에도 호응이 좋았다. 자기 집에서 건너다보이는 이원면 포지리와 원북면 방갈리를 오가며 포덕을 하여 동학이 태안 지역에 뿌리내리는 토양을 마련하였다. 최형순의 포덕으로 태안과 서산 지역에 동학이 들불처럼 빠르게 번져 갔다. 그러나 최형순 대접주는 애석하게도 1892년에 갑자기 병사하고 말았다.

이듬해인 1893년에 예산의 박희인이 옹기장수로 변장하여 태안의 이원면 포지리에 들어와 장성국 윤세원을 포덕하고 방갈리(가시내)에 들어와서 조운삼(曺雲三)을 입도시키고, 다시 갈머리 마을에 들어가서 문장준과 문장로, 문구석 부자를 입도시켰다. 그리고 조석헌은 그다음 해인 1894년에 상암 박희인의 권유로 동학에 입도하고 그해 5월에 태안 접주로 피임되었다.[20]

태안 지역에 이렇게 동학 교세가 빠르게 포교된 이유는 전술한 대로 물산이 풍부한 만큼 상대적 박탈감이 심했던 백성들의 원망과 함께 동학의 교리에 감화된 중산층 이상의 지식인들이 다수 있었기 때문이다. 실제로 태안은 너른 들과 풍부한 어장을 갖추었고, 중국의 장사꾼 사신들의 출입이 빈번했던 항구가 있었던 까닭으로 많은 배가 드나들면서 물산에 대한 수탈이 그만큼 극심했다.

특히 1893년에 태안 부사 신백희(申伯禧)는 충청 감사 조병식(趙秉式)과 공모하여 속전(贖錢)이라는 세목으로 태안 관내의 동학교도들로부터 6만 6천 냥을 강제 징수하는 등 갖은 횡포를 부렸다. 이 같은 수탈에 태안 고을 백성들은 전면적인 봉기를 하지 않으면 살 수 없는 현실을 맞게 되었다. 농민들 대부분이 탐관오리의 가렴주구에 시달림을 받아 동학에 입도하여 이상 사회를 꿈꾸게 된 것이다.

특히 태안 지역에서도 원북면 방갈리와 이원면 포지리의 교세가 강했다. 그것은 지리적 조건과 신망 있는 지도자 등 여러 가지 여건에 좌우되었다고 볼 수 있다. 이로써 최형순에 의하여 입도한 동학교도와 박희인에 의해 입도한 교도들이 합세하여 태안 지역은 방갈리를 중심으로 동학 세력이 날로 확산되어 갔다.

그리고 갈머리 문구석의 집과 가시내 조문필의 집에서 교도들이 비밀리에 모여 동학교리를 박희인으로부터 직접 강의받았다. 이렇게 교육을 실시함으로써 그 효과가 더욱 커져서 나날이 그 세력이 확대되어 그 교세가 불과 2~3년 동안에 태안군 전역에서 큰 세력으로 뿌리를 내렸다. 이 과정에서 조석헌, 문장준의 역할이 돋보였다.

당시 태안 지역 동학인들의 활동상을 찾아볼 수 있는 자료로는『조석헌 역사』와『문장준역사』가 있으며, 당시『조석헌역사』에 남긴 기록을 보면 박희인이 태안 지역에 들어와 포덕하는 일면을 발견할 수 있다.[21]

음력 8월 25일(양력 9.20) 일요일 날씨(天氣)는 가랑비가 오다가 상오 8시에 그치다. 상오 7시에 교인 네 사람이 와서 이야기하고 같은 날 9시에 출발하여 경암장(慶菴丈)과 김수암(金秀菴)·이연함(李然菴) 네 사람이 태안읍 홍기춘(洪企春) 집으로 해서 근서면(近西面: 근흥면) 신동(新洞: 두야리) 이순하(李順夏) 집에서 점심을 먹고 화순리(和順里: 수룡리) 문동하(文東夏) 씨 집에 도착하여 저녁에 일반 교인 10여 명이 모여 이야기하며 교리를 자세히 설명하고 교세를 점검하고 조직하다.

음력 8월 26일(양력 9.21) 월요일 날씨 상오 7시에 소낙비가 나리다가 하오 8시에 가랑비가 나리다. 9시 맑게 개임과 동시에 출발하여 이종덕(李鐘德) 씨 집에 이르러 소주를 마시고 원서면(遠西面: 소원면) 중방리(中方里: 줌뱅이-신덕리2구) 이남영(李南榮) 집에 저녁에 도착하여 일반 교인 10여 명에게 설교하고 교세의 규모를 이야기하다.

음력 8월 27일(양력 9.22) 화요일 날씨 맑음. 상오 9시 출발 동면(同面) 율도리(栗島里: 밤섬) 이용준(李容俊) 씨 집에서 점심에 술을 마시고, 북이면(北二面: 원북면) 동해리 정재영(鄭載英) 씨, 고현으로 신곶리(新串里: 신두리) 신도휴(申道休) 씨 집에서 저녁에 일반 교인 40여 명과 대산교수(大山敎授) 안재한(安在漢) 씨도 와서 경암장 박희인과 본인이 교리를 설명하고 교세를 점검하며 조직을 하다.

음력 8월 28일(양력 9.23) 수요일 날씨 맑음. 상오 8시에 출발하여 관송 방축리(貫松 防築里: 현 원북면 반계리 방죽안 부락) 박윤화(朴倫和) 씨 집에서 일반 교인 30여 명이 모여 교리를 강연해 주고 교세를 점검하고 조직을 하다.

음력 8월 29일(양력9.24) 목요일 날씨 맑음. 상오 9시에 출발하여 이원면(梨園面) 청산동(靑山洞: 현 이원면 사창리) 김홍석(金烘錫) 씨 집에서 점심식사 후 혼자 마방리(馬防里: 현 원북면 마산리 바뱅이 부락) 김응칠(金應七) 집에 가서 밤에는 일반 교인 40여 명이 모여 교리를 가르치고 교세를 조직, 점검하고 당면 과제를 이야기하다가 하룻밤을 쉬다.

음력 8월 30일(양력 9.25) 금요일 날씨 맑음. 하오 1시에 중방리(中防里: 현 소원면 신덕리 줌뱅이 부락) 이남영(李南榮) 집에서 유숙하다.

이처럼 태안 지역에서는 다른 지역과 달리 교리 공부에 상당히 치중한 모습을 발견할 수 있는데 이는 당시 태안 지역의 농민들에게 동학의 "인내천 사인여천 즉, 사람이 곧 하늘이니 사람 섬기기를 하늘과 같이 하라."라는 인간의 존엄성과 자유평등 사상이 상당히 설득력 있게 다가갔기 때문이다. 이러한 강론을 주로 박희인이 담당했다는 것은 태안 지역에서의 박희인의 역할과 활동을 보여주는 사례라고 할 수 있다.

태안 지역에서 동학 포덕에 가장 공이 큰 사람은 박인호와 박희인이다. 특히 박인호는 입도한 이후 1884년 최시형, 손병희 등과 공주 가섭사에서 49일기도에 참여하여 매일매일 해월 최시형의 가르침을 받았다.[22] 이후 박인호의 포덕 활동은 눈부셨다고 할 수 있다. 박래원(朴來源)의 기록에서 보면 다음과 같이 박인호의 포덕 활동이 나온다.

이렇게 수련을 하시면서 생각하시기를 포덕천하, 광제창생, 보국안민의 우리 동학의 목적을 달성하려면 동지가 많아야 한다 생각하시고 그때의 충청우도 지금의 충남 일대 덕산을 위시해서 아산, 당진, 서산, 태안, 면천, 홍성, 광천, 청양, 예산, 온양 등지에서 동지를 구하여 입도를 시키고 그들과 협력해서 무극대도의 진리와 목적을 선포하니 이에 응하며 입도한 자가 만여에 이르렀다 한다.[23]

박인호에 의해서 입도하게 된 박희인[24]의 정확한 입도 일자는 알 수 없지만 박희인은 후에 예포의 대접주가 되는 것으로 미루어 그 세력은 박인호에 버금갔을 것으로 사료된다. 다만 박인호만큼의 기록이 남아 있지 않아서 자세한 내막은 알 수 없다. 박희인을 입도시킨 전도인으로서의 박인호의 포교 활동 영역을 볼 때 그 활동 범위는 내포 지역의 동북부뿐만 아니라 내포 지역의 서남부 지역까지 미쳤으며, 내포 지역에 상당한 세력을 형성한 중심인물로 볼 수 있다. 이를 기반으로 박인호의 동학 조직은 1890년대 내포 지역에 동학 세력을 확장하는 한편 조직화를 꾀하게 되는데, 당시 박인호가 동학을 포교한 지역과 주요 인물은 다음과 같다.[25]

신창 지역: 김경삼 곽완 정태영 이신교

덕산 지역: 김원배 최병헌 최동신 이진해 고운학 고수인

당진 지역: 박용태 김현구

서산 지역: 장세헌 장세화 최긍순 최동빈 안재형 안재덕 박인화 홍칠봉 최영식 홍종식 김성덕 박동현 장희

홍주 지역: 김주열 한규하 황운서 김양화 최준모

예산 지역: 박희인(박덕칠)

면천 지역: 이창구 한명순

안면도 지역: 주병도 김성근 김상집 고영로

해미 지역: 박성장 김의향 이용의 이종보

남포 지역: 추용성 김기창

서천 지역: 장세화

태안 지역: 박희인에 의해서 조운삼, 문장로, 조석준 입도

박인호계는 덕포의 박인호와 예포의 박희인을[26] 그 정점으로 안교선, 이창구, 김기태, 그리고 그 산하에 태안 접주 조석헌, 방갈리 접주 문장로, 도집 문장준 등이 세력권을 형성하였다.[27] 이에 따라 박인호계 산하에는 12개의 포가 형성되었으며, 지역적으로는 신창·덕산·당진·서산·태안·예산·면천·안면도·해미·남포 등지까지 영향력이 미쳤다.[28] 이를 통해 내포 지역이 크게는 덕포와 예포로 나뉘어져 있지만 전체적으로 보아 박인호계의 동학 조직이었음을 확인할 수 있다. 동학농민혁명 당시에도 박희인의

예포는 예산과 서산 그리고 태안 지역을 중심으로 활동하였으며, 홍주성 공격 이후에서는 박인호의 덕포 관할하에 있었다고 할 수 있다.

박인호의 내포 동학 조직이 크게 성장한 것은 1892년부터 전개된 교조신원운동 이후였다. 1892년 말 공주에서 전개된 교조신원운동은 동학에 대한 탄압을 어느 정도 진정시키는 효과가 있었다. 그뿐만 아니라 교조신원운동을 통해 신앙의 자유를 획득하지는 못하였지만 동학의 평등사상과 유무상자(有無相資)의 대동사상이 일반 민중으로 하여금 동학에 대한 인식을 새롭게 하였다. 이에 따라 동학에 호감을 가지고 있던 일반 민중들이 동학에 대거 입도하였던 것이다. 이러한 사실은 동학농민혁명 당시 서산 사람 홍종식의 증언에서도 확인할 수 있다.

> 내가 입도한 지 불과 며칠에 전지문지(傳之文之)하여 동학의 바람이 사방으로 퍼지는데 하루에 몇십 명씩 입도를 하곤 하였습니다. 마치 봄 잔디에 불붙듯이 포덕이 어찌 잘되는지 불과 1, 2삭 안에 서산 일군이 거의 동학화가 되어버렸습니다. 그 까닭은 말할 것도 없이 첫째 시운이 번복하는 까닭이요 만민평등을 표방한 까닭입니다. 그래서 재래로 하층계급에서 불평으로 지내던 가난뱅이, 상놈, 백정, 종놈 등 온갖 하층계급은 물밀 듯이 다 들어와 버렸습니다.[29]

1894년 5월경에는 내포 일대가 동학 세력에 의해 완전히 장악될 정도로 그 세력이 확대되어 있었다고 한다. 이 당시의 모습을 기억하는 박래원은 다음과 같이 증언을 남겼다.

> 이렇게 상사(박인호)의 성경신(誠敬信)적 활동은 해월신사의 두터운 신임

을 받아 덕의 대접주의 지위에 오르셨는데 갑오혁명운동 때는 해월신사의 명을 승하여 충남 전역의 제두령으로 하여 기포케하여 도중이 해미군 여미평에 집합하니 선두에 천불변(天不變)이면 도역불변(道亦不變)이라 쓴 큰 기를 세우고 덕의 대접주 박인호 제폭구민(除暴救民) 보국안민(輔國安民) 포덕천하(布德天下) 광제창생(廣濟蒼生) 등등의 큰 기와 청황적(靑黃赤)의 수기(手旗)를 각각 손에 들고 머리에는 궁을(弓乙)이라고 두 글자를 쓴 수건을 질끈질끈 동이고 행진할 때와 삼삼오오 진을 치고 전쟁에 임할 때는 '지기금지 원위대강 시천주조화정 영세불망 만사지'를 소리 높여 외우니 수만 동학군은 사기충천하였다. 여기에 호응해서 빈한한 농민과 남의 집에 고용 사는 머슴까지 합세하니 약 5만 대군이 되었다.[30]

이를 미루어 보면 내포 지역의 동학은 1894년 동학농민혁명에 참여하면서 더욱더 조직화되었음을 알 수 있다. 갑오년 2월 6일에 이루어진 덕산 기포와 4월 초에 서산의 원벌 기포가 전개되면서 그 조직은 확대되고 더욱 강화되었다. 즉, 갑오년 1월 전라도 고부에서 시작된 동학군의 기포에 자극되고 고무되었던 내포 동학도들이 전직 고관 출신인 이정규의 수탈 행위[31]에 들고 일어난 덕산 기포는 그해 2월에 있었다. 이는 고부 기포 이래 최초로 발생한 동학군의 혁명적 거사였을 것이다. 탐학을 일삼던 이정규를 유배 보내는 것으로 정리된 덕산 기포는 내포 지역 최초의 동학농민혁명이었다. 이어서 그해 4월에 수차례에 걸쳐서 동학도들을 탄압하고 수탈하던 이진사를 응징하기 위해 기포한 서산 원벌 기포에는 수만 명의 동학도들이 모였다.[32]

이처럼 내포 지역의 동학이 호남 지방에서 전개되고 있던 동학농민혁명과 비슷한 시기에 발생할 수 있었던 까닭은 이미 동학 조직이 상당 부분 완성되었기 때문에 가능했다고 볼 수 있다. 지역적으로 놓고 볼 때 덕산 기포는 박인호의 덕의포 중심이었고, 원벌 기포는 박희인의 예포 중심이었다. 이러한 갑오년 초기의 기포는 내포 동학이 충청도 서북부 지역을 대표하여 동학농민혁명의 주역으로서 모든 조건을 갖추게 되는 예행연습 같은 것이었다고 볼 수 있다.

4. '9·18 총동원령'과 태안 동학의 동학농민혁명

9월 18일 동학의 최고 지도자인 해월 최시형은 총동원령을 내렸다. 해월은 전국의 동학도들에게 합심하여 일어나 국난에 빠진 조국을 구하고 백성들에게 사람이 하늘임을 자각하게 하는 이상 사회를 향해 나아가자고 명령했다. 이날을 계기로 동학농민혁명은 그동안 호남 지역을 중심으로 전개되다가 비로소 전국화되었다. 이날을 계기로 그동안 원망에 서린 백성들의 봉기가 정식으로 혁명적 성격을 부여받았으며 이날을 계기로 동학의 전 조직은 총동원되어 일사분란한 지휘 체계 아래 전국적인 혁명의 전위에 나서게 되었다. 내포 동학에도 해월 최시형의 명령이 하달되었다. 박인호의 덕의포에 9월 그믐날 하오 3~4시에 기포령을 내린 '초유문'이 도달되었다. 덕의 대접주인 박인호는 30일 자시(子時)에 드디어 기포령의 철성을 울리게 하여 전면전인 내포 동학농민혁명의 횃불을 밝혔다. 비밀 긴급 연락 체계였던 철성 소리는 인근 용리, 구만리포를 통해 신속히 태안, 합덕, 서산, 당진 등 내포 교단 조직 각 포에 전달되었다. 이에 따라 이종율·최병헌·최동신·이진해·고운학은 용리·구만리포의 동학교도들을 농민군으로 무장 강화시키고,[33] 면천·합덕 지역의 각 접주에게 기포를 알리고 덕포 동학농민군을 구만리에 총결집시켰다.

박인호는 전면전으로 확산된 혁명운동을 펼치기엔 협소한 하포리를 벗어나 인접한 동네인 목시(성1리) 장촌 면소를 점령하여 '대도소'를 설치한다는 계획을 시도하였다. 이들은 농민군을 이끌고 장촌 면소를 점거하여 예산에서 기포한 박희인의 예포 동학농민군과 합류하여 혁명 본부인 '예포 대도소(禮包 大都所)'를 설치하고 본격적인 무장투쟁을 전개하기 위해 진을 갖추었다.

박인호는 진압군인 정예 관군이 들어오는 것을 목격하고 이들과의 일대 격전이 뒤따를 것으로 판단하여 취약한 상황인 농민군의 무기를 확보하는 것이 급선무라고 생각했다. 따라서 박인호의 내포 동학군은 10월 3일 농민군은 해미, 덕산, 예산, 온양 관아를 습격하여 무기를 탈취해서 고덕 대천리(지금의 구장터)에 무기고를 설치하여 보관했다. 이미 고현 내면소(고덕 면소)는 농민군의 수중에 접수되어 있었다. 10월 9일 자 『관보(官報)』에 실린 내용을 보면 "충청 감사 박제순이 덕산 군수 김병완(金炳琓)을 무기를 빼앗긴 죄로 파출하였다."는 보고 내용이 있다.

예포의 중심지인 태안 동학의 주된 기포지는 근흥면 수룡리에 있는 토성산성과 원북면 방갈리(현 태안화력발전소 부지) 등이다. 동학군들은 1894년 8월 말일경부터 토성산성에 거점을 두고 집결하였다. 문동하는 『동경대전』 교리 강의를 하면서 살기 좋고 복된 나라를 만들어 자손만대에 물려주자고 역설하였다.

'지기금지 원위대강 시천주 조화정 영세불망 만사지(志氣今至 願爲大降 侍天主 造化定 永世不忘 萬事知)'라는 주문을 선창하자, 이에 대중들이 일제히 큰 소리로 주문을 복창하니 산천이 진동하고 사기가 충천했다. 그다음 이순하가 대중 앞에 나서더니 아래와 같은 격문을 읽었다.

우리가 의를 들어 이곳까지 이른 것은 그 본의가 다른 데 있지 아니하고 백성을 도탄에서 건지고 나라를 튼튼한 반석 위에 올려놓자는 것이요. 안으로는 탐학한 관리를 축출하고, 밖으로는 광폭한 강적의 무리를 제압하고자 함이다. 양반과 부호의 앞에 고통을 받는 민중들과 방백과 수령의 밑에 굴욕을 받는 작은 벼슬아치들은 우리와 같이 원한이 깊은 자다. 조금도 주저치 말고 이 시각으로 일어서라. 만일 기회를 잃으면 후회하여도 미치지 못하리라.

이렇게 기포의 당위성을 발표하자, 징과 북을 치며 대나무 끝에 동학의 깃발을 꽂아 놓고 동학군들은 함성을 울렸다. 이곳에서 작전 계획을 세우고 근서면 · 안흥면 · 원일면 · 원이면 · 소근면 등지에서 출병한 수천 명이 모였다고 한다.[34]

재기포 시기의 태안 동학군의 움직임에 대하여 『조석헌역사(曺錫憲歷史)』에는 다음과 같이 기록되었다.

동학군의 재기포 움직임이 심상치 않게 돌아가자 당시 태안군 신백희(申伯禧)는 정부의 안무사 김경제(金景濟)와 몰래 상의하고 인근의 동학 두령 30여 인을 몰래 체포하여 엄형, 하옥하였다. 이때에 도중이 그 소식을 듣고 크게 분개하여 일어나 예산 본포(本包)에 사람을 보내 통지하고 회신을 고대하였다. 며칠 후에 사람이 보고하여 말하기를, "사태가 심각한즉 번연(凡然)히 관과(觀過)할 수 없으니 즉시 기포하여 잡힌 도인을 구제하고 동시에 이같이 무도한 무리를 마땅히 방어할 수 있도록 조치하라." 하였으니 때는 9월 그믐이었다. 각지의 두목에게 통지하여 기포하게 하니 각포에서 뜻을 같이하여 서로 호응하여 즉시 기포하니 불과 하루 만에 도중(道中)이 무려 수만에 달하였다. 이날 해당 읍에 이르러 갇힌 도중을 구원하고 도중에 해를

입힌 자에게 죄를 주었다. 이때 속인(俗人)이 도중(道衆)이라 빙자하고 횡포하는 자가 많았다.[35]

10월 1일 서산, 태안 지역의 기포로 태안과 서산 그리고 해미 지역의 동학농민군 수천 명이 일어나 먼저 서산 군수 박정기(朴錠基)가 이끄는 진압군과 접전하여 군수 박정기를 처단하고 서산 관아를 점령했다. 다음 날 2일에는 태안 남부 지역 남산리 고수옥이 이끈 농민군과 북부 지역 방갈리 문장로의 주도로 만여 명의 농민군이 아침에 태안 관아로 쳐들어가 불을 지르고 태안 부사 신백희(申百熙)와 안무사 김경제(金慶濟), 이방 송봉훈(宋鳳勳)을 즉석에서 처단하고,[36] 수두령 30여 명을 처형 직전에 무사히 구출했으며, 창고를 열어 그동안 농민들에게서 강제로 수탈한 식량을 빈민들에게 분배하여 농민군이 차차 더욱 단결하여 충남에서 모두 일어나 운동이 되었다.[37]

10월 초 대흥 군수(大興 郡守) 이창세가 유회군과 초토영군의 지원을 받아 동학농민군을 토벌하기 위해 계획하고 농민군과 첨예하게 대립하고 있을 때, 예포 대접주 박희인은 대흥 관아를 점령하여 군수의 계획을 미리 차단하고 군량미와 무기를 확보하여 장차 있을 전면전에 대비하기 위해 관아 습격을 계획하고 10월 7일 밤 목천 유진수(兪鎭壽), 홍주 박성순(朴成順), 대흥 차경천(車敬天) 등을 앞세워 횃불을 들고 사방에서 모인 동학농민군과 함께 징을 울리며 포를 쏘며 군량창고와 무기고를 부수고 관아를 점령했다. 농민군은 탈취한 군물을 가지고 신속리로 운반하였다. 이날 밤 대흥군 관아를 점령한 농민군은 기세충천하여 징을 치며 돌아다녔고 반농민군 입장에 있던 양반들은 농민군이 언제 들이닥칠지 모르는 상황이어서 산속으로 피신하여 노숙하는 일이 다반사였다. 관아에 있던 군수 이창세는 차남을 데리고, 유림 대표 안희중 등 4인과 함께 가까스로 담장을 넘어 봉수산 임존성

쪽으로 도피했다.[38]

내포 유림들의 요청에 홍주 목사 이승우(李勝宇)는 전라 감사 발령이 취소되고 10월 6일 홍주 목사로 잉임(仍任)한 데 이어 이튿날에 호연초토사(湖沿招討使)로 임명되었다.[39] 호연초토사까지 명을 받은 이승우는 믿었던 대홍군 관아가 점령당했다는 소식을 듣고 신속하게 대대적인 농민군 토벌 공격에 나섰다. 10월 8일 관군 정예 260명을 뽑아 김동현, 김석교, 이석범으로 하여금 광천시장에서 전투를 벌여 농민군 수십 명을 죽이고 9명을 체포했으며 탈취당한 군기 외에 대포 40대 화약 수천 근 등을 거두었다.

10월 11일에는 중군 김병돈이 각 진에서 뽑은 용장 500명을 거느리고 박인호의 동학혁명 본부인 '예포 대도소'를 공격하기 위해 삽교 목소리(木巢里)로 출군하였다. 농민군 지도부는 갑작스런 관군의 공격에 패하여 서산 쪽으로 후퇴했다. 이 예포 대도소 전투에서 패한 농민군은 많은 군량미와 군수물자를 빼앗겨 큰 손실을 보았으며 농민군 토벌에 일본군까지 합세한 상황에서 물자 부족과 추운 겨울이라는 불리한 점은 앞으로 지속적으로 동학혁명을 펼쳐나가는 데 상당히 큰 부담으로 작용했다.

관군·유회군·민보군 등으로 구성된 홍주 초토영의 토벌 진압군은 동학군의 기선을 제압했다고 판단하여 계속해서 극심하게 색출하고 탄압하자, 예포 대도소 전투에서 패하여 혁명 본부를 잃은 박인호, 박희인 등의 동학 지도부는 서산과 태안 지역에서 재기를 주도하였다. 이때 참여한 사람들은 노인, 어린이 등 그 수를 헤아릴 수 없었고 각 촌에 총을 가진 사냥꾼까지 자진 참여하여 그 수가 6천에 가까웠다.[40]

박인호는 예포 대접주 박희인과 함께 농민군을 이끌고 10월 22일 태안 동면 역촌리에 주둔했다가, 23일 해미 귀밀리에서 유숙하고, 24일 운산면 여미평에 집결했다. 동학 지도부는 군량미를 확보하고 세를 규합하기 위해 면천 방향으로 행군했다. 오후 4시경에 승전곡에 이르렀을 때 일병 4백 명과 병정 5백 명, 유회군 수천 명이 길에 복병하였다가 일시에 돌출하여 양진이 서로 접전하였다. 이때에 일본군 10여 명이 중상을 당하고 수적 열세를 감당 못 하고 패하여 도주하였다.[41] 이 전투에 참여한 아카마스 소위가 이끄는 일본군 1개 지대와 경군 34명이며 농민군을 진압하기 위해 23일 예산 신례원에서 숙박하고 면천으로 이동하는 중이었다.[42]

　태안의 동학군을 주력으로 하고 있던 혁명군은 곧바로 면천성을 점령하고 주둔하였다. 다음 날 25일 남산 문봉리를 거쳐 장천리(고덕 상장리)를 거치며 많은 동학군이 합세했으며 군량미를 확보하고 구만리(아래뜸)로 이동하여 주둔했다가 오가 역탑리 일대에서 주둔하였다. 수만의 동학군이 오가 역탑리에 주둔할 때 이 일대 지역 농민들을 비롯하여 신암 종경리 지역 농민들이 밥을 제공했는데 지게로 날랐다고 한다.[43]

　다음 날 26일 동학군은 북상을 시도하기 위해 26일 신례원 후평 관작리로 이동 주둔하였다.(현재 관작리 동학공원) 3만여 동학군이 일본군을 몰아내고 한양으로 올라가려는 북상 계획에 당황한 홍주 초토영에서는 이를 막기 위해 급히 중군대장 김덕경에게 출전을 명했다. 김덕경은 관군과 유회군 4~5천여 명으로 구성된 토벌군을 이끌고 27일 새벽 관작리 빙현에 포를 설치하고 아침 해가 밝기 직전 농민군을 향해 집중 포사격을 감행하여 치열한 전투가 벌어졌다. 동학군은 흩어졌다가 다시 모여 관군 진영이 있는 야산을 포위하고 접전해서 산을 정복하여 토벌군을 격퇴시켰다. 내포 관작리 전투는 내포 동학군의 최대 승전으로 평가되며 이 전투에서 동학군 사망자는 4명으로 밝혀졌고, 관군의 피해는 중군대장 김병돈(덕경), 영관 이창욱, 주홍섭·창섭 형제, 한량 한기경, 예산 유생 홍경후, 김명황과 그의 아들 김한규, 덕산 의동 신태봉을 비롯하여 30여 명이 목숨을 잃었다.[44]

동학군은 곧바로 예산 관아를 점령하고 대진을 오가 원천리 주변 야산으로 이동 주둔했다. 이때 동학군 지도부는 '천불변도역불변(天不變道亦不變)'이라고 쓴 대장기를 원천리 성황당 당나무 옆에 세웠다고 한다. 동학군은 분천리를 지나 목소리(목시)를 거쳐 덕산 역촌(삽교 역리)으로 이동하여 주둔하였다.

삽교 역리 주변(송산리 포함)에 3만여 동학군이 27일 유숙하고 다음 날인 28일에는 수운 최제우의 탄신기도일[45]이라 역촌 뒷고개에서 기도를 올린 다음 초토영과 일본군이 주둔하고 있던 홍주성을 공격하기 위해 신리 방향으로 진군했다.

홍주성 전투의 최초 접전은 성 밖에서 시작되었다.[46] 일본군은 분대 병력을 빙고치 언덕에 배치하고 서북문 쪽에 유리한 위치를 확보하려고 빙고치로 진격해 오는 동학군을 향해 사격했다. 다수의 사망자를 내면서 계속 진격해 오는 동학군을 감당하기 어려워 일본군은 황급히 서문으로 퇴각하였다. 동학군은 서문 방향을 공격하려고 진격했지만 일본군의 기관총 응사에 사상자를 내면서 진격하지 못했고, 일본군이 북문 앞 덕산 방향 800미터 지점 고지에 진을 치고 있던 동학군을 향해 포공격을 감행하자 동학군은 두 대열로 갈라졌다가 다시 모여 간동 방향으로 이동하여 민가에 불을 질러 연기로 조준을 어렵게 하며 동문 공격을 시도했다. 하지만 일본군의 일제사격을 감당할 수 없자 동학 지도부는 긴급 대책을 세워 예포 대접주 박희인으로 하여금 힘이 있고 민첩한 농민군 200여 명을 뽑아 결사대를 조직하게 해서 대포를 동원하여 동문 폭파 작전을 감행했지만 실패하고 말았다.

성 밑에 짚단을 쌓아 성을 넘으려고 짚단을 가지고 돌격하다 죽고 쌓은 짚단이 불붙어 타 죽는 등 동학군 사망자가 속출했다.[47] 매천 황현이 동학군의 피해 규모를 "농민군이 계속해서 그 자리에 쌓여서 시체가 성보다 높아 마치 긴 둑과 같은 것이 셋이 되었다."라고 기록한 것으로 보아 동학농민군의 사망자 수는 엄청나게 컸다. 박인호의 동학 지도부는 열악한 무기와 전투 물자, 추위를 극복하지 못하고 동학군의 희생만 커지자 다음 날 후퇴를 명하고 잔여 동학군을 이끌고 오가 역탑리와 덕산으로 이동하여 각각 분산 주둔했다.

이후 홍주 초토영의 관군과 일본군은 민보군을 앞세워 대대적인 동학군 추격전을 감행하여 색출 체포해서 홍주성으로 이송시켜 많은 동학군을 북문 앞에서 처형시켰다. 잔여 농민군은 해미성에 주둔했다가 관군의 기습 공격으로 많은 사상자를 내고 서산과 태안의 해안가까지 후퇴했다가, 11월 10일 매현에서 최후의 항전을 펼치다 많은 사상자를 내고 패퇴하여 태안의 동학농민혁명은 실상 소멸의 길로 접어들었다. 이후 관군과 일본군, 유회군의 동학군 색출 작업은 가혹했으며 체포된 동학군을 무자비한 방법으로 처참하게 처형했다.[48]

5. 맺는 글

충청도 내포 지역에 본격적으로 동학이 포덕되기 시작한 것은 1880년부터였다. 내포 지역 출신 동학교인 중 처음으로 확인되는 인물은 안교일, 안교강, 안교백, 안교상 등이다. 이들은 대부분 안교선의 친인척으로 알려져 있다. 이들은 초기 동학교단을 경제적으로 후원하거나 교단을 정비하는 데 크게 기여하였다. 안교선은 아산 대접주로 동학농민혁명에 참여하였다가 서울 남벌원[49]에서 처형당하였다.

태안에서 최초로 동학에 입도한 이는 최형순이다. 그는 1890년 3월 16일 서산 지역을 방문한 해월 최시형을 직접 찾아뵙고 동학에 입도하였다. 최형순은 주로 서산과 태안 지방을 중심으로 동학을 포교하였고 뜻밖에 반응이 좋았다고 했다. 그래서 자기 집에서 건너다보이는 이원면 포지리와 원북면 방갈리를 오가며 전교하여 동학이 뿌리내리게 하는 토양을 마련하였다. 또한 태안 지방에 동학이 크게 성하게 된 것은 박희인의 활약이 매우 컸다고 할 수 있다.

1880년대 초 박인호와 그에 의하여 동학에 입도한 박희인은 내포 지역 동학 지도자로 급성장하였다. 이들의 활약으로 동학 교세는 온양, 신창, 당진, 예산 등 내포 지역의 동북부뿐만 아니라 태안과 서산, 해미, 홍주, 남포 등 서남부 지역까지 확장되었다. 특히 박희인은 주로 서남부 지역을 중심으로 예포를 형성하였는데 태안은 예포에 속한 지역이었다. 따라서 태안의 동학 지도자들 대부분은 박희인의 휘하였다고 할 수 있다. 박인호는 동북부를 중심으로 덕포를 형성하였다. 이들 동학 세력은 1893년부터 전개되었던 교조신원운동에 적극 참여하였으며, 보은 척왜양창의운동에서 박인호는 덕포 대접주, 박희인은 예포 대접주로서 내포 지역을 양분하였다.

내포 지역의 동학농민혁명은 덕산 기포와 원벌 기포를 기점으로 내포 지역 전역에서 활발하게 전개되었다. 덕산 기포는 박인호의 덕포를 중심으로, 원벌 기포는 박희인의 예포를 중심으로 전개되었다. 이후 호남 지역의 동학농민혁명의 영향과 갑오년 9월 18일에 명령한 해월 최시형의 총기포령에 따라 내포 지역의 전 동학도들에게도 총동원령이 내려졌다. 박인호는 아산에서 기포하여 관아를 점령하였으며, 박희인은 서산과 태안에서 기포하여 이들 지역의 관아를 점령하고 투옥된 동학 지도자 30여 명을 구출하였다. 그러나 예포 대도소가 관군의 기습으로 무너지면서 패퇴한 동학군은 다시 태안을 중심으로 재기하였다. 이는 태안 지방의 동학 조직이 튼튼했다는 것을 방증한 것이라고 할 수 있다.

이후 내포 동학군은 승전곡 전투와 신례원 관작리 전투에서 일본군, 관군, 유회군을 격파하고 홍주성에 집결하였다. 그러나 홍주성 전투에서 대패한 내포 지역 동학군은 후퇴와 해산을 거듭하면서 관군과 유회군의 토벌 대상이 되었다. 박인호, 박희인 등 동학군 주요 지도자뿐만 아니라 동학농민혁명 대열에 동참한 동학군은 각지에서 은신하면서 목숨을 보존할 수밖에 없었다. 특히 패퇴의 과정에서 태안 동학군이 당한 피해는 엄청났다. 태안 동학군에게 전국 유일의 작두처형이 행해졌다는 사실과 교장바위의 비극이 그것을 증명한다고 하겠다.

　동학이 추구하는 만민평등이 실현되는 후천개벽의 이상 사회는 곧 헐벗고 굶주린 민중들에게 메시아적 구원으로 등장했다. 당시의 엄혹한 국제 정세에 눈을 감고 안으로는 썩을 대로 썩어 가던 조선은 앞에 놓인 시대적 과제를 등한시하였다. 여전히 양반적 사회구조를 유지하기에 급급했던 그들은 모두 시대의 패배자로 기록되었지만 동학은 달랐다. 꺼져 가는 조선의 자긍심을 지킬 수 있는 유일한 방책이 반봉건과 반외세에 있다고 믿은 그들은 보국안민과 척왜양창의를 외친 것이다. 비록 그들의 함성은 간악한 일본의 무력과 조정의 무능력으로 인해 좌절하고 말았지만 역사에는 영원한 승리자로 기록되어 있다. 그 승리의 사례가 바로 내포 지역의 태안 동학이었고 태안의 동학농민혁명이었다.

묵암 이종일과 동학, 천도교, 그리고 3·1독립만세운동의 연속성

안외순

한서대학교 글로벌언어협력학과 교수

이 같은 만세운동은 서울뿐 아니라 내 고향 태안(泰安)에서도 일어났다고 한다. 그곳에서 15세에 상경하여 정착한 지 거의 50여 년이 다 되지만 고향을 잊은 일은 한 번도 없다. 내가 상경할 적에는 푸른 꿈을 실현시키려 했는데 독립국가로 만들지 못했으니 이 무슨 낯으로 고향에 가겠는가.…

(〈비망록〉, 1919년 3월 5일 자)

각도, 각군, 각동의 형제자매들이 앞을 다투어 봉기했고 또 봉기하고 있으니 이는 한울님이 시킨 것이 아닐까. …

… 우리 온 인민은 결단코 봉기해야 되고 최후의 일각, 최후의 일인까지 침략자들과 대결해서 반드시 이겨야 하는 것이다. 싸우는 자에게 승리가 있음은 동서고금의 역사에 뚜렷이 나타나 있는 움직일 수 없는 진리이기도 한 것이다. (〈비망록〉, 1919년 3월 8일 자)

1. 서론

1919년의 3·1독립만세운동(3·1운동 혹은 3·1혁명)[1]은 주지하다시피 일제강점하에 대내적으로는 전국적 차원에서 한민족의 독립의지를 확인하고 정치계로 하여금 임시정부를 수립하게 하였으며, 대외적으로는 일본의 불법적 국권강탈 상황을 세계에 천명하였고, 중국의 5.4운동 등 주변국의 독립운동에도 큰 영향을 미친 일대 거사였다. 그리고 이러한 3·1운동을 준비하고 주도한 세력이 천도교라는 사실은 잘 알려져 있는 바이다. 그러나 3·1운동에 대한 이해가 〈독립선언서〉에 서명한 민족대표 33인의 구성, 곧 기독교계 인물 16인, 천도교계 15인, 불교계 2인으로 구성되었다는 식의 피상적 이해에 그친다면 당시 천도교가 3·1운동의 거의 모든 부분을 준비하고 주도한 그 정도와 깊이를 설명하기에는 매우 부족한 면이 있다.

또 지금까지 중고등학교 교과서의 서술이 그렇듯이 3·1운동의 원인을 ①일제의 무단통치 ②월슨의 민족자결주의 ③2·8독립선언 ④고종의 독살설 등으로 정리하고 있는 경향 또한 3·1운동에 대한 올바른 이해를 방해한다. 사실 오랫동안 3·1운동을 주도적으로 준비한 시각에서 보면, 그것은 다분히 동학농민전쟁(1894)→만민공동회(1898)→갑진신생활개혁운동(1904)→삼갑운동(1914)→9.9거사(1918)→3·1 독립선언(1919)으로 자주적 민족정신의 계승과 발현이었다. 그 핵심인물이 묵암(黙菴) 이종일(李鍾一, 1858~1925. 이하 묵암으로 호칭)이다. 묵암은 3·1독립만세운동의 핵심 인사 중의 핵심 인사이다. 그럼에도 관련 개설서들에서 그의 역할에 대해 '인쇄, 배포' 과정에서의 역할만을 기술하고 있다.[2] 그러나 그는 사실 합병되는 1910년부터 줄곧 대규모 민중 봉기를 생각해 왔고, 끊임없이 준비하고 시도한 끝에 결국 1919년의 3·1운동을 성사시켰다. 1978년 이래 지금까지 이와 관련된 연구성과들이 꾸준히 진행, 소개도 되었다.[3] 그럼에도 불구하고 여전히 이종일은 개설서에서 '인쇄소 보성사 사장'으로 저평가받고 있다.

이러한 저간의 사정을 고려하여 이 글은 묵암과 3·1운동의 관계를 고찰하되, 특히 그가 1910년 이후 일관되게 3·1운동과 같은 대규모 민중운동을 시도해 온 점, 그리고 그것의 정통성을 늘 수운 선생의 동학 이념과 갑오년의 동학혁명 전통에서 찾아온 점을 주목하고자 한다. 물론 선학들의 연구에서 전반적인 생애 등을 다루면서 이 점 또한 지적된 바 있다.[4] 하지만 문제는 이들의 경우는 묵암의 사상과 생애 전체를 개괄적으로 다룬 것으로서, 여전히 동학과의 관계에 관한 독립적이고 체계적인 접근은 과제로 남아 있다. 따라서 여기서는 묵암이 어떤 방식으로 동학혁명 혹은 동학농민전쟁 전통을 3·1운동류의 민중 시위 전개의 전형으로 인식하고 있었는지, 민중 시위의 필요성을 언필칭 동학으로 연결시키는 양상, 그리고 마지막으로 '3·1운동을 명시적으로 동학혁명의 재현'으로 말했던 그의 논리가 어떠한 것이었지 검토하고자 한다.

묵암은 3·1운동 건으로 3년간 투옥되었다가 출옥한 지 2년 반만인 1925년 8월 31일, 68세를 일기로 서울집에서 영양실조로 아사(餓死)했다. 당시《동아일보》는 〈기미운동(己未運動)의 선구(先驅) 이종일씨(李鍾一氏) 장서(長逝)〉라는 제하에 묵암의 서거 소식을 알렸다. 동시에 그의 약력을 묵암의 손에 이끌려 항일운동을 같이 하던 집안동생 이종린(李鍾麟, 1883~1950) 선생의 인터뷰 기사도 함께 싣고 있다.

> "이종일씨는… 지금까지 해 온 일을 보면 자기 일신을 위한 것은 한 가지도 없고 국가사회와 민족을 위하여 일해 왔습니다. (그런데도) 그가 아들도 없고 집도 없이 이렇게 서거하게 됨을 사회의 죄라 할까요? 영양부족으로 그가 죽었다는 소문을 듣는 조선 사람의 생각이 어떠할는지요. 장사 지낼 비용도 한 푼 없습니다만 동지들의 힘으로 치러 볼까 합니다."[5]

3·1운동 당시 〈독립선언서〉에 인쇄된 민족 대표 33인 가운데 많은 사람이 이후의 행로에서 변절함으로써 후인들에게 많은 실망을 안긴 데 반해

묵암은 인터뷰 내용대로 평생 국가와 민족을 위해 헌신하다가 출옥 3년 만에 영양실조로 아사했다는 사실, 게다가 3·1운동을 성사시키기까지 묵암의 노력이 누구보다 지대했다는 점에 대해서는 관계자들이라면 누구도 부정할 수 없을 텐데도 관련 개설적 서술들에서는 여전히 그의 비중을 상대적으로 가볍게 서술한다는 점,[6] 분명 그는 3·1운동과 같은 대규모 민중운동을 일관되게 동학혁명 전통에서 찾고자 했음에도 이에 대해서는 아예 언급도 없는 점 등이 이 글을 통해 시정되기를 바란다. 그리고 무엇보다도 3·1운동이 외재적 요인이나 우연적 요인에 의한 것이 아니라 민족사적 맥락 내에서 그 역사를 계승하고자 하는 자의식적 노력에 의한 것이었음을 인식하는 계기가 되었으면 한다.

이를 위해 이 글은 2장에서는 관련 자료의 가치에 대해 간단히 재검토하고, 이어서 3장에서는 3·1운동 과정에서의 묵암의 역할과 위상을 살펴보고, 4장에서는 묵암에게 이것이 동학정신과 혁명전통의 재현이었음을 살펴보기로 한다. 후자를 검토하는 과정은 동시에 그가 얼마나 오랜 기간 집요하게 민중운동을 추구하고 준비해 왔는지를 확인하는 과정이기도 하다.

2. 자료와 관련하여

본격적인 논의에 앞서서 자료와 관련하여 미리 언급하고 넘어가야 할 두 가지 사실이 있다.

첫째, 이 글의 자료로는 기존의 묵암 관련 연구 성과는 물론이고 1차 자료로 묵암의 〈비망록(備忘錄)〉 혹은 『옥파비망록(沃坡備忘錄)』[7] 활용할 것이라는 점이다. 그리고 이 지점에서 잠시 자료의 명칭과 관련하여 한가지 언급할 점이 있다. 현재 옥파기념사업회에서 출간한 비망록의 공식명칭이 『옥파비망록』으로 되어 있다. 원래 이 자료는 묵암의 개인 일기로서 묵암의 동지이자 묵암이 사장으로 있던 보성사의 직원이기도 하면서 같은 천도교도였던 동암(東菴) 장효근(張孝根)이 최초로 소장자로서 그 존재를 세상에 알렸다. 그런데 그가 소장했었던 묵암의 일지는 원래 제목 없이 흔히들 일기에 쓰는 제목으로 〈비망록(備忘錄)〉으로만 되어 있었다. 그 일기 속에서 동암은 시종 이종일을 '묵암(黙菴)'이라 호칭했었다.

> "묵암 이종일 선생이 자택에서 장서(長逝)하셨다. 향년 68세이시다, 묵암 어르신을 哭하노라. 그분의 저서 〈비망록〉이 내 수중에 보관되어 있는데 장차 출판할 것이다. 이 저술은 1898년부터 금년(1925, 필자 주) 8월까지로 작성되었는데, 그 분량이 수십 권에 이른다. 묵암께서 병환에 드셨기에 나에게 맡기셨다."[8]

또 한 가지 고려할 사실은 천도교에 입교한 이후에는 〈비망록〉 속에서 묵암 스스로 타인이 자신을 부르는 상황을 묘사할 때도 대부분 묵암으로 호칭하고 있다는 점이다.

그래서인지 1978년 처음으로 학계에 〈비망록〉의 존재를 알린 고 이현희 교수가 관련 해제[9]를 쓸 때도 『묵암비망록』이라고 했었다.

그런데 어찌된 일인지 이후 1980년대 결성된 기념사업회 명칭은 '옥파기념사업회(沃坡記念事業會)'이고, 일기도 『옥파비망록(沃坡備忘錄)』이라고 하였다. '옥파'라는 호칭은, 앞에서 제시했듯이, 그의 사망 소식을 알리는《동아일보》와《조선일보》기사에서 보인다. 아마도 당시 언론은 '묵암(默庵)'이라는 도호(道號)보다는 '옥파(沃坡)'라는 호를 더 선호했던 것 같다.

위에서 정리한 몇 가지 사실과 더불어 이종일이 주요 사회적 활동을 하는 시기에 천도교를 중심으로 하였던 만큼 굳이 수식어가 필요하다면 필자는 『묵암비망록』이 더 적절한 명칭이라고 본다.

둘째, 『옥파비망록』의 자료 자체에 대한 평가 역시 극단적으로 나뉘는 점과 관련된 사항이다. 팩트의 부정확성에 대한 지적부터 번역 혹은 출판 과정에서의 가필 혹은 위조, 나아가 최근에는 아예 사료 자체의 진실성을 의심하는 사례까지 있다.[10] 하지만 이러한 주장은 객관적 증거에 입각한 비판이 아니라 말 그대로 의심에 지나지 않는다. 자료의 가치를 부정하는 기존의 지적들은 텍스트로서의 진실성을 완전히 부정할 만큼 정당하고 분명한 증거와 논리를 제시하지 못하고 있기 때문이다. 오히려 이와는 반대 정황은 명백히 많이 존재한다. 그것은 1) 묵암이 3·1독립선언서 관련 33인의 한 명인 것 2) 그것도 당시 가장 중요한 일을 했던 점, 그래서 관련자들 중 가장 무거운 중형을 받아 마지막에 출옥한 점 3) 그의 진술들이 당대 다른 관련자들의 저술들에서도 동일하게 확인되는 점이 많다는 사실이다.

물론 이 자료가 개인일기이다 보니 기억이 정확하지 못한 기술이 있거나 당대 사실을 기록할 때 잘못된 정보에 의한 오기는 있을 수 있다. 하지만 설령 그런 것이 존재한다고 해서 그것이 그의 일기가 한국 근대사 사료로서 차지하는 위상을 훼손할 수는 없다.

3. 3·1운동에서 묵암의 위상

묵암은 1858년 지금의 충남(忠南) 태안군(泰安郡) 원북면(遠北面(당시는 北 二面-필자)에서 부친 이교환(李敎煥)과 모친 청풍 김씨(淸風 金氏) 사이에서 장남으로 태어났다. 그의 부친 교환(敎煥)은 향당(鄕黨)의 고사(高士)로 칭송되던 인물이었다.[11] 성주(星州)를 본관으로 하며, 옥파(沃坡), 천연자(天然子) 등의 호가 있고, 필명으로 중고산인(中皐散人), 중헌(中軒) 등을 사용하였으며, 천도교인으로서의 도호(道號)가 묵암[12]이다.

15세에 고향 태안을 떠나 상경하였으나 태안은 그가 한번도 잊은 적이 없으며 늘 가슴에 품고 있던 그리움이었다. 3·1운동 거사 직후 체포 구금되어 신문받는 와중인 3월 5일 일기에는 태안의 만세 소식을 듣고 그리움과 반가움을 피력하면서 독립을 이루지 못한 상태로 고향에 갈 면목이 없는 안타까움을 토로했다.

> "이 같은 만세운동은 서울뿐 아니라 내 고향 태안(泰安)에서도 일어났다고 한다. 그곳에서 15세에 상경하여 정착한 지 거의 50여 년이 가까워 오지만 고향을 잊은 일은 한 번도 없다.
>
> 내가 상경할 적에는 푸른 꿈을 실현시키려 했는데 독립국가로 만들지 못했으니 이 무슨 낯으로 고향에 가겠는가. 또 내가 한 일은 무엇인가. 나는 무엇을 위해 살아왔을까. 일찍이 《황성신문(皇城新聞)》보다 먼저 창간한 《제국신문》을 운영할 때만 해도 보람을 느끼고 사명감과 의욕을 느끼고 있었다. 제국신문사 사장 10년 동안 나는 언론인으로서의 사명감을 느꼈고, 나의 진로에 대해 희망과 자신 그리고 보람을 느꼈던 것이다. 그런데 1910년의 탈국(奪國)은 우리에게 너무나 큰 충격이 아닐 수 없었던 것이다."[13]

그가 금의환향하기 위해서라도 독립은 성취되어야 했다. 우리의 독립운동사에서 가장 큰 분수령을 이룬 3·1독립만세운동에서 그가 했던 역할은 알려진 것보다 훨씬 지대한 것이었다.

지면의 한계상 3·1운동 관련, 묵암의 역할이 결정적이었던 부분만 소개하기로 한다. 그는 〈독립선언서〉 원고가 완성되자 바로 같은 천도교도였던 오세창(吳世昌)이 기독교 측의 동의를 구한 후 총책을 맡고, 천도교 직영 출판사 보성사(普成社) 사장이었던 묵암의 책임하에 인쇄되었다. 이병헌의 진술에 의하면 그는 "2월 16일 오세창으로부터 〈독립선언서〉의 인쇄를 의뢰받고 흔쾌히 동의하였으며, 2월 26일 밤 조판한 것을 건네받아서, 보성사 직원인 신영구(申永求)와 김홍규(金弘奎)에게 극비리에 인쇄할 것을 지시, 2월 27일 2만 1천 매를 인쇄"하였다.[14]

그런데 묵암의 주장은 이와 분명히 다르다. 그는 〈독립선언서〉의 인쇄 매수는 2만여 매가 아니라 3만 5천 매이고, 인쇄 일자도 2월 27일이 아니라 20일부터 비밀리에 찍기 시작하여 25일 2만 5천 부를 인쇄하여, 26일에는 지방으로 먼저 보냈고, 27일 밤 최종 2차로 1만 매를 한 번 더 찍었다고 하였다. 아마도 33인의 이름이 확정된 본을 인쇄한 것을 말하는 듯하다.

"2월 20일. 오늘부터 〈독립선언서〉를 보성사에서 인쇄하기 시작하다. 장효근, 김홍규, 최남선, 신영구와 내가 좁은 인쇄소에서 문을 굳게 닫고 찍기 시작했다."

"2월 25일. 2만 5천 매를 우선 1차로 인쇄 완료하여 천도교 본부로 운반하다."

"2월 26일. 1차로 인쇄된 것을 각계 동지들 7~8명에게 2천 매에서 3천 매씩 배포했다. 이갑성에게 2천 5백 매가 전달됐다. 손녀 장옥이도 한몫 거들었다."

"2월 27일. 오늘까지 2차로 1만 매를 더 인쇄하여 … 선언서의 배포는 주로 인종익, 박희도, 김홍렬, 한용운, 이경섭, 곽명리, 안상직, 강기덕, 오화영, 강조원, 김창준, 함태영, 김홍규, 장효근이 맡았다."[15]

그런데 이와 관련하여 올해 나온 연구에서는 이병헌의 진술이 맞고 묵암의 진술이나 자료가 잘못되었다고 했다. 이유는 1) 33인이 27일 오후에야 가까스로 정해졌는데 어떻게 그 전에 대표자 명의가 들어간 인쇄가 가능하냐는 것과 2) 당시의 신문에 답변한 기록에 의거할 때 당사자들의 진술이 동일하다는 점을 들었다. 대신 묵암의 기록은 그가 사망한 후 누군가가 가필한 것으로 추정했다.[16] 그런데 누가 가필 혹은 위조한 것이라면 그럴 만한 이유가 있어야 한다. 그런데 이에 대한 아무런 증거도 논거도 제시되지 않는다. 가필했다고 추정하기 위해서는 분명한 증거와 이유가 제시되어야 한다. 하지만 그렇지 못하다는 점에서 이러한 주장에 대해서는 분명한 한계가 있음을 지적하지 않을 수 없다.

반대로 일기에서 묵암은 분명 왜 자신이 신문(訊問) 과정에서 왜 거짓말을 했는지 그리고 진실이 무엇인지 분명하게 밝혔다. 그리고 신문을 받고 온 3월 11일 일기에 해당일 일기에 있던 내용을 다시 다음과 같이 회고적으로 그 이유와 함께 과정에 대해 서술하고 있음을 확인할 수 있다. 심지어 1차분을 찍은 것에 대해서는 의암 손병희 성사가 소개한 믿을 만한 사람에게 전달하였다는 사실까지, 이에 대해서는 아무도 모른다는 사실까지 씌어 있는 것이다.

> "나는 검사 신문조서에서 인쇄와 배포 문제에 관하여 답변하였다. 인쇄에 관해서는 가급적 관계 인사의 범위를 축소하여 거짓 대답하였다. 관계된 많은 동지를 구출하기 위해서였다. …장효근을 살려야 하기 때문인데 그 역시 체포되어 …〈독립선언서〉를 인쇄한 것은 27일이라고 답변했으나 실은 2월 20일경부터 찍기 시작한 것이다. 그리하여 2월 24, 25일경 먼 지역의 천도교 교구에는 우선적으로 발송했다. 의암이 믿을 만한 인물을 소개하였기

때문에 그것은 아무도 모르고 있었다. 3월 1일 12시경 동시에 독립만세를 외치게 했던 것이다."[17]

묵암에 의하면, 검사신문 과정에서 거짓으로 답변했던 이유는 화(禍)를 조금이라도 축소하기 위해서 모두가 알고 있는 27일 인쇄한 것만 답하였지만 실제로는 해당 일자 일기에 씌여 있는 것처럼 미리 비밀리에 찍어서 지방에 배포했고, 그 이유는 3월 1일 지방에서도 동시에 만세를 하기 위해서 그리 하였다는 것이고, 이에 대해서는 장효근, 김홍규, 신영구 그리고 자신만이 아는 일이라는 것이다. 이상의 진술을 종합하면, 결국 33인의 이름이 적히지 않은 〈독립선언서〉를 20일부터 2만 5천 부를 찍고, 이름이 적힌 판본 1만 매를 더 찍은 것 같다.

분명한 진술이 있는데도 기존 몇몇 연구자들은[18] 이를 받아들이지 않거나 이를 외면하는 태도를 어떻게 받아들여야 할까? 일제강점기 검사신문답변서는 믿을 만하고 개인 일기는 믿을 만하지 못하다는 식의 해석을 어떻게 받아들여야 할까?

이미 1918년 모의했던 '무오년 9·9거사'에서 자신에게 위임했던 〈선언서〉가 인쇄까지 하던 도중에 최남선에게 넘어가고, 심지어 최남선의 미완성으로 인해 결국은 거사가 무산된 경험[19]이 있던 묵암으로서는, 이미 최남선의 선언문을 손에 넣은 이상, 늘 대규모 민중 거사를 숙원 해왔던 그로서는 이번 기회를 두 번 다시 놓치고 싶지 않았기에, 전국 동시 만세라는 거사를 위해서는 대표자 명단이 문제가 되지 않았고 먼저 인쇄하는 것을 더 중요시했을 가능성이 충분하다. 심지어 그는 3월 1일 〈독립선언서〉 선포 거사와는 별도로, 보성사 직원들과 함께 《조선독립신문(朝鮮獨立新聞)》을 창간하여 1만 5천 부 인쇄, 배포하기까지 하였다.[20] 이런 묵암의 진술에 대해

회의한다는 것이 가능할까? 분명한 증거 없이 묵암의 진술을 거짓으로 판정하거나 제3자에 의해 가필되었을 것이라는 선택적 자료 취사 태도에 대해 필자로서는 이해하기 어렵다. 논란이 나오는 것 자체가 오히려 죄송스럽다.

다시 〈독립선언서〉 인쇄과정과 배포과정에서의 묵암의 역할을 살펴보기로 한다.

위험 속에서 〈독립선언서〉 인쇄를 책임졌던 묵암은 배포과정에서도 위험천만한 상황을 책임지고 감당하였던 내용이 나온다. "천도교당으로 가지고 가다가 파출소 경찰관에게 검문당했으나 족보라고 속이고 겨우 운반했다. 어제 대한인 형사는 의암과 상의하여 겨우 매수할 수 있었다. 수천 원을 덥석 집어주니 겸연쩍게 물러갔다."[21]

거사 하루 전인 2월 28일은 민족대표 서명자들이 확정되어, 33인 가운데 대리 서명하는 이를 제외한 29인 모두 서명을 위하여 의암의 집에 모였다. 이 전 모임에 인쇄하느라 빠졌던 묵암도 이 날은 서명을 위하여 참석하였다. 묵암의 묘사에 의하면 참석자 모두 중요한 거사에 긴장하였다. 그는 준비상태는 완벽하다고 평가하고 성공적인 거사를 기도하며 잠자리에 들었다.

"나도 오늘 저녁 손의암 댁에 가다. 우리는 33인 명의로 선언서에 각자가 서명했다. 오늘 처음으로 인사를 나눈 대표도 있다. 얼굴들이 모두 긴장해 있는 것 같았다. 내일의 운동은 동학운동의 재현임을 천도교인들은 결연히 다짐했다. 기독교나 불교 측의 가담은 대중화의 입장을 나타내기 위함이다. 2.8선언, 헌병경찰통치의 염증, 경제적 착취, 노동 착취 압박이 내일 민중계층을 총망라해서 드디어 민중운동을 일으키게 되는 것이었다. 준비 상태는 물론 만점이다. 내일만은 실수 없이 신명을 바쳐 거사에 성공해야 한다. 꿈을 잘 꾸자."[22]

드디어 3월 1일의 아침이 밝았다. 이 날의 일기는 유독 길다. 전날 꿈을
잘 꾸자고 한 바와는 달리 그는 잠을 설치고 새벽에 일어나자마자 기도부터
하고 설레면서 집에 남아 있던 마지막 〈독립선언서〉를 마저 배부한 다음 약
속 장소인 태화관으로 갔다. 오후 2시, 태화관에는 지방에 있는 자를 제외하
고 29명의 민족대표가 모두 참석하였다. 이 자리에서 의암이 묵암으로 하여
금 직접 인쇄했으니 낭독을 하라는 권유를 했다. 이에 그는 일부 오자를 수
정하며 감개무량한 감정으로 크게 낭독하였다고 한다.

> "새벽에 눈을 떴다. 잠이 오지 않아 그대로 일어나 오늘의 거사가 반드시
> 성공하기를 두 손 모아 빌었다. 토요일 날씨도 따뜻하고 청명한 날이다. 우
> 리의 민족자주독립운동을 성공적으로 마칠 수 있도록 온 세상이 도와주는
> 것 같다.
>
> 어제까지의 결의가 오늘이 거사로 직접 연결되는 것이다. 집에는 아무에
> 게도 알리지 않고 거사가 성공되기를 경건하게 기원만 했다. 어제 우리 민
> 족대표들의 생활비로 매월 1인당 10원씩 지불할 것이라고 손병희 성사가
> 언급했던 것이 오늘의 대표들로 하여금 마음을 든든하게 하였다. 왜냐 하면
> 가족생활은 우리 각자가 돌보지 않아도 되기 때문이다. … 매우 잘한 조치
> 이다. 천도교가 역시 선도적으로 일을 이끌고 있었기 때문이다.
>
> … 식사도 제대로 못 하고 서둘러 태화관으로 갔다. 4명이 불참한 가운
> 데 오후 2시경 긴장 속에 〈독립선언서〉를 다시 배포했다. <u>의암이 나에게 직
> 접 독립선언서를 인쇄/배포했으니 크게 낭독하라기에 오자를 고치고 그렇
> 게 따랐다.</u>

의암은 곧 최린에게 일본 경무총감부에 전화로 우리의 소재를 알리게 하고, "우리는 당당히 스스로 잡혀가는 것"임을 강조했다.

〈독립선언서〉를 이갑성으로 하여금 총독부에 제출하게 하고 이웃에 있는 종로경찰서에는 인편으로 즉시 기별했다. … 일본 경찰 15명이 자동차 5대를 가지고 와서 포위하였다.

의암은 태연자약한 자세와 선골풍으로 이들을 압도하였다. 이때 한용운이 일어나더니 인사말을 했다. 그는 "오늘의 우리 모임은 곧 독립만세를 고창(高唱)하여 독립을 쟁취하자는 취지입니다. 이것은 우리가 앞장서고 민중이 뒤따라야 되는 것입니다.…"라고 낭랑한 목소리로 외쳤다. 이어 대한독립만세를 삼창하고 일동은 의암을 필두로 체포되어 갔다."(필자 강조) [23]

당일의 현장에서도 대표로 〈독립선언서〉 낭독을 할 만큼 묵암의 역할은 중요했다. 그러나 기존 개설에 그강 선언서를 낭독했다는 설명은 없다. 또 그는 일경(日警)에게 피체되어 가면서도 민중을 향해 다시 한번 준비해간 〈독립선언서〉를 직접 뿌리고 만세삼창을 외쳤다. 그리고 묵암에게 이 순간은 십수 년간의 숙원이 현실에서 실현되던 시간이었다.

지금까지 살펴본 것처럼 그는 3·1운동 당시에만도 〈독립선언서〉를 며칠 동안 직접 인쇄하고 비밀리에 배포했으며, 33인의 중의 1인으로 서명하고 나아가 태화관 현장에서 직접 〈선언문〉을 대표 낭독하기까지 하였다. 이것은 그가 사실상 가장 위험하고 중요한 일을 전담하였음을 의미한다. 그랬기 때문에 그는 관련 재판 판결에서도 당시 관련자들 중 가장 중형에 해당하는 판결을 선고받고 만기까지 있다가 3개월 앞두고 가출옥 한 그룹에 속했던 것이다.

그럼에도 불구하고 3·1운동 관련 개설적 서술들에서 묵암은 선언문을 인쇄했던 보성사 사장으로서의 위상만 언급되어 있다. 만세운동의 거사를 결정한 사람들은 의암 손병희와 더불어 권동진, 오세창, 최린으로, 태화관에서의 활약은 만해 한용운의 인사말과 만세삼창에 대한 묘사와 민족대표 33인에 대한 설명이다. 여기에서 묵암의 역할은 선언문을 인쇄했던 보성사 사장으로서만 소개되어 있다. 3·1운동과 같은 민중 시위를 지속적으로 집요하게 요구하고 준비했던 묵암의 노력, 그의 1차 비밀 인쇄건, 사전배포건, 당일 〈독립선언서〉 낭독에 대한 언급이 없다. 아쉬운 대목이다.[24]

심지어 3·1운동 현장만이 아니라 이를 결과하기까지의 과정에 대해 긴 관점에서 보면, 묵암과 보성사를 중심으로 한 묵암의 동지들의 역할은 훨씬 더 지대하다. 3·1운동류의 민중 시위를 서사시키기 위한 묵암의 노력과 시도에 관한 서술은 『옥파비망록』 곳곳에 산재하고 있다. 그리고 곳곳에서는 그는 그 정당성과 희망을 동학에서 찾고 있었다. 다음에서는 이에 대해 검토하기로 한다.

4. 묵암의 동학-천도교-3·1운동의 계승 논리와 성격

이제 일본으로부터의 독립하기 위해 묵암이 대규모 민중운동이 필요하다고 본 이유와 그의 동학, 천도교에서 찾는 만세 인식을 살펴보기로 한다.

1) 동학에 대한 묵암의 인식

첫째, 묵암은 독립을 이루기 위해서는 절대적으로 민중적 혁명이 필요한데 그것은 갑오년의 동학의 역사가 전형적이 모델이라고 인식했다. 그는 1898년 《제국신문》을 창간하고 열심히 언론 활동을 한 데서 보듯이 1910년 이전까지는 언론을 통해서 민중을 계몽하고 국권을 수호하는 것이 가능하다고 생각했다. 그러나 1910년 대한제국의 국권이 완전히 박탈당하는 것을 목도하면서부터는 생각이 완전히 바뀌었다. 대규모 민중적 독립운동 없이는 독립은 어렵다고 생각하고, 이것의 역사적 사례를 갑오년의 동학혁명이라고 인식하였다. 그는 당시야말로 민족의 독립을 이루기 위하여 동학과 같은 민중적 차원의 투쟁이 필요한데 이를 위해서 동학정신의 계승이 필요하다고 인식하였다. 그리하여 실제 그는 지속적으로 민중혁명과 동학혁명의 계승을 논하였다.

그는 3·1독립운동으로 체포된 후 일경(日警)에게 신문(訊問)에 대한 대답으로 1) 1910년 병합 때부터 독립을 생각했으며 2) 이를 위해서는 동학혁명이 보여주었던 민중운동 방식을 통해야 하며 3) 그 결과 이번 3·1혁명이 가능했으며 4) 이것은 독립구국운동의 구체적인 모습이라고 대답했다. 이 과정에서 그는 3·1혁명운동이 동학혁명의 민중운동적 성격을 계승한 것임을 분명히 하였다.

> "시기가 성숙되면 독립은 올 것이다. 나는 합방이 되면서부터 독립에 대한 생각을 가지고 있었다. 일이 여의치 못하므로 나는 동학운동에서 보여주었던 민중운동을 이 시기에 재현해야 하겠다고 마음먹고 있었다. 그러니까 이번의 (3월 1일) 만세운동은 그 같은 운동의 연속이며 독립구국운동의 구체적인 모습이기도 한 것이다"[25]

이와 같이 동학과 천도교에 대한 묵암의 신념은 오래되었다. 그는 동학교도가 되기 훨씬 전부터 동학에 대해 매우 큰 관심과 좋은 감정을 가지고 있었다. 그는 1898년 일기를 처음 시작할 때부터 일기가 끝날 때까지 지속적

으로 또 곳곳에서 동학에 대한 우호적 평가, 계승 의지, 의암과의 관계 등을
서술하였다.

첫째, 무엇보다 그는 동학의 보국안민하고 제세구민하는 공존의 공동체
추구적 성격에 주목했다. 그래서 그는 동학의 민중을 광제(廣濟)하고 보국
(輔國)하는 종교적 성격을 자주 거론하고 심지어 독립협회에서 연설할 적에
도 다산의 실학사상과 더불어 동학의 민중주의적 보국안민(輔國安民)적 성
격을 강조하곤 했다.

> "동학사상은 우리나라 민중의 나아갈 길을 인도하는 것으로 수운(水雲)
> 선생의 이념은 다름 아닌 민중을 제도(濟度)하고 보국안민(輔國安民) 하는 데
> 있기 때문에 나 또한 호감을 갖고 있다. 그런데도 정부 당국(대한제국-필자)
> 이 이해하지 못하니 애석하다."[26]

> "나도 또한 강력히 독립협회 회원들에게 다산의 실학사상과 수운의 동학
> 의 보국안민(輔國安民) 사상을 고취하고 특히 동학의 교리는 제세구민(濟世
> 救民) 하는 정신으로 가득한 교리임을 인식하도록 했는데 이것은 내가 특히
> 이 교리에 관심을 갖고 있기 때문이다."[27]

둘째, 동학의 민중주의적 성격과 민중 본위의 개혁적 성격도 높이 평가하
였다.

> "동학이란 무엇인가 하면 민중의 종교요 또 내국의 여러 가지 일들을 개
> 혁하려 하는 것으로 갑오의 동학운동이 바로 이것이다. 나는 손병희 교주를
> 찾아가 갑오년 동학당에 관한 이야기를 들었는데 그분의 풍모는 반짝이면

서도 동안(童顔)으로 역시 평온한 기상이었다."[28]

셋째, 그는 동학을 애국 종교적 면모와 반일(反日) 저항 민족주의 성격을 지녔다고 평가했다.

"동학도의 항일세(抗日勢)가 여전하니 손 교주의 지도하는 역량의 영향 때문이라 한다."[29]

"동학도가 여전히 교조의 신원을 주장하고 있는데 이것은 당연히 해결되어야 하며, 동학도의 사기가 충천(沖天)하여야 한다. 나도 동학의 교리에 호감을 갖고 있으며 또 수운(水雲)과 해월(海月)을 숭배하는 바이다."[30]

"손병희 교주와 동학운동의 방향에 관해서 논의했다. 손 교주께서 말하기를 '우리 당의 애국심은 다른 무리들에게서 비교할 것이 아니다. 그러므로 동학은 바로 애국 종교임이 분명하다."[31]

"내가 천도교에 관계한 것은 …의암을 개인적으로 알고 있어서 감화를 받았다. 그러니까 동학사상이 곧 민족주의 사상의 근원이라고 생각했다."[32]

넷째, 그는 동학을 민중의 삶과 이익을 증진시키기 위하여 민중의 의식구조부터 개혁하고 이것은 궁극적으로 민권과 민주의 혁명성을 온존하는 종교라고 평가했다.

"동학의 전도가 민중 생활의 이익을 증진시키기 위해서 의식구조부터 개조하려 하니 동학이야말로 민권과 민주의 혁명성을 온존하고 있다 할 것이다. "[33]

다섯째, 여성의 사회참여에 적극적인 동학의 성격으로 또한 여성의 권리 신장과 여성 개화, 곧 여성근대화에 기여한 공적이 크고 깊다고 평가하였다.

"동학 문제는 …여성의 사회참여의 길을 터 왔기 때문에 …동학이 우리 나라의 개화문명의 발전을 위해서 기여한 공적은 실로 크고 깊다. 또 동학 군의 봉기는 봉건제에 반항하는 울부짖음이다. "[34]

"…여성 개화의 시초를 말한다면 동학사상에 기인한다. …이것은 또한 동학사상에서 기원한 것이며 또 이것이 (여성의: 필자) 내부적 발전사관을 제 시하는 것이다. "[35]

2) 천도교인(동학인)으로서의 실천관

위에서 살펴보았듯이 이미 1898년부터 의암과 교유를 지니면서 동학에 대해 다양한 측면에서 높이 평가하던 묵암은 1906년 천도교(1905년에 동학 명칭 변경)에 정식 입교했다. 이전까지는 민족으로서 동학사상의 교훈을 실 천해야 한다고 주장했다면 이제는 종교인으로서도 동학인(천도교인)의 정체 성을 실천해야 했다. 이 절에서는 이에 대한 그의 인식을 소개하기로 한다.

첫째. 1910년 국권 강탈을 기점으로 그는, 지금까지도 그랬지만, 이제는 더욱 강하게 국권 회복 노력을 동학의 구국적 실천행위에서 찾았다. 국권을 박탈당한 지 한 달 되던 시점에 그는 전국에서 발생하는 자결자들을 안타까워하면서 자결 대신에 살아서 국권을 회복하기 위해 노력할 것을 동지들, 곧 천도교인들과 함께 할 것을 다짐했다.

> "나라를 일본에 빼앗긴 지 벌써 한 달. 탈국에 분개하여 스스로 목숨을 끊은 사람들이 상당수에 달한다.…그러나 기왕에 죽는 목숨이면 차라리 살아서 나라를 찾는 일에 신명을 바쳐야 하지 않을까. …내가 간행하던 《제국신문》도 《황성신문》과 같이 문을 닫게 되니 기가 막혀 말이 나오지 않는다. …그러나 우리의 기본 구국적 목표에는 변함이 없음을 나는 신념으로 알고 동지들도…"[36]

둘째, 동학의 "대중봉기운동"의 선례를 현실에서 국권 회복의 실천으로 계승해야 한다고 다짐하였다.

> "장효근 동지가 찾아와서는 억울하게 당하는 사실에 대한 울분을 토하고… 그러나 나라는 반드시 찾을 것이다. 신념이 강하면 이것이 곧 나라를 찾는 기본이 되는 것이다. 대중봉기운동을 동학운동의 계승으로 실천에 옮겨야 한다."[37]

셋째, 천도교 회지를 통해 교인들에게 독립정신을 고취시키는 활동을 하리라 다짐했다.

> "…이럴 때일수록 민중에게 독립정신을 고취시켜야 한다. 그 방법은 『천도교회월보(天道敎會月報)』를 통해 전달해야 한다. 왜냐 하면 신문은 전부

폐간당하고 말았으니 말이다."[38]

넷째, 천도교를 민중 봉기와 국권 회복의 요람이자 터전으로 삼아 갑오
동학역사와 갑진 개혁의 역사를 재현하고자 하였다. 국가를 잃은 상태에서
는 정치가 아니라 신앙으로 구국운동을 할 수밖에 없다고 했다.

> "일본 침탈에 분개하고 자결하는 인사들이 또 계속 꼬리를 물고 있다. 죽
> 는 것도 좋겠지만 살아서 죽을 때까지 침략자와 투쟁하다가 산화하는 것이
> 더 보람 있지 않을까 …천도교 동지 김홍규와 장효근이 찾아왔다. …나는
> 입을 열었다. '대중 시위를 위해 우리 천도교가 주장이 되어야 하겠다는 것
> 이오'. …그것은 동학운동과 갑진년의 개화신생활운동의 재현으로서였다.
> 민족운동은 그 연결인 것이다. …역시 민중운동의 선봉은 종교인이 담당
> 해야 할 것이다. 왜냐하면 신앙적 차원으로 구국 운동을 일으켜야 하기 때
> 문…"[39]

그뿐만 아니라 현실적 실천을 위하여 그는 1911년 1월 16일 의암을 만난
자리에서 갑오년의 혁명과 갑진년의 개혁을 계승한 거족적인 민주주의 민
중시위 운동을 발기할 것을 제안하였다. 묵암으로서는 3·1독립운동의 시
발점이라고 하겠다.

> "아침에 성사(聖師)를 찾아뵙고 '갑오동학운동과 갑진개화신생활개혁운
> 동의 정신을 오늘에 되살려 우리 천도교가 선도가 되어 또 다시 거족적인
> 민주주의 민중시위 운동을 일으켜서 일본의 불법적 침략을 타도하고 우리
> 도 당당히 완전 독립국가로서의 면모를 갖추어야 할 것'이라고 건의하였다.

…이에 관해 손 성사께서는 묵묵히 깊은 상념에 빠져 있는 듯 얼른 대답을 하지 않았다. 나는 다시 만날 것을 기약하고 헤어졌다."[40]

1912년에는 불교계와의 연합을 시도하다가 좌절하기도 하였는데 이 경험으로 그는 동년 10월에 천도교 단독으로 민족문화수호운동본부(民族文化守護運動本部)라는 비밀결사를 조직하고 의암을 총재로, 자신은 회장에 취임하여 후일 종교계의 연대기지를 구축할 목적이었다. 이에 대해 "3·1만세운동 훨씬 이전부터 종교계의 연대를 구상하였음을 알 수 있으며, 그의 이러한 구상은 3·1만세운동 때 종교계가 연합하여 민족대연합전선을 구축한 배경"[41]으로 해석하기도 한다.

1914년에는, 1911년에 이미 제기했다가 외면당한 주장을 다시 펼치되, 당해 연도가 간지(干支) 상으로 '갑(甲)'자가 들어가는 1914년 갑인년임을 감안하여 '갑(甲)이라는 글자가 들어가는 3번의 해에 벌이는 운동'이라는 뜻의 '삼갑운동(三甲運動)'의 명칭을 붙이고 대규모 민중운동을 전개하고자 하였다. 즉 당해 연도가 1914년 갑인(甲寅) 해인 만큼 '1894년의 갑오동학혁명운동(甲午東學革命運動)'과 '1904년의 갑진신생활개혁운동(甲辰新生活改革運動)'[42]을 계승하여 대대적인 민중운동을 전개하자는 주장이었다.[43] 이 역시 동학의 전통을 활용하여 구국운동을 전개한 방식이다.

묵암에게 동학혁명의 민중적 성격은 그만큼 지대하고도 독립운동의 정당성 확보의 근원이기도 했다. 이후 1915년부터 1918년에 이르기까지 지속적으로 묵암은 위로는 의암을 상대로 민중적 차원의 독립운동의 필요성을 논하면서 설득하였고, 아래로는 동암을 비롯한 보성사 핵심직원들과 함께 그 의지를 다졌다. 또 오세창, 권동진 등 여타 천도교인들과 자주 만나 세계정세에 대하여 의논하면서 이를 독립운동과 연계시킬 방안을 도모하였다.

그러나 종교의 대선사답게 다수의 생명을 보호하고 존중해야 하는 의암으로서는 묵암의 요청을 쉽게 받아들일 수는 없었다. 준비나 시기가 무르익지 않았을 때 대규모 민중적 움직임을 발동하는 것은 그만큼 큰 민중적 희생만 초래하기 때문이다.

1917년까지도 묵암은 민중봉기론을, 의암은 신중론을 견지했다. 그 결과 의암은 당시 국내 엘리트 그룹들이 준비하던 '독립청원(獨立請願)' 쪽을 주장하였고, 묵암은 일본의 태도상 결코 청원은 효과가 없을 터이니 대대적인 민중 시위를 통한 '독립선언(獨立宣言)' 쪽을 주장하는 등 양쪽의 견해가 갈렸다.[44]

하지만 마침내 1918년이 되자 국내외 정세에 변화가 오면서 드디어 의암과 천도교 내부의 기류에도 변화가 왔다. 갑인년에 제기했다가 무산된 '삼갑운동'을 올해라도 계승하여 민중 시위를 전개하되 허락하지 않으면 묵암 자신만이라도 단독으로 일으키겠다고 생각하고 대한문 앞에서의 단독 감행 시위를 준비한 상태에서 의암에게 보고하고 허락을 받았는데, 이때 의암은 자신도 이미 그럴 요량으로 오세창 등에게 다른 세력들의 반응을 타진해 놓았으니 조금만 기다려달라고 했다. 이에 그는 보성사를 중심으로 해서 자신들만이라도 시위를 하려던 계획을 취소하였다. 마침내 의암으로부터 이미 민중시위를 타진, 준비하고 있으니 조금만 기다려달라는 약속을 받아내는 성과를 얻었다.

"벌써 2월 16일에는 리투아니아가 독립을 힘차게 선언했다고 하며, 24일에는 에스토니아가 독립을 선언했다고 하는 등 우리의 처지와 비슷한 나라들이 하나, 둘씩 독립을 선포하는데 우리는 민중 시위 한 번 못하니 이게 될 말인가.

손의암을 찾아가 "내 단독으로라도 움직여서 시위운동을 감행할 작정이니 그리 아시오." 하고 강경하게 나가니 손의암은 "권(동진), 오(세창), 최(린) 세 사람을 시켜서 그 가능성을 타진했으니 조금만 참아 주시오." 하고 만류하여 대한문 앞에서의 시위 선도는 보류하게 되었다. 이를 위해 보성사 사원이 농어민, 상인, 노동자들을 연락하여 3월 3일에 감행하기로 한 계획은 일단 취소했다."[45]

5월이 되자 드디어 의암은 결단을 내렸고 민중 시위의 방침(대중화 · 일원화 · 비폭력)도 정하였고,[46] 이때부터 민중 시위 준비는 급물살을 탔다. 그리고 마침내 묵암이 숙원해 오던 동학의 갑오 · 갑진 정신의 계승 노력인 '무오독립시위운동'을 9월 9일 갖기로 하였다. 만약 이 시도가 성공하였다면 이른바 '무오년 9 · 9시위'라고 할 수 있다. 이때 먼저 의암은 선언문의 작성을 묵암에게 위임하였다. 묵암은 이렇게 해서 공식적으로 대규모 민중 독립시위를 주도적으로 준비하게 되어 부산스럽게 움직였고, 장문의 〈선언문〉도 작성하여 보고하고 공동 수정한 후 인쇄에 들어갔으나 갑자기 최남선으로 하여금 〈선언문〉을 다시 작성하게 함으로써 〈선언문〉 인쇄를 중시하고 기다렸으나 최남선은 끝내 시간 안에 선언서 작성을 하지 못하고, 원로들도 불참함으로써 결국 무산되었다.[47]

그래도 해가 바뀌어 1919년이 되자 묵암을 중심으로 한 천도교는 새해 벽두부터 민중만세운동을 위한 본격적인 움직임을 전개하였다. 게다가 고종이 갑자기 승하함으로써 민중 봉기 가능성은 극대가 되어 2월 초부터 천도교 내부는 민족대연합전선(民族大聯合戰線)을 결성하기 위해 본격적으로 다른 종교 지도자들과 접촉하기 시작했다. 민중운동의 대중화를 위해서는 무엇보다 민중의 신망을 받는 인물들을 전면에 내세울 필요가 있는데, 이를 위해 구 관료로 윤용구(尹用求), 한규설(韓圭卨), 박영효(朴泳孝), 윤치호(尹致昊), 김윤식(金允植) 등과 접촉하여 민족대표로 추대하려 했지만 이들은 모두 유보 또는 거절의 의사를 밝혔다. 그래서 민족대표를 종교계 연합으로 방향을 틀었다. 민족대표에 관료가 빠지고 기독교와 불교계와만 연대하게 된 배경이다.

천도교가 이렇게 3·1독립운동을 주도할 수 있었던 것은 천도교의 왕성함 덕분이었다. 당시 백암 박은식은 천도교를 3백만이라고 기술한 바 있다.[48] 당시 한민족 총인구 2천만 가운데 천도교도가 3백만이었다고 하니 7명에 1명이 천도교도였다는 얘기다. 어느 정도 과장을 감안한다고 하더라도 분명한 것은 당시 천도교가 그만큼 활성화되어 있었음을 의미한다.

게다가 천도교는 1894년 대국 청(淸)도 패하고 돌아간 뒤를 이어 패배를 인정하지 않고 일본 제국주의와 마지막까지 저항하면서 전쟁을 벌였던 전적을 지닌 동학의 후신이다. 게다가 1910년 천도교월보사에서는 각국 영사관에 '한일합방'에 반대하는 편지를 보내 구속된 사건이 있었다. 이러다 보니 일제는 천도교를 단순한 종교가 아니라 정치성을 띤 유사종교로 분류하고 경무국 관할하에 두고 관찰 주시했다. 심지어 "데라우치 총독이 손병희를 직접 불러 천도교의 교회 헌금 방식인 성미제를 트집 잡아 협박과 회유를 시도하는 등 천도교는 일제기간 내내 총독부의 주요 감시 대상인 민족운동 집단이었다."[49] 어쨌든 당시는 모든 조직들이 출판, 집회, 결사의 자유가 박탈당한 헌병 체제였기 때문에 국내에 유일하게 남은 조직은 종교 단체와 학교뿐이었다.

어쨌든 묵암은 투옥 생활 중 투쟁 방식에 대한 인식에 있어서 변화가 왔다. 더 이상 평화적 민중 시위만으로는 국가 독립을 성취하기는 어렵고 확실하게 동학혁명 혹은 동학전쟁과 같은 갑오년의 투쟁 방식을 통한 투쟁을 병행하는 방식으로 의식 전환이 이루어졌다.

"이제는 이런 무장 독립 투쟁을 하지 않고서는 도저히 독립할 어떤 단서를 얻지 못할 것 같은 우려가 앞선다. 사실상 우리 민족은 평화적인 항쟁을 계속한 민족이 아니겠는가. 그럼에도 불구하고 이렇게 무장 항쟁을 계속하지 않을 수 없는 기막힌 풍토를 나는 개탄하고 있다. 역시 무력을 쓰는 자는 무력으로 전멸시켜야 하지 않겠는가 싶다. 성사(聖師: 의암) 등 모든 동지들도 같은 생각을 가지고 있다. 오히려 내부에 도사리고 있는 추악한 우리 한국인의 고질적인 매국 행위를 뿌리째 뽑아야만 우리의 사업이 성취될 수 있겠다. 그런 분위기 속에서라야 천도교의 신문화운동도 차질이 없지 않을까 생각된다."[50]

"일본 경찰은 이때 소위 불온사건(독립만세 시위운동)이 일어나면 어찌 하나 하면서 지방에 있는 병력까지 동원하여 경계망을 삼엄하게 폈다. 그러나 한국인의 마음속에까지 비상망을 칠 수야 있겠는가. 우리의 적이 누구인가를 완전하게 파악한 이상 어찌 양보가 있으며 온건 투쟁이 있을 수 있겠느냐.

일본과의 투쟁 방법은 안창호같이 점진론을 펼 수도 있으나 이제 그것을 포함하여 강경 노선 무장투쟁도 병행해야만 승산이 있다는 것을 우리 국민 수준에서도 넌지시 알고 있는 실정이다."[51]

또 묵암은 3·1운동의 결과로 수립된 상해임시정부를 유일한 민주 정통 정부를 인식하면서 임정과의 연계를 도모했다. 그는 천도교의 자금으로 임정의 재정을 해결하는 것이 수운대신사의 복지국가 건설론과 통하고 수운과 해월의 가르침을 실천하는 것이라고 해석하기도 하였다.

"들건대 임정의 자금난이 매우 심각하다고 전해진다. 지난번에도 손의암 성사의 지원으로 군자금 일부가 상해 임정에 전해진 것으로 보인다. 이제 또다시 어려움을 겪고 있다니 다시금 송금하도록 성사께 상의할까 한다. 결국 천도교의 자금이 나라 구하는 지름길이 되지 않겠는가. 바로 수운대신사의 복지국가 건설론이 이제 다시 재현되는 단계가 온 것이 아닌가 생각된다. 지난 7월에 인구세 부가세 징수에 관한 규정이 공포되었는데 이것이 곧 군자금 즉 재정 해결에 도움을 주고자 기도하였던 고육책이다. 그러나 그것만 가지고는 사실상 임정 청사 집세도 해결하기 어렵다고 한다. 이렇게 구차할 때 부호들이 호주머니를 털어야 할 텐데 자진성이 결여되어 있다."[52]

"들건대 상해 임정에서는 임시법률기초위원회장정을 공포한다고 했다. 우리는 모름지기 임정이 유일무이한 합법 정부요 정통 정부임을 국민적인 자부심으로 밀고 가야 한다. 우리가 지금 비록 일본에 압박 · 탄압 · 고문을 받고 있으나 그래도 희망을 걸 수 있다면 우리의 민간 정부가 엄연히 존재하고 있기 때문에 안도의 한숨을 돌리고 있지 아니한가. 새삼 그에 고마움을 표하고 싶다. 이미 우리 천도교에서 수천 원의 군자금을 송달한 것은 그만큼 이 정부가 우리의 정부요 또 우리가 구심점으로 삼아야 할 민주 정통 정부 때문인 것이다. 자랑스러운 이 정부에 우리 천도교가 재정적 지원을 쏟는다는 것은 곧 대신사님과 신사님 두 어른의 가르침이 아니겠느냐 싶다."[53]

5. 결론

지금까지 묵암 이종일의 3 · 1독립운동 과정에서의 역할과 위상, 그리고

3·1운동을 동학정신의 계승과 실천으로 해석하는 측면을 살펴보았다.

묵암은 국권 강탈 이후 누구보다 일관되게 대규모 민중운동을 통해서만 이 국권 회복이 가능하다고 보았으며, 이는 바로 갑오동학혁명의 실천이며 갑진개혁의 당대적 실천으로 해석함으로써 가능했다. 그는 특히 동학을 민중적 종교, 애국적 종교, 민주·민권적 종교, 개혁적 종교, 여성 친화적 종교로 해석함으로써 3·1독립운동과 같은 민주, 민족, 민중적, 근대적 혁명운동의 성격과 친화력을 강하게 지닌다고 보았다. 이러한 이유로 그는 동학/천도교를 실학/개화사상과 함께 일관되게 그리고 가장 강력하게 국권회복운동의 정신적 지침으로 제시하였던 것이다.

이러한 자세로 묵암은 1910년 일본에 무단으로 강점당한 이후 줄곧 동학혁명과 동학전쟁과 같은 1894년 1차, 2차 기포와 같은 대규모 민중운동이 일어나야 한다고 주장하고 실제로 스스로 수차 준비를 해오던 차에 마침내 3·1독립만세운동을 성취할 수 있었던 것이며, 3·1독립선언시 대표서명, 선언문 인쇄, 배포, 낭독, 피체, 옥고 등 모든 것을 함께 했던 것이다. 그뿐만 아니라 33인의 선언서 서명 민족대표들 중 최고형인 3년형을 언도받고 만기를 3개월 앞둔 1921년 12월 22일 오후 2시 오세창·권동진·최린·김창준·함태영·한용운 등과 함께 가출옥한 묵암은 65세의 노구에도 불구하고 다시 3·1독립만세운동을 준비하였다.

"나는 오늘 오후 2시 가출옥했다. 만기로 따지면 3개월 앞둔 시기다. 이때 같이 나온 대표는 오세창, 권동진, 최린, 김창준, 함태영, 한용운 등이었다. 고생이 많았다.

다시 한번 3·1만세운동을 일으켜야겠다. …"[54]

그의 일기에 쓰인 대로 그는 출옥한 즉시 바로 제2의 3·1독립운동을 준비했고 그것은 〈자주독립선언문〉이라는 명칭으로 '천도교 보성사 사장 이종일 외 일동'의 명의였다. 그러나 이 일은 인쇄 도중 사전 발각되고 말았고, 이후 그는 일제로부터 더욱 심각한 감시, 탄압을 받아야 했고 그 결과, 모두에서 소개했듯이, 극심한 가난에 시달리다 출옥 후 3년 반만인 1925년 8월 31일, 68세를 일기로 영양실조로 아사했다. 그리고 이것은 본인보다 세 살 어리지만 늘 그에게 큰 그늘을 드리워주던 의암성사가 떠난 지 3년만이었다.

태안 동학농민혁명사의
문화 콘텐츠 활용을 위한 기초 연구

채 길 순
명지전문대학 명예교수

1. 들어가며

이 글의 목적은 태안 동학농민혁명기념관을 건립하는 데 필요한 문화 콘텐츠 방안이며, 제안적인 성격을 지닌다. 이를 위해 동학농민혁명사 이해와 충청남도 및 내포 지역, 태안의 동학농민혁명사에 대한 스토리텔링 도출을 위한 기초 자료 성격을 지닌다. 이 글은 사료와 답사를 통해 정리한 것이다.

2. 충청남도 동학농민혁명과 태안 동학농민혁명사

1) 충청남도 지역과 내포 지역 동학농민혁명사

충청남도 동학은 강원도와 충청북도 지역을 거쳐 차령산맥을 넘어 들어왔으며, 이어 경기와 전라 지역으로 교세가 확장되는 등 동학 포교의 교두보 역할을 했다.

충청남도의 동학 포교의 통로는 연원 조직으로 볼 때 음성·진천 통로를 통해 아산·천안·목천·직산·예산·당진·홍성·서산·태안으로 확장되었으며, 청주·조치원 통로를 통해 회덕·진잠·연기·공주·청양·보령·서천·한산·부여로, 옥천·영동 통로를 통해 논산·금산 지역으로 확장되었다. 이렇게 충청남도 지역으로 유입된 동학은 전라도와 경기도 지역으로 빠르게 확장되었다.

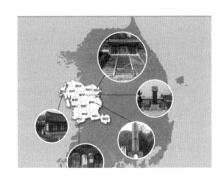

예포 대접주 박인호는 1883년 김월화가 경영하는 예산 읍내의 오리정 주막에서 동학사상을 전해 듣고 동학 입도를 결심했다. 그는 1883년 3월 18일 목천에 머물던 최시형을 찾아가 "사람을 한울처럼 섬기고 바른 마음으로 한울님을 믿어야 세상이 포덕천하가 된다."라는 말을 듣고 동학에 입교했다. 이는 내포 지역의 동학 유입 경로를 실증적으로 보여주는 대목이다.

(1) 연원으로 본 충청남도 동학 교세 분포

충청남도 동학의 특징은 연원이나 지리, 동학농민혁명 시기와 활동으로 보아 5개 권역으로 나누어 볼 수 있다.

① 동북부 지역 : 천안 · 목천 · 직산
② 서북부 지역 : 예산 · 당진 · 아산 · 홍성 · 서산 · 태안
③ 중동부 지역 : 공주 · 연기 · 대전(회덕 · 진잠)
④ 동남부 지역 : 논산 · 금산
⑤ 서남부 지역 : 서천 · 한산 · 부여

위에서 보는 바와 같이 확장된 교세를 바탕으로 1892년 공주에서는 근대 시민사회운동의 시효라 할 공주취회가 열리고, 이어 전개된 삼례집회(1892), 광화문복합상소 · 보은취회(1893)와 같은 사회운동에 걸출한 충청남도 지역 동학 지도자들이 등장하게 된다. 이 동학 지도자들은 공주취회를

수행했고, 1894년 봄에는 금산·진산·진잠·회덕 지역에서 기포하였고, 9월 재기포 시기가 되자 수많은 동학 지도자들이 충청남도 전 지역에서 기포하여 전투를 이끌었다.

(2) 동학농민혁명 초기 동향과 청일전쟁

전라도 동학농민의 움직임과 달리 별로 기록이 없다. 다만 이헌영의 『금번집략(錦藩集略)』[1]에서 "7월 초순 이후에는 공주를 비롯한 부여와 임천 등지에서 전개된 동학농민군의 창의 모임과 활동, 그리고 8월 1일 동학농민군 만여 명이 공주 정안면 궁원에 모여 감사직을 그만두려는 자신을 만류한다는 구실로 창의 모임을 지속한다."라는 보고서를 통해 동학농민군 활동을 짐작할 수 있다.

호남의 동학농민군이 전주성을 함락했을 때 청일전쟁이 발발하자 전주화약이 이뤄지게 된다. 청일전쟁이 청도 앞바다에서 해전으로 시작되어 성환 전투로 끝났다고 알려져 있지만, 청일전쟁은 충청 내포 지역과 밀접한 관련이 있다. 충청도의 청일전쟁 사적은 이헌영의 『금번집략(錦藩集略)』에 언급되어 있다. 태안 부사 윤수영(尹守榮)이 보고하기를 "6월 23일(음) 유시(酉時, 오후 5-7시) 중국 병정 100여 명이 갑자기 태안 관청 마당에 들어왔는데, 목덜미나 등을 다치거나 혹은 손과 발을 다쳐 있었습니다." 필담(筆談)으로 소통했는데 "우리(청군)는 광을병선(廣乙兵船)에 병사를 태우고 아산에 내려준 후 되돌아가는 길에 서해의 죽도에 도착하여 일본 군함 3척을 만나 교전했다. … 현재 배는 죽도 등지에 표류하고 있다."라고 했다. "(태안)부사가 즉시 조사를 위해 죽도로 갔고, 병사들에게 먹을 것을 주고 6월 24일 "광을선 군사 136명 중 부상자 6명은 서산으로 보내고, 130명을 아산으로 보냈다."라고 했다.

이 밖에 서산 유생『대교김씨 피란록』[2]에 의하면 "중국 병사가 왜병과 성환역에서 패한 뒤 (그들의 장수) 섭 통령이 어디로 갔는지 몰라 각자 흩어졌으며, … 왜병이 추격하자 우리 집으로 왔다가 70명은 오동 임진사, 30명은 한성지, 30명은 덕지천, 50명은 대교로 갔습니다. … 이들은 장차 태안 안흥(安興)항으로 가서 귀국하려 한다."라고 했다. 그리고 "성환에서 흩어진 병사들이 흘러와서 서산·해미·홍주·덕산·예산·태안 지역 민가에서 무단으로 식량을 약탈했다는 기록이 보이는 것으로 보아 이 지역에도 일정한 피해가 있었을 것으로 추측된다. 청군이 그들의 계획대로 안흥항을 통해 돌아갔는지는 알 수 없다.

(3) 재기포 시기, 충청남도 예포 연원 지역에서 최초 기포

충청남도 지역의 주요 싸움터는 동학농민혁명사에서 최대 격전지로 꼽히는 공주 우금치를 중심으로, 공주 서북쪽으로 예산·덕산·유구·당진 지역, 서산·태안·홍성·해미 등 내포 지역 등이다. 이들의 투쟁은 남쪽으로 전라도 지역 동학농민군의 영향을 강하게 받던 서천·한산 지역의 동학농민군 활동에도 영향을 미쳤다.

충청도 내포 지방의 예포(禮包=예산포)와 덕포(德包=덕산포)에 속한 동학교도들이 예산·덕산을 중심으로, 당진·홍성·서산·태안 등지에 동학도소를 설치하고 기세를 떨치자 이 지역의 수많은 민중들도 자진해서 동학에 입도하여 합류했다.

특히 충청남도 서북쪽의 동학농민군은 9월 그믐 무렵부터 예포 연원 지역에 속한 이원면 포지리와 원북 방갈리 지역을 중심으로 기포했다. 조석헌의『역사』기록에 따르면, 9월 29일 늦게 태안 동학교도들에게 법소로부터 "빨리 기포하여 살길을 찾으라."라는 훈시문이 당도했다.

10월 1일, 태안에서 수천 명의 동학농민군이 태안 관아에 쳐들어가 군수 신백희와 서울에서 내려온 방어사 김경제를 처단했다. 같은 날, 서산에서도 수천 명의 동학농민군이 서산 관아를 습격하여 군수 박정기와 이방 송봉훈을 참수하고 인부를 압수했으며, 관아의 문서를 불사르고 군기와 재물과 곡식을 접수하여 한동안 관아를 점령하였다.(이하 태안 동학농민혁명 전개 과정 참조)

10월 5일에는 덕산포 동학농민군 수천 명이 방포하며 아산 읍내로 들어와 관아를 파괴하고 군기고의 무기를 탈취했다.

이 중 박희인이 이끄는 예포와 박인호가 이끄는 덕산포가 충청남도 동학농민혁명의 중심 세력이었다.

(4) 세성산 전투와 홍주성 전투가 충청도 동학농민혁명의 변곡점

충청남도 내포 지역 동학농민군 활동이 활발하게 전개될 무렵, 9월 중순부터 삼례에 집결한 전봉준이 이끄는 호남의 동학농민군이 북상하여 여산·은진을 거쳐 강경에 도착한 것은 10월 초순이었다. 10월 9일에는 논산에서 손병희가 이끄는 충청·경기·강원·경상 지역에서 모인 호서 주력부대와 호남의 동학농민군이 연합하여 10월 말에 공주성을 압박했다.

이와 함께 충청남도 여러 지역이 싸움터가 되었는데, 예산 관작리 전투, 목천 세성산 전투, 홍주성 전투, 해미성 전투를 잇달아 치렀으나 11월부터 본격 투입된 신무기로 무장한 일본군과 관군의 공격을 받고 잇따라 패퇴했다. 특히 충청도 동학농민군이 목천 세성산과 홍주성 전투에서 패배한 것은 충청남도 동학농민혁명은 물론 동학농민혁명사의 분수령이 되는 뼈아픈 결과가 되었다.

(5) 동학농민혁명의 최대 고비가 된 공주성 전투

남북접 동학연합군의 공주성 공격은 10월 23일 이인에서 전투가 시작되어, 24일 대교 전투, 25일 효포와 능치 전투, 그리고 최후의 일전인 11월 9일 우금티 전투로 숨 가쁘게 전개되었다. 그러나 동학연합군은 공주 우금티에서 일본의 신무기인 무라타와 스나이더 소총 앞에 무기력하게 무너졌고, 동학농민군은 엄청난 희생자를 낸 채 패퇴하고 말았다.

(6) 가혹한 토벌전 전개

공주성 전투 패전 이후부터 충청남도 전역에서 관·일본군·민보군의 동학농민군 토벌 학살이 자행되었다. 1894년 11월부터 1895년 3월까지 관·일본군에 의해 학살된 동학농민군의 숫자는 최소 5만~10만 명에 달할 것으로 추산된다.

당시 충청남도 전역에서 동학농민군이 학살된 사실이 확인되고 있다.

2) 내포 지역 동학농민군 활동

내포 지역 동학농민군 활동은 연원 조직에 의해 움직이는 추세였는데, 박인호 대접주의 아산·당진·예산 동학농민군과 박희인의 태안·서산·홍성 동학농민군 중심으로 전개되었다.

(1) 태안·서산 동학농민군 해미와 승전곡으로 이동

10월 1일, 태안에서 동학농민군이 관아를 치던 날 서산 동학농민군도 군아를 습격하여 군수 박정기(朴鉦基)와 이방 송봉훈(宋鳳勳)을 율장촌에서 참수하고, 군기를 열어 무장하고 곡식창고를 열어 그동안 수탈하여 쌓아 놓은

식량을 빈민들에게 나누어 주었다. 당시 서산·태안 동학 지도자들이 연계하여 벌인 활동이라는 것을 짐작케 하는 대목이다.

태안·서산 동학농민군이 관아를 점령하며 기세를 높이자 동학농민군에 합세하는 세력이 폭발적으로 늘었다.

서산·태안 동학연합군은 10월 22일에 진을 이동하여 23일에 해미면 귀밀리에 진을 쳤다. 이때 근동의 동학농민군이 또 합류했다.

10월 24일 오후, 동학연합군이 당진 승전곡에 이르렀을 때 미리 매복 중이던 관군 500명, 유회군 수천 명, 일본군 400명과 마주치자 잠시 후퇴하여 골짜기로 유인한 뒤, 치열한 전투를 벌여 동학농민군이 대승을 거두었다. 당시 승전곡 전투를 지휘한 주요 동학농민군 지도자는 태안 김병두(金秉斗), 안면도 주병도(朱炳道)·최동빈(崔東彬), 서산 장세화(張世華), 당진 박용태(朴容台)·김현구(金顯玖), 홍성 김주열(金周烈)·한규복(韓圭復), 면천 이창구(李昌九), 남포 추용(秋鏞), 신창 김경삼(金敬三)·곽원(郭元)·정태영(丁泰榮), 덕산 이종호(李鐘浩)·최병헌(崔秉憲) 등이었다. 이로 보아 태안·서산·홍성·예산·당진·덕산 등지의 동학농민군은 한 체제에서 움직였던 것 같다.

(2) 예산 동학농민군의 기포

예산 동학농민군은 9월 교단의 무력 봉기 선언 전부터 기포 단계에 들어가 있었다. 삽교 하포리 박인호 대접주의 집 위쪽 목시(현재 삽교 성리1)는 당시 장이 크게 섰던 곳으로, 일찍부터 동학농민군이 기포하여 주둔하고 있었다. 이 상황은 동학농민군 진압 기록에서 확인할 수 있는데, "동비(東匪)에 대한 공격에 나선 것은 10월 8일이었다. 이들은 수영에서 군기를 탈취한 동비를 뒤쫓아 광천으로 진출, 광천시장에서 전투를 벌여 동비 수십 명을 죽이고 9명을 체포했다. 이어 11일에는 중군 김병돈이 각 진에서 뽑은 용장 500명을 거느리고 목시로 출군하여 동비를 격파하고 군기와 말을 거두어 왔다."라는 기록이 보인다. 이로 보아 예산의 동학농민군은 고전하고 있었다. 목시에 둔취했던 예산 지역 동학교도의 핵심 근거지가 큰 타격을 입었고, 유회군에게는 동학군을 토벌할 절호의 기회가 되었던 것으로 보인다. 당시 주한 일공사관 기록에도 "7, 8월쯤에 벌써 내포의 어민 농민에 의해 해상이 봉쇄됐다."라고 했다. 따라서 관군과 일본군은 토벌전 초기부터 내포동학농민군이 공주 전투에 합류하지 못하게 차단하려고 했다는 것을 알 수 있다. 그만큼 내포동학농민군이 예산·홍주·서산·태안을 중심으로 막강한 세력을 형성하고 있었던 것이다.

(3) 예산 관작리 전투에서 대승으로 내포동학농민군 사기충천

당진 면천 승전곡 전투에서 승리한 동학농민군이 기세등등하게 고덕 구만포까지 진출하여 유숙하고, 다음 날인 25일 저녁에 신례원 뒤편(後坪)인 관작리 일대에 진을 쳤다. 『천도교회사초고』에 동학농민군의 위세를 '약 3킬로미터에 걸쳐 볏짚을 이용한 초막이 세워졌으며, 동학농민군 수효가 약 5만 명'이라 했다.

한편, 홍주성에서 출발한 1천 명의 관·일본군은 미리 약속한 예산·대홍 지역에서 모집한 유회군과 합류하여 4, 5천 명의 대군진을 형성하고 있었다. 26일 아침부터 관·일본군은 신례원 앞 얼음재 상봉에 대포를 설치하고 사격을 했다. 이에 놀란 동학농민군이 흩어졌다 다시 모여드는 등 한나절 동안 치열한 공방전을 벌였다. 그러나 먼저 동학농민군이 공격하여 예산유회군이 붕괴되었고, 이에 놀란 관·일본군이 달아나 동학농민군의 승리로 끝났다.

관작리 전투는 전설 형태로도 전해지는데, "홍주 목사 이승우가 이끄는

관군이 예산 목소리에 있는 동학대도소를 치고 나서 승리에 도취되어 용골에 진을 치고 깊은 밤까지 술을 마시고 잠들었다. 그때 주막 할멈이 대포마다 몰래 물을 붓고 이를 동학농민군에 알려서 기습하여 대승을 거두었다."는 것이다. 그러나 이는 전설일 뿐이다.

(4) 뼈아픈 홍주성 전투 패배

10월 27일, 박인호 대접주가 이끄는 동학농민군은 신례원 관작리 전투와 덕산에서 연거푸 승리를 거둔 뒤 홍주성을 향해 진군했다.

당시 홍주성은 동학농민군이나 관군 쪽 모두에게 중요한 의미가 있었다. 공주성 전투를 치르고 있는 동학농민군 입장에서 보면 공주성을 방어하려고 내려오던 관·일본군 전력을 홍주로 분산시킬 수 있고, 동학농민군이 홍주를 차지하면 남북접 동학연합군이 서울로 올라갈 교두보를 확보할 수 있는 중요한 전투였다. 그러나 관·일본군이 21일 이미 목천 세성산에서 동학농민군을 격파하고 잔여 세력을 추격하기 시작했고, 공주 동쪽 대교 지역에서 패배한 동학농민군 일부 세력이 쫓겨서 내포 지역 동학농민군에 합류하고 있었다.

한편 일본 토벌군 입장에서도 내포의 동학농민군이 공주성으로 향하는 발목을 잡는 일이 시급했다. 홍주성을 지키기가 여의치 않으면 오히려 내포의 동학농민군을 성안에 가두고 장기전에 돌입할 계획을 세우고 있었다.

박인호 대접주는 예산 관작 전투에서 후퇴한 관·일본군의 전력이 큰 타격을 입어 홍주성의 전력이 크게 약화되었다고 판단하고 여세를 몰아 홍주성 공략에 나섰다.

10월 28일, 동학농민군은 홍주성 성문 밖 향교촌 뒤편에 진을 치고 적군에게 노획한 신무기로 총공격을 개시했으나 관·보부상대·일본군 연합

세력이 완강하게 항전하여 팽팽한 공방전이 계속되었다. 성 안팎에서 서로 퍼붓는 총과 포탄 터지는 소리가 천지를 진동하고 화약 냄새가 코를 찔렀다. 이렇게 치열하게 공방전이 계속되는 동안 수십 명의 동학농민군 사상자가 나자 점차 사기가 떨어져 갔다. 동학농민군 쪽에서는 후퇴를 고려했다.

당시 일본군 측 기록에 의해 전황을 재구성해 보면 다음과 같다.

… 10월 28일 오후 4시 동학농민군은 덕산 가도 좌측의 고지를 점령하고 4시 25분에는 그중 한 부대가 빙고치(현 홍성읍)를 향해 전진하고 있었다. 400미터 밭두둑에 이르렀을 때 빙고치 위의 일본군이 몇 차례 집중사격을 가하자 동학농민군 수 명이 쓰러졌다. 동학농민군은 주춤하다가 다시 전진해 왔다. 빙고치의 일본군은 중과부적으로 서문 좌측으로 후퇴하여 접근해 오는 동학농민군을 향해 사격했다.

북문의 일본군은 덕산 가도 서쪽에서 접근해 오는 고지의 동학농민군을 3회에 걸쳐 집중사격했다. 놀란 동학농민군은 2대로 나누어 도로 동쪽 숲속으로 들어갔는데, 이때 북문의 홍주 관군이 대포를 쏘고 아울러 동북쪽에서 집중사격을 가하니 동학농민군의 공격이 주춤해졌다. 그런데 동학농민군의 한 부대가 동문 전방 600미터쯤 떨어진 숲속에서 전진해 오며 방화하니 불길이 치솟고 성 밖 100미터까지 접근하며 총공격을 가해 왔다. 따라서 온 병력을 동문으로 집결하여 응전했다. 밤이 되자 동학농민군은 더욱 맹렬하게 성 밖 40미터까지 대포를 끌고 와서 동문에 난사하여 격전이 계속되다가 7시 30분쯤 포성이 멎었다. …

위의 상황을 종합하면 동학농민군은 몇 차례 승전으로 사기가 올라 있었으나 신무기를 갖추고 체계적으로 훈련된 일본군에 의해 패하고 만 것이다.

동학농민혁명 당시 기록에 의하면 홍주성 전투 때 동학농민군의 시신이 동문 밖과 숲속에 쌓였다. 게다가 홍주성 전투에서 생포된 동학농민군 수백 명이 북문인 망화문(望華門)에서 처형되었다. 그렇다면 그 많은 동학농민군 시신들을 어디다 치웠을까? 일본 측 기록에 "홍주성 전투에 참여한 동학농민군은 약 3만에서 5만 명이었으며, 전사자는 200여 명이었다."라고 하여 비교적 사망자 숫자가 구체적이다. 따라서 당시의 전투 상황으로 보아 현재 홍주천변에 있는 '의사총'은 당시에 희생된 동학농민군총일 가능성이 크다. 당시 관·일본군이 동학농민군의 가족까지 색출하여 참살하던 때라 시신을 찾아 장사 지낼 엄두조차 내지 못한 채 방치하였고, 1906년 의병 전투 희생자의 경우는 시신을 찾아가게 한 점이 이를 뒷받침한다.

(5) 해미성 전투

홍주성 전투에서 패한 동학농민군은 11월 5일 천혜의 요지인 해미성으로 들어와 항전을 준비했다.

11월 7일 새벽에 이두황군이 일락치(日落峙) 쪽에서 기습해 오면서 전투가 시작되었다. 해미성에서 일진일퇴의 격전이 하루 종일 계속되었다. 결국, 동학농민군은 사상자가 속출하여 후퇴하지 않을 수 없었다. 해미성 전투에서 동학농민군은 가지고 있던 무기도 제대로 수습하지 못한 채 도주했다. 이에 관군은 북쪽으로 패주하는 동학농민군을 추격하여 40여 명을 사살하고 10여 명을 생포했다. 5백여 명의 다른 동학농민군 부대는 남쪽으로 10여 리 후퇴하여 저성리(猪城里)에 집결했다. 휴식을 취하며 대오를 점검하고 있을 때 추격해 온 관군과 다시 접전이 벌어졌다. 동학농민군은 다시 전황이 불리하게 전개되자 서산 매현(매봉재)으로 후퇴했다.

(6) 매봉재 전투

11월 8일 저녁 8시, 동학농민군은 매봉재에 진을 치고 있었다. 이때 이두황이 이끄는 관군이 또 기습했다. 동학농민군은 사력을 다하여 항전했다. 이렇게 두어 시간쯤 접전이 계속되었는데, 역시 동학농민군 쪽의 전세가 불리하게 돌아가고 있었다. 바로 이때 동학농민군의 진중에서 예상치 못한 화약이 폭발하여 천지를 진동하고 화약 연기가 앞을 가려 지척을 분간할 수 없었다. 이로 인해 피아간 모두 당황했으나, 동학농민군은 연막을 이용하여 사방으로 흩어져 도주했다. 당시 이 전투에서 관군에게 빼앗긴 동학농민군의 무기는 대포 1문, 천보총 7정, 조총 7정, 창 16자루, 광검(光劍) 1자루, 칼 1자루, 포란(砲卵) 1되, 쟁(錚) 4개 등이다.

매현 전투지는 현재의 서산군 인지면 화수리다. 매봉재(매현) 일대에서 전개된 전투는 공방전이라기보다 일방적인 수세에 몰린 동학농민군의 최후의 전투라고 할 수 있다. 이 전투에서 동학농민군이 가지고 있던 화약이 폭발하여 놀란 틈을 타 관군이 기습했고, 동학농민군은 태안 해안 방향으로 흩어졌다.

관의 정토 기록에 "해미에서 패한 동학농민군 수백 명이 노지면 수현리에 집결했으나 패했다."와 "저녁 먹을 때쯤 싸움이 시작되어 초저녁에 동학농민군이 완전 패했다."라는 두 기록이 있고, 필자가 취재할 당시(1994) 매봉재 아래에 살던 김현욱 옹(당시 84세)의 증언이 기록과 일치했다. 일부에서 매봉재가 음암면 신장리라는 이견도 있지만 필자의 견해로는 인지면 화수리 매봉재가 맞다. 또 다른 이유를 들면, 태안·서산 출신 동학농민군은 연패하는 경황이라 자신들이 지리를 잘 아는 고향 쪽으로 돌아가려 했을 것이다. 곧, 다급하게 쫓기는 동학농민군이 당진 방향인 음암면 신장리로 갔다는 견해는 설득력이 없어 보인다.

이두황군은 이 매봉재 싸움에서 서산 동학농민군 박치용(朴致用) 외 29명을, 해미 동학교도 김지희(金芝喜) 등 5명을 포살했다는 기록이 실증적으로 남아 있다.

(7) 잔혹하게 전개된 유회군의 토벌전

다음 날(11월 10일) 대흥읍에서 장일관(張一官), 강도석(姜道石) 등 동학농민군 19명이 포살당했다. 내포 지역의 전투를 주도하던 이두황이 이끄는 관군 주력은 매봉재 싸움을 끝으로 동학농민군 잔여 세력 토벌을 지방군과 유회군(儒會軍)에게 맡기고 공주성 전투에 참가하기 위해 급히 회군했다. 이때부터 유회군이 서산·태안 지역 동학교도를 색출하여 총살·타살·작두·참살 등 참혹한 피의 보복을 전개하였다.

3) 태안 동학농민혁명 전개 과정

태안의 동학농민혁명사는 ① 경주로부터 직접 유입된 초기 동학 포교와 예포로부터 유입된 동학포교사, ② 9월 재기포를 전후한 관아 습격, ③ 관군과 일본군 유회군(儒會軍)의 동학농민군에 대한 토벌전으로 살펴볼 수 있다. 태안은 내포 지역 동학농민혁명이 치열하게 전개된 곳이어서 태안읍 백화산 어귀 교장(絞杖)바위 아래에 1972년 전국에서 가장 먼저 '동학농민혁명군 위령탑'이 세워졌다.

(1) 태안 지역 동학 포교 과정

태안 지역의 동학은 장현리 최형순(崔亨淳)이 경주 최씨로, 경주로 시제를 다니면서 1890년 무렵에 최시형으로부터 직접 동학을 전수받아 포덕한 것으로 알려져 있다. 최형순 대접주의 포덕으로 서산·태안 지역에 동학이 들불처럼 빠르게 번져 갔다. 그러나 최형순 대접주는 애석하게도 1892년 갑자기 병사하고 말았다.

이듬해인 1893년에 예산의 박희인(=일명 박덕칠)이 옹기장수로 변장하여 이원면 포지리에서 윤세원·장성국을, 원북면 방갈리에서는 조운삼(曹雲三)·문장준·문장로·문구석 등 뒷날 걸출한 동학 지도자들을 차례로 입도시켰다.

태안 지역에 동학 교세가 빠르게 포교된 이유는 너른 들을 끼고 있으며, 풍부한 어장을 갖추었고, 중국의 장사꾼 사신들이 빈번히 출입했던 항구가 있었던 까닭으로 많은 배가 드나들면서 물산의 수탈이 그만큼 극심했기 때문이다.

특히 1893년에 태안 부사 신백희는 충청 감사 조병식(趙秉式)과 공모하여 속전(贖錢)이라는 세목으로 태안 관내의 동학교도들로부터 6만 6천 냥을 강제 징수하는 등 갖은 횡포를 부렸다. 이 같은 수탈 때문에 태안 고을 백성들은 전면에 나서 봉기를 하지 않으면 살 수 없는 현실을 맞게 되었다.

(2) 청일전쟁 시기의 태안

청일전쟁과 관련된 태안 지역 사적은 이헌영의 『금번집략(錦藩集略)』과 서산 유생이 기록한 『대교김씨 피란록』에서 만날 수 있고, 현장 답사에서 만날 수 있다.

먼저, 태안 향토사학자 이재필에 따르면 1894년 봄, 숨은개(현 이원면 관2리) 피꾸지에 일본군 함대의 포격을 맞은 청나라 조원호가 피하다가 숨은개 앞바다 300여 미터 떨어진 바다에 침몰했고, 생존한 청군은 이곳(안화영 씨 댁 부근)에 천막을 치고 주둔했다. 주둔지를 '떼놈³ 터'라 불렀고, 50미터쯤 떨어진 곳에 '떼놈 샘'이 있다. 작은 산 너머 피꾸지에는 '떼놈 총(塚, 무덤)'이 있다. 당시 해변으로 밀려온 수십 구의 청군 시신을 한 구덩이에 매몰한 곳을 일러 '떼놈 총'이라 했다.

그리고 향토사학자 김용규는 현장 답사와 『금번집략(錦藩集略)』에 근거하여 "태안 읍에서태안읍에서 서쪽으로 4킬로미터 떨어진 근홍면 면 소재지에 있는 "와야리(현 근홍면 두야리 왜동)를 떼놈 군대가 주둔했던 자리'라 했다. 뒷산 도당재 자리인데 구수산성이 있어 일본 군대의 추격을 감시할 수 있는 곳이었다. 이는 두야리 2구 출신 한민수 박사가 '수차례 걸쳐서 들은 조부 증언'이라 했다. 이와 연관된 증언으로, 한상훈 씨도 "(떼놈 군대가 머물렀던 곳이니) 밭갈이 할 때 검이 나올 수 있으니 조심하라."라는 말을 자주 들었다고 했다.[4]

위의 두 사실은 앞에서 기술한 『금번집략(錦藩集略)』의 내용과 상충된다. 관아 마당으로 들이닥친 '떼놈' 136명 전원을 다음 날(6월 24일) 아산으로 보냈다고 했기 때문이다. 그러나 이재필, 김용규 두 향토사학자의 견해는 간단하다. 청군이 수차례에 걸쳐 상륙했을 가능성인데, 음포에 남은 청군과 관아로 직접 찾아온 청군 두 집단이 있었다. 청군이 태안 관아에 주둔할 경우 뒤쫓는 일본군의 전화가 두려워 읍에서 가까운 근서 지역(현재 근홍면)에 주둔지를 마련해 줬을 것으로 추측하고 있다.

(3) 9월 그믐날, 방갈리에 동학교도 집결, 관아 습격

태안 지역 동학 활동은 조석헌, 문장준이 서술한 『역사』에 비교적 소상하게 전해지는데, 이에 따르면 당시 관아의 동학교도에 대한 탄압이 어느 지방보다 가혹했다. 일찍부터 동학교도의 활발한 움직임을 감지한 태안 군수 신백희(申百熙)는 중앙정부에 군사를 요청하였고, 순무사 김경제(金景濟)

가 내려와 진두지휘하여 동학 두령 30여 명을 옥에 가두고 가혹한 매질로 생사를 넘나드는 지경에 이르게 했다. 게다가 동학농민군 지도자를 처형한다는 소식이 알려지자 위기에 처한 동학교도들은 급박하게 구출에 나서게 되었다.

9월 그믐날, 방갈리에 동학도들이 모여들었다. 기수대장에 안현묵, 서부대장에 박정백, 북부대장에 이치영… 미리 대오를 치밀하게 편성했다. 동학농민군은 밤새 걸어서 오십여 리 떨어진 태안 뒷산 백화산으로 숨어들었다.

내포 지역 기포지는 근흥면 수룡리에 있는 토성산성(吐城山城)과 원북면 방갈리(현 태안화력발전소 부지), 그리고 남면과 안면도 등 여러 곳이었다.

1894년 9월 그믐, 당시 토성산성에 집결한 동학농민군의 움직임을 보면 다음과 같다. 화순(和順) 접주 문동하(文東夏)가 "살기 좋고 복된 나라를 만들어 자손만대에 물려주자."고 역설했고, 이순화(李順夏) 접주가 격문을 읽자 동학교도와 농민들은 징과 북을 치며 대나무 끝에 동학의 깃발을 꽂아놓고 함성을 울렸다. 신석제(申錫濟) 접주를 기수로 정하고 총지휘는 김양권(金良權)·박성천(朴性天)이 맡았고, 문동하(文東夏)·김철제(金哲濟)·김환제(金煥濟)·김용근(金鎔根)·김용정(金容定)·박성묵(朴性黙)·김치근(金致根)·박봉래(朴奉來)·김한길(金漢吉)·이순하(李順夏) 등 지도자들이 군량미와 무기 관리의 책임을 맡았다.

이때 한용이(韓容履) 접주는 철마산(鐵馬山)에서 기포한 동학농민군 수천 명을 거느리고 토성산성에 도착하여 토성산성 동학농민군과 합류했고, 근서면(近西面)·안흥면(安興面)·원일면(遠一面)·원이면(遠二面)·소근면(所斤面) 등지에서 출병한 동학농민군들이 합류하여 작전 계획을 세우고, 구름처럼 모여들어 태안성을 향해 진군했다.

태안읍 삭선리 진평(陣坪)에 도착했을 때, 이미 원북면 방갈리에서 기포해 백화산에 숨어들었던 장성국(張聖國)·문장로(文章魯)·문장준(文章竣)·안인묵(安仁黙)·김군집(金君執)·조석헌(曺錫憲) 접주 등 수많은 동학도들이 징과 북을 치며 장대 끝에 동학의 보국안민(輔國安民)·제폭구민(除暴救民)·광제창생(廣濟蒼生)의 깃발을 꽂아 함성을 울렸다.

토성산성에서 출정한 병력까지 합류하니 엄청난 군사력을 과시하게 되었다. 여기서 작전 계획을 세우고 대오를 편성하여, 태안 관아를 향해 공격에 나섰다.

위의 기포 상황에 관한 기록을 종합하면, 태안 관아 공격에 나선 동학농민군 세력은 원북면 방갈리에서 온 동학농민군뿐만 아니라 이원면 포지리, 근흥면 수룡리, 남면 안면도 등 태안 지역 사방에서 동학교도가 모여들었다.

박희인 대접주의 함성을 시작으로 성난 동학도들이 태안 군아에 몰려가 옥에 갇혀 있던 동학교도들을 구출하고 태안 부사 신백희와 별유사 김경제를 결박하여 경이정(憬夷亭) 아래에서 타살했다. 태안 동학농민군의 기포는 이렇게 파죽지세로 태안 관아를 점령했다.

태안 관아를 치던 날, 태안 동학농민군의 움직임에 맞춰 서산에서도 관아를 공격하여 군수 박정기와 이방 송봉훈을 참수하고 인부를 압수했다. 문서를 불사르고 군기와 재물과 곡식을 접수하여 진을 치니 태안·서산 지역은 동학 세상이 되었다. 당시 충청 감사 박제순은 태안·서산 수령에게 우호적이었다.[5]

태안과 서산 사태 보고에 다음과 같이 기록되어 있다. "태안부의 좌수(座首) 명광삼(明光三)과 이방(吏房) 김주하(金柱河)를 바로 잡아들여 상세하게 심문하였는데, 그 보고에 고하기를, '9월 26일에 종친부에서 파견한 관원이 본 관아에 와서 귀화하도록 잘 타이르겠다는 뜻을 각 면(面)에 널리 알렸습니다." … "그런데 10월 1일에 이른바 접주(接主)라고 하는 5명을 잡아들여 타이르고 바로 풀어 주었더니, 2일 진시(辰時, 오전 7~9시)쯤에 저들 무리 1만 여 명이 각자 총과 창을 가지고 부안으로 돌입하였습니다. 방어사(防禦使)와 (종친부의) 파견원이 하리(下吏) 김원섭(金元燮)의 집으로 잠시 피신하였는데, 저들이 바로 동헌(東軒)에 올라와서는 (이내) 관사(官舍)와 각 건물에 불을 지르고 방어사와 종친부의 파견원을 구석구석 찾았습니다. 마침내 붙잡혔는데 창으로 마구 찌르고 끝내 칼로 흉악한 짓을 저질렀습니다. 그리고 이방과 좌수는 한꺼번에 잡혀 여러 차례 묶여서 형벌을 받았습니다."(『갑오군정실기 8』, 129쪽)

위의 기록을 보면 동학농민군에 의해 신백희와 김경제가 처형되는 정황은 상당히 구체적인데, 상황이 벌어진 날을 10월 1일보다 하루가 늦은 2일로 기술하여 책임을 회피하려 했다는 것을 알 수 있다. 왜냐하면 여러 기록 정황으로 보아 1일이 틀림없기 때문이다. 이 같은 태안 관아 점령 사실은 충청 감사 박제순 입장에서는 당황스러운 일이었다. 태안과 서산 두 고을 수령과 조정에서 내려온 김경제에 대한 포상을 상신한 마당이었기 때문이다. 박제순의 보고에 다음과 같은 내용이 있었다. "10월 8일 태안(泰安)의 영저리 신태선(申泰善)이 와서 보고한 내용에, '역가(役價)를 징수하기 위해 본 읍에 내려갔더니, (지난) 10월 1일 동도 수천 명이 총을 쏘고 돌입하여 부사(府使)와 종친부에서 파견된 관리를 붙잡아 질질 끌고 장터[場垈]로 나아가서 총과 창으로 마구 찔러서 그 자리에서 죽었습니다.'라고 하였습니다. 비록 태안읍에서 문보(文報)한 것이 없어도, 영저리가 목격한 것을 이미 이와 같이 지적하였으니, 소위 비류들이 이르는 곳마다 창궐한 것을 일일이 들기 힘들지만, 명리를 죽이기에 이르렀으니 매우 놀라운 일입니다. 지금 바로 영교(營校)를 보내어서 그에게 자세히 조사하여 오라고 하였습니다. 그러나

길이 막혀서 오고 갈 수 없으므로, 매우 걱정입니다. 급히 임금께 보고합니다." 이로 보아 조정에 보고된 것은 아무리 빨라도 10월 8일 이후였을 것으로 보인다.

(4) 홍주목 영병 5백 명 출동하여 보복전 전개

태안·서산 관아가 함락되었다는 급보를 접한 홍주목은 영병(營兵) 5백여 명을 급파하여 태안·서산을 수복하고 민심을 수습했다. 그러나 오랫동안 폭정에 시달리고 기아선상에서 고통받던 백성들의 민심을 수습하기에는 역부족이었다.

그 뒤 관·일본군이 난을 평정한다는 구실로 동학농민군을 무자비하게 살육하고 비인도적인 악행을 자행했다. 동학 지도자는 물론 일반 교도와 동학인의 가족들에게도 잔인한 가혹 행위를 서슴지 않았고, 동학교도의 집에 불을 지르고 동학과 무관한 농민까지도 잡히는 대로 살해했다. 토성산성에서 다섯 사람을 한데 묶어 이엉으로 말아서 불을 지르는가 하면, 세 사람을 생매장하기도 했다.

(5) 재기포하여 출정의 기치

이를 참다못해 동학교도와 농민들은 "다시 일어나 싸우지 않으면 살길이 없고, 오직 기포만이 살길이니 다시 일어나자."라고 한목소리를 냈다.

10월 15일, 동학농민군들은 경이정에 모여 척양척왜(斥洋斥倭)의 기치를 높이 들고 다시 기포했다. 22일에 태안 동학농민군은 태안읍을 출발하여 서산을 경유하면서 점차 수가 늘었고, 해미면 귀밀리에 진을 치면서 다시 동학농민군의 수효가 늘어서 동학농민군의 사기가 하늘을 찔렀다. 동학농민군이 운산면 여미벌에 모였을 때는 본격적인 무장투쟁으로 발전하게 되었다.

당진 승전곡에서 관·일본군, 유회군으로 형성된 연합군과 치열한 접전을 벌여 대승을 거두고, 예산 신례원 관작리 전투에서 다시 대승을 거두었다. 그러나 홍주성에서는 신식 무기로 무장한 일본군이 기다리고 있었다. 동학농민군은 홍주성 전투에서 엄청난 피해를 입고 패퇴할 수밖에 없었다.

(6) 관군의 추격 토벌전

홍주성 전투에서 크게 패한 내포동학농민군은 쫓기기 시작했고, 관·일본군, 유회군의 전공(戰功) 다툼의 숨 가쁜 추격전이 전개되었다. 동학농민군은 해미 구산성과 저성에서, 서산 매봉재(매현, 梅峴)에서 연달아 패하였다. 태안으로 돌아왔으나 관·일본군, 유회군의 습격을 받아 수많은 동학농민군이 포로가 되었고, 백화산 '교장바위'에서 교수(絞首)·총살(銃殺)·타살(打殺)로 바위를 피로 물들였다. 태안 관아를 중심으로 태안여고 앞 개울의 '개구랑목 시체더미'뿐만 아니라 샘골 마을, 남문리 냇가, 정주내 등 곳곳에서 관·일본, 유회군의 살육·방화·부녀자 겁탈 등 가혹한 보복이 자행되었다.

(7) 참혹한 토벌전 곳곳에서 자행

관군은 근흥면 수룡리 토성산(土城山) 전투에서는 수많은 동학농민군을 학살했고, 자신들의 전공을 증명하기 위해 작두로 머리를 잘라 이 지역 동학교도의 집에 보관했다는 끔찍한 증언을 동학 후손 이태화(75세) 노인이 증언했다. 당시 동학농민군의 목을 자르는 데 사용했던 작두는 모두 열 개였는데, 그중 작두 한 개는 김중석(金重錫, 근흥면 수룡리 353번지)의 집에서 사용했다. 이를 천도교 9대 태안 교구장이던 문원덕(文源德)이 1964년 동학정신선양회(東學精神宣揚會)를 조직하고 1965년 '동학농민혁명군 유족회'를 결성하면서 본격적으로 유적지와 유족을 찾아다니던 중 1976년 7월 3일에 김중석으로부터 참수작두를 기증받아 몇 년 동안 천도교 태안교구에 보관하다가 현재 독립기념관에 보관되어 있다.(참수작두, 자료번호. 5-001779-000)

이원면 사창 3리 '목네미샘'에서도 목이 없는 동학농민군 몸뚱어리 시신을 오랫동안 방치했다. 여기서 22킬로미터쯤 떨어진 관리의 '통개'에서도 동학농민군 78명이 관군과 유회군에 의해 학살되었다.(사적지 참조)

한편, 그해 12월 13일 순무영 토벌일지에 따르면 유규희(兪圭熙)·최성서(崔聖西)·최성일(崔聖一)·안순칠(安順七)·피만석(皮萬石)을 생포하여 압송했다는 기록이 나온다.

4) 태안 동학농민혁명의 역사적 위상

태안은 충청도 내포 지역의 대표적인 동학농민혁명 투쟁 지역으로, 후기 동학농민혁명 투쟁의 중심지였다는 사실을 앞의 동학농민혁명사 전개 과정을 통해 살펴보았다.

태안 지역의 동학농민혁명사적 위상과 기념관 건립의 필요성을 아래와 같이 정리할 수 있겠다.

1) 태안 지역은 내포 동학농민혁명사의 상징적인 지역으로, 동학농민혁명 당시 태안 곳곳에서 치열한 투쟁 활동이 전개되었다. 관 토벌군과 유회군의 추적에 떠밀려 곳곳에서 동학농민군이 참혹하게 희생되었으며, 내포 지역 동학농민혁명사의 산 교육 장소가 될 것이다.

2) 태안 지역에서는 1978년부터 백화산 기슭에 순수 민간인 모금으로 동학혁명 기념탑을 세워 해마다 추모 행사가 열리고 있는데, 행사의 전통을 잇는다는 점에서 의미가 크다. 이는 당시 서산·당진·예산·홍성·아산

지역의 모금으로 동학혁명기념탑건립위원회를 발족하여 추진한 일로 이미 내포 지역의 대표성을 지니고 있다.

3) 그동안 동학농민혁명 기념사업이 전라도를 중심으로 진행되어 상대적으로 소외되었던 지방 동학농민혁명 기념사업은 전국으로 관심을 확산시키는 계기가 될 것이다.

4) 지방분권화 시대에 지역 역사 문화 관광사업에 일조하게 될 것이다.

3. 태안 동학농민혁명사 문화 콘텐츠 활용 방안

1) 태안 동학농민혁명기념관 건립의 기본 방향

디지털 시대는 역사 문화 콘텐츠 분야에도 큰 영향을 미치고 있다. 특히 문화 콘텐츠[6]는 다른 분야와 달리 디지털 기술과 인터넷의 영향이 무엇보다도 크게 작용한다. 문화 콘텐츠 분야는 예술적 창조성과 지식이 집약된 분야인데, 인터넷과 디지털 기술은 바로 이런 창조 행위와 지식 분야에 큰 영향을 미친다.[7] 태안 동학농민혁명기념관 건립(이하 기념관)은 이런 디지털 시대에 걸맞은 콘텐츠로 기획하여야 한다.

기념관은 태안 지역 동학농민혁명사만의 독특한 성격을 잘 드러내는 방안으로 추진하되, 현재까지 건립된 기념관의 보편성과 특수성을 함께 반영해야 할 것이다. 동시에 기념관 관리 용역을 최소화할 수 있는 효율적인 시스템으로 건립하여야 한다. 실제로 기념관 시설유지비에 부담을 느껴 유치를 포기하는 지역자치단체도 있는 실정이다.

기념관의 외부는 태안 동학농민혁명사에서 가장 비극적 사적지인 교장바위와 수탈과 저항의 사적지인 옛 군청 터 경이정의 역사적인 의미를 유기적으로 연결시키는 방안이 필요하다.

기념관의 내부 구성은 대략 중심 조형물 공간, 시대별 지역별로 나눈 공간을 배치하여 전국 동학농민혁명사적 이해와 충청도 동학의 이해, 그리고 태안 동학의 이해를 도모할 수 있도록 기획하여야 한다. 특히 디지털 시대에 걸맞은 첨단 문화 콘텐츠를 활용하여 입체적으로 기획하여야 한다. 세부 사항은 다음과 같다.

(1) 태안 동학농민혁명기념관의 대표적인 브랜드 창출

대표적인 브랜드를 창출하기 위하여 우선 캐릭터와 이미지를 설정하여야 한다. 예컨대, 태안의 주산 백화산을 본 떠 백화(여)와 산이(남) 아동을 캐릭터화하여 역사와 기념관에 관한 궁금증을 질문하고 대답하는 형식으로 콘텐츠화하면 쉽게 이해할 수 있는 문화 콘텐츠를 이끌어 갈 수 있을 것이다. 캐릭터를 중심으로 태안 동학농민혁명의 스토리텔링화하여, 공유 대상의 연령이나 교육 수준에 따라 태안 지역 동학농민혁명사 안내 소책자, 태안 동학농민혁명 테마 관광지도, 리플릿, 만화, CD매체, 다큐멘터리 동영상 등 다양한 문화 콘텐츠를 제작하여 이를 직접 보급하거나 인터넷을 통해 소개할 수 있을 것이다.

(2) 태안 동학농민혁명기념관 홈페이지 제작과 구성

인터넷으로 유통되는 문화 콘텐츠의 분야는 다양하지만, 기념관의 홈페이지는 기본적으로 모든 역사 문화 콘텐츠의 핵심이다. 왜냐하면 기념관 내외를 구성하는 확정된 문화 콘텐츠가 홈페이지에 고스란히 반영되기 때문이다. 따라서 기념관의 홈페이지는 역사가 살아 숨쉬고, 지역의 관광 · 역사 · 문화 · 생활 등 모든 정보 분야가 현재적으로 살아 움직이는 공간이라야 한다.

이를 위해서는 모든 문화 콘텐츠의 기본 자료인 역사 연구를 모으고, 이를 통합 조정하는 과정이 필요한데, 1차적 목표가 인터넷 홈페이지 구성이다. 이를 위해서는 무엇보다 역사적 사실이나 인물 정보에 관한 확정 과정이 필요하다. 이를 연보로 정리하여 체계화할 필요가 있겠다.[뒤 부록 2 : 동학농민혁명사 연보(태안과 내포 지역을 중심으로) 참조]

이렇게 확정된 사료를 기준으로 내부 구성을 기획할 수 있다. 홈페이지 제작이 어떤 의미로는 스토리텔링의 확정 작업이며, 모든 문화 콘텐츠의 대본인 셈이다.

(3) 기념관 외부의 사적지 연결 방안 마련

기념관 건물을 중심으로 1894년 당시 권력의 상징이자 투쟁의 상징적인 장소인 옛 군아 터와 희생의 상징인 교장바위, 유회군 활동의 중심이었던 태안 향교, 태안 관아 습격 전에 진을 쳤던 삭선리 진터와 백화산 기슭, 동학농민군의 시신이 버려졌던 개구랑목 등 인근 사적지가 유기적으로 연결된 문화 콘텐츠를 기획하여야 한다.

다음과 같은 스토리텔링이 문화 콘텐츠 안에 녹아들어야 한다.

"관의 수탈로 더는 살 수 없는 시대인 1893년에 예산의 박희인(=일명 박덕칠)이 옹기장수로 변장하여 이원면 포지리 원북면 방갈리로 숨어들어 포덕하게 된다. 동학은 순식간에 태안 전역으로 퍼져 나간다. 1893년에 태안 부사 신백희는 충청 감사 조병식(趙秉式)과 공모하여 속전(贖錢)이라는 세목으로 태안 관내 동학교도로부터 6만 6천 냥을 강제 징수하는 등 갖은 횡포를 부렸다. 1894년 정월 전라도 지역에 동학교도의 움직임이 심상치 않게 되자 군수 신백희와 순무사 김경제가 군사를 풀어 동학교도 30여 명을 잡아들여

고문하고 마침내 처형을 앞두게 된다. 태안 관아 이방 김엽춘이 긴박한 소식을 예포에 알려 방갈리와 포지리를 비롯한 온 군의 동학교도가 일제히 기포하여 백화산 기슭에, 태안읍 삭선리 진벌에 모여 진을 친다. 10월 초하룻날, 동학농민군이 들이쳐 군아에 갇혀 있던 동학교도를 구출하고 군수 신백희와 순무사 김경제 등을 장살하면서 태안은 동학 세상이 된다. 태안 동학농민군은 여미벌로 옮겨 승전곡 전투에서, 예산 관작리 전투에서 일본군과 관군을 크게 물리친다. 그러나 미리 일본군이 들어와 진을 친 홍주성 전투에서 크게 패한다. 계속 수세에 내몰린 동학농민군은 해미성 전투, 매봉재 전투에서 연패하게 된다. 태안으로 들어온 태안 동학농민군은 백화산 교장바위에서 학살되어 바위를 피로 물들였다. 그리고 사정전 밖 개구랑목에 처형된 동학농민군의 시신이 버려졌다."

스토리텔링에 등장하는 장소인 목애당(牧愛堂, 경이정), 백화산 교장바위, 백화산 기슭, 진벌, 개구랑목이 녹아든 콘텐츠가 필요하다. 위의 장소는 모두 22킬로미터 내외의 반경에 있으므로 둘레길을 조성하여 콘텐츠화하는 방안도 필요하다. 태안군 사적지 탐방 둘레길인데, 이를 바탕으로 예산·당진·아산·홍성·서산 등 내포 동학 둘레길로 확장해야 한다. 위의 콘텐츠는 기념관 내부와 유기적인 연결이 필요하다.(뒤에 둘레길 1, 2, 3 참조)

(4) 기념관의 내부 구성의 기본 방향 기획

태안 동학농민혁명기념관은 태안 지역 동학농민혁명사를 중심으로 기획하되, 전국과 충청도 및 내포 지역 동학농민혁명사를 유기적으로 연결해야 한다. 이를 위해 몇 가지 구성 요소를 제시한다.

① 동학농민혁명의 역사적 배경과 전개 과정, 충청 지역에 전개된 청일전쟁과 태안 지역 동학농민혁명 전개 과정을 통해 동학농민혁명의 정신을 이

해하고 계승할 교육의 장과 희생자의 추모 공간으로 구성해야 한다.

②추모 공간을 비롯한 전시 콘텐츠는 아동 청소년과 가족이 함께 이해할 수 있는 수준으로 '태안 동학농민혁명사의 스토리텔링'을 먼저 구상하고, 동시에 이를 이해할 수 있는 수준의 콘텐츠로 전시 공간을 배치한다.

③태안 지역 동학농민혁명은 청일전쟁과도 밀접한 연관이 있으므로, 청일전쟁과 관련된 내용을 스토리텔링화하여 전시에 반영한다.(사적지 중 숨은 개 떼놈 터, 떼놈 총(塚) 참조)

④특히 전시 공간은 태안과 서산, 아산, 당진, 예산, 홍성 등 태안 인근 지역 사적지를 입체적으로 활용해야 한다.

⑤전시 공간에는 유족들의 사료와 유품, 향토사학자들의 연구 사료를 적극 활용하여 현장성을 부각한다.

⑥동학농민혁명사를 테마로 한 전시가 교육과 체험학습이 연계되도록 하는 콘텐츠 방안을 마련한다.

⑦기념관을 찾은 관람객들이 이 지역 동학농민혁명 사적지를 돌아볼 수 있는 둘레길을 조성하고 이를 위한 표지판 제작과 지도 제작 등 콘텐츠 활용 방안을 동시에 마련해야 한다. 이는 지자체와 미리 논의해야 할 내용이다.

(5) 공간 구성 요소

■상징적인 조형물

태안 지역 동학농민혁명을 대표할 수 있는 조형물을 제작하여 주된 공간에 배치한다. 이는 태안 관아 점령 장면, 예산 관작 전투 장면, 홍주성 전투 장면, 해미성 전투 장면을 종합하여 배치하거나, 작두 참살의 비극성이나 백화산 교장바위의 비극성을 상징하는 종합적인 이미지의 조형물도 좋을 것이다. 최초 기포지 방갈리와 포지리의 활동을 상징하는 조형물도 좋겠다. 아니면 위 여러 상황을 파노라마식으로 연결한 이미지를 보여주는 것도 한 방안이다.

■ 동학농민혁명사 흐름 이해(도판 제작으로 공간 배치)

① 전국, 충청남도의 동학농민혁명의 흐름 속에서 태안 지역 동학농민혁명사의 사적 전개를 한눈에 이해할 수 있도록 도판을 만든다.

② 특히 태안을 중심으로, 인근 지역인 서산·당진·해미·예산·홍성 지역의 동학농민군 활동을 알 수 있는 도판을 제작한다.

* 앞의 태안 동학농민혁명사 전개 과정 참조.

* 부록2 동학농민혁명 연표(태안 및 내포동학농민군 활동을 중심으로) 참조.

* 순무선봉진 장위영 영관 겸 죽산 부사 이두황 부대의 내포 지역 동학농민군 진압 경로와 일지 참조.(아래)

회인 출발(10월 17일) → 부강점 유숙(10월 17일) → 연기 봉암동 주둔(10월 18일) → 목천 세성산 전투(10월 21일) → 연기 도착(10월 26일) → 4개 소대 광정 출발(10월 29일) → 순무선봉진 명령에 따라 예산·합덕 지역 동학농민군 진압 → 온양 주둔(11월 3일) → 신창 주둔(11월 4일) → 오가역 탑리 주둔(11월 5일) → 덕산읍 주둔(11월 6일) → 해미 읍성 기습 토벌(11월 7일) → 2소대 서산·매현 토벌(11월 8일) → 1개 중대 병력 해미 읍성 귀환(11월 9일) → 홍주성 주둔(11월 9일) → 공주 유구 주둔(11월 11일) → 공주 이인 주둔(11월 14일) → 노성 주둔(11월 16일)

* 일본군 후비보병 제6연대 제6중대장 야마무라(山村忠正) 부대의 내포동학농민군 진압 경로와 일지 참조. (아래)

서로군 천안 집결 : 87명, 소위 1명, 경군(10월 17일) → 아산 주둔(10월 19

일) → 예산 주둔(10월 22일) → 신례원 · 합덕 거쳐 면천성 주둔(10월 23일) → 면천 승전곡 전투(10월 24일) →아카마스 고쿠보(赤松國封) 소위 홍주성으로 패퇴(10월 25일) → 서로군 일부 공주로 진격 → 사이토(齊藤) 소위 부대 서산 · 태안 지역 동학농민군 토벌(11월 12~13) → 홍주 주둔(11월 17일) → 야마무라(山村忠正) 대위 부대 해미에서 동학농민군 토벌 · 압송(11월 14일) → 서산으로 진군 → 덕산에서 인천으로 돌아감(11월 18일)

■ 영상관

① 전국 혹은 충청남도, 태안 지역 동학농민혁명의 전개 과정이 담긴 스토리텔링을 바탕으로 영상물을 제작하여 관람객이 쉽게 이해할 수 있도록 한다. 앞에서 제안했던 아동 캐릭터(백화와 산이)를 등장시켜 활용하는 방안도 좋겠다.

② 영상물은 한 편에 종합할 방법도 있겠지만 ㉮ 전국 동학농민혁명의 이해 ㉯ 충청남도 동학농민혁명의 이해 ㉰ 태안 지역 동학농민혁명의 이해 등으로 편을 나누어도 체계화해도 좋겠다.

(6) 태안 지역의 사적지를 파악할 수 있는 도판과 조형물을 제작

필요에 따라 길 안내 형식으로 기획된 지도 화면 영상이나 동영상 제작 등 다양한 콘텐츠를 활용하는 방안도 좋겠다. 평이한 방법이지만, 태안군 지도 각 위치에 ① 포교지(푸른 등) ② 기포지(붉은 등) ③ 처형지(백색 등 혹은 검정색 등)를 점멸(點滅)로 구별해 주는 것도 한 방법이 될 것이다.

(7) 태안과 주변 지역 주요 사적지

○ 태안

• 최초 동학 포교지이자 기포지인 포지리와 방갈리(현 (현 태안읍 원북면 방갈리, 이원면 포지리) : 예포의 박덕칠(일명 박희인)이 옹기장수로 위장하여 이원면 포지리와 원북면 방갈리에 잠입해서 동학을 포교했다. 사진은 동학 포교지와 기포지 방갈리(현재는 태안화력 발전소)와 학암포

이원면 관리 숨은개[隱浦] 사적비 (현 태안군 이원면 관리) ; 향토사학자 이재필 씨가 태안의 동학 포교 활동과 이원면 동학 사적을 기록했다.

• 숨은개 떼놈 터 : (현 이원면 관 2리) 해안에서 작은 산 너머 자리에

일본군의 포격을 맞은 조원호가 피하다가 숨은개 앞바다 300여미터 떨어진 바다에 침몰했고, 생존한 청군은 이곳(안화영 씨 댁 부근)에 천막을 치고 살았다. 50M 떨어진 곳에 떼놈 샘이 있다.

• 숨은개 떼놈 총(塚) : (현 이원면 관2리, 피꾸지) 떼놈 터에서 능선 북쪽 너머 피꾸지에 있는 청군 무덤터. 당시에 해상에서 해변으로 밀려온 청군 시신 수십 구를 한 구덩이에 매몰한 곳을 일러 떼놈 총이라 했다.

• 와야리 떼놈 주둔지(현 근흥면 와야리, 두야리 왜동) : '청일 전쟁 때 떼놈 군대가 머물렀던 자리'라 했다. 당시 뒷산 도당재에는 당집이 있었고, 구수산성이 있어서 일본군의 공격에 대비할 수 있는 전략적인 자리였다.

• 철마산(鐵馬山) 기포지(현 충청남도 소원면 소근리) : 동학농민군 한용이(韓容履) 접주가 이곳에서 기포의 기치를 올렸다.

• 진벌(현 태안읍 삭선리 진벌) : 태안 관아를 점령하기 위해 이곳에 진을 쳤다. 1894년 9월 그믐날 밤 원북면 방갈리에서 장성국·문장로·문장준·안인묵·조석헌·문구석 접사 등 수천 명, 근흥면 수룡리 토성산에서 기포한 김철제·김환제 형제를 비롯한 500명, 소원면 영전리 철마산에서 기포한 한용이 접주와 박정백 대정이 거느린 300여 명, 남면·안면도에서 기포한 주병도 수접주가 거느린 수백 명이 합류하여 진을 치고 작전 계획을 세

위 먼동이 틀 무렵 태안성 공격에 나섰다.

• 동학농민군 위령탑 및 백화산 교장바위(태안읍 향교마을 백화산 기슭) : 동학농민군이 9월 30일 밤 이곳에 진을 쳤다가 태안 관아에 쳐들어갔고, 여미평가지 진출했다가 내포 전투를 치르고 홍주성 전투에 패한 뒤 이곳에서 전투를 벌였고, 동학농민군의 학살 터가 되었다. 교장바위는 교살과 장살된 바위라는 뜻이다.

• 동학농민군 태안 관아 습격 유적(목애당, 경이정, 현 태안읍 남문1리 300-7) : 동학농민혁명 당시 태안 동헌을 둘러싼 공방전이 있었고, 참혹한 보복 살상전을 벌였다. 특히 동학농민혁명 초기인 9월 말, 태안 동학농민군은 옥에 갇힌 동학농민군 지도자 30여 명을 구출하기 위해 태안 동헌을 습격했다. 동학농민군 지도자를 구출하면서 군수 신백희와 순무사 김경제를 타살했다.

• 토성산성 전투 사적지 및 동학농민 학살터(현 근흥면 수룡리) : 관군과 일본군은 동학농민군을 색출하여 총 개머리판으로 머리를 내리쳐 잔인하게 죽이고, 머리를 잘라서 산 아래로 내던져 밑에서 머리를 주워 창에 꿰어 들고 다니거나, 집 추녀에 매달아 놓았다. 또 산 사람을 집에 가두고 불을 질렀다. 11월 16일 살을 에는 혹한에 화순리 김철제·김환제를 비롯하여 김

용근·김용정 형제와 마금동(磨金洞) 박성천·박성묵 형제가 끌려와 작두에 의해 처형되었다.(수많은 동학군을 학살하고 자신들의 전공을 보여주기 위해 작두로 머리를 잘라 이 지역 동학교도의 집에 보관했다고 증언한 이 마을 동학 후손 이태화(75세) 노인)

- 토성산 아래 동학농민군 우물터 마파지샘(현 근흥면 수룡리)
- 동학농민군 학살지 목네미샘(현 이원면 사창 3리)

(사진, 동학군의 목이 없는 시신을 이 샘에 오랫동안 방치했다.)

- 통개 동학농민군 집단학살터(현 이원면 관1리) : 숨은개는 서쪽 파금산 사방이 산골인 삼덕마을 하단 해변 사구 지대를 통칭한다. 통개는 숨은개 쪽에서 바닷물이 들어왔다 나가는 지역을 이르는 말이다. 관군은 동학농민군 수십 명을 체포하여 이곳 통개에서 학살했다.

• 개구랑목 처형터[사정전 개울(射亭前 溝渠), 현 태안여고 북쪽 개울] : 수많은 동학농민군이 학살되어 뒷날까지 인골이 돌아다녔고, 비 오는 날에는 아비규환의 괴성이 들렸다. 이원면 사창리 정재범(일명 逸名)의 아내 윤 씨는 이웃집 몽갱이 노인으로부터 개구랑목에서 남편이 죽었다는 소식을 들었다. 정일명의 시신을 하관하자 그 옆에 있는 소나무 가지에 목을 매고 자살했다. 동학 소설『동학군의 아내』에서는 관 옆에서 죽었다.

• 모래기재 처형터[砂峴, 현 태안읍 남문리] : 원북면 방갈리 박귀만 접사 등 수백 명이 총살당했다. 동해리 가병필은 불태워 죽였다. 유족은 시신을 수습할 때 타다 남은 대님을 보고 겨우 구별하여 시신을 찾아 장사를 지냈다.

• 정주내 처형터[碇舟川, 현 태안읍 남문리] : 1894년 11월 20일 무렵에 안면도 사람들이 여기서 배를 타고 야밤에 도망가려다 유회군의 밀고로 일본군과 관군에 발각되어 동학농민군 백여 명이 희생되었다. 원북면 방갈리 문장로 수접주의 장남 문구석은 아버지 대신 붙잡혀 22세의 꽃다운 나이에 정주내 버드나무 아래에서 총살당했다. 그의 새댁 최장수가 시신을 나무동이에 묶어 머리에 이고 집으로 돌아와 나뭇간에 임시로 묻었다가 뒷날 장사 지냈다. 그 뒤 최장수는 역적의 아내라 하여 태안 관아에 끌려가 군수의 집종이

되었다가 시동생 문병석이 관료들에게 뇌물을 주어 풀려나게 했다. 최장수는 혈육 없는 청상과부로 시부모를 극진히 봉양하고 살았다.

　* 기타 태안 동학농민혁명사를 이해하는 데 도움이 되는 태안 및 주변 지역 사적지

　○ 서산
　• 동학농민군 서산 군아 습격(현 서산시 읍내동 492)
　• 동학농민군 원벌 집결 터(구 원평초교, 현재 원평학생야영장, 현 서산시 운산면 원평리 271, 284 일대) : 동학농민혁명 제1차 봉기 당시 내포지역에서 최초로 동학농민군이 봉기했던 장소, 김윤식의 『속음청사』에 따르면 "운산면 용현리(龍賢里) 보현동(普賢洞)에 있는 이진사(李進士)를 응징하기 위해 통문을 돌려 약 3백 명이 원벌에 모였다"고 했다.
　• 해미성 싸움터(해미읍성, 현 해미면 읍내리 16)
　• 매현 싸움터(매봉재, 현 인지면 화수리)

　○ 홍성
　• 홍주성 전투지(현 홍성읍 오관리 200-2)
　• 홍주 동학농민군 의사총(현 홍성읍 대교리 산124-2)

　○ 예산
　• 박인호 대접주의 유허비(현 예산군 오가면 양막리 51-1) : 동학농민혁명 시기 예산 지역 동학농민군을 이끈 지도자. 뒷날 4대교주가 되었다.
　• 박인호 대접주의 생가터(현 예산군 삽교읍 하포리 114-2)
　• 관작리 전투지[빙현(氷峴), 현 예산읍 관작리 산 3-1] : 일명 신례원 전투지

로도 알려졌으며, 내포동학농민군의 최대 승전터. 〈예산동학농민혁명기념
사업회〉에서 기념공원을 조성했다.

• 예포대도소 터(목소리, 혹은 목시, 현 예산군 삽교읍 성리 410-7, 410-10 일대)
: 동학농민혁명 당시 예산지역 동학농민군의 대도소가 설치되었던 곳. 현
위치에 〈예산동학농민혁명기념사업회〉 안내판 설치.

○ 당진
• 승전곡 전투지(현 당진읍 구룡리 당진읍 구룡리)
• 동학농민군 집결지(현 당진읍 운산면 여미리)
• 당진 동학대도소 터(현 당진시 수청리 띠울골) : 한 때 3세 교주 손병희 선
생이 숨어 지낸 곳이다.

○ 아산
• 동학농민군 점령지, 온주아문 및 동헌(아산시 읍내동 159-2) : 아산동학
농민군이 관아를 점령하여 무기를 탈취했다.
• 아산항, 아산 동학농민군 태안 방갈리 포구에 잠입(현 아산만 방조제)

2) 태안 동학농민혁명기념관의 공간 구성 및 전시 자료

(1) 동학의 사상과 동학농민혁명사를 이해할 수 있는 유물 전시장

(1) 동학정신을 현창(顯彰)할 동학경전『동경대전』,『용담유사』
(2) 태안 지역의 동학농민군 희생의 상징인 작두(독립기념관 소장) 선혈이
낭자한 교장바위와 교형(絞刑)에 쓴 밧줄, 장살(杖殺) 때 쓴 몽둥이 등의 유물

(3) 문장로 · 조석헌이 서술한『역사』자료(태안읍 천도교 태안교구)

(4) 문영식 내포유족회장 댁에 소장하고 있는 동학교도 유물들을 대여 혹은 기증을 받아 별도의 공간에 배치하는 것도 한 방안이다. (사진 : 문영식 내포유족회장과 소장하고 있는 동학 유물, 화면은 일부)

○『북접일기(北接日記)』: 서산 출신의 동학 접주 조석헌(曺錫憲)이 1894년부터 1918년까지 자신이 경험한 내용을 사실적으로 정리한 기록. 1908년에 정리한 초고본, 1931년에 이를 다시 정리한 개정본이 있다. 2006년,『문장준역사』를 포함하여 현대어본이 발간되었다. 태안과 서산 일대의 동학농민혁명 상황을 상세히 알 수 있게 된 데에는 이 기록이 큰 몫을 했다. 동학농민군 참여 당사자가 남긴 생생한 역사 자료라는 점에서 가치가 있다.

■『曺錫憲歷史』(曺錫憲 著)(포덕 34년)

■『조석헌역사』(포덕 50년)

■『조석헌역사』(포덕 64년)

■『북접일기-태안접주 조석헌과 문장준의 동학농민혁명 일기』: 박맹수, (원광대학교) 교수가『조석헌역사』의 원문 자료를 주해했다. 주요 내용은 동학농민전쟁 때 충남 서북부 지역을 중심으로 활발한 활동을 전개했던 태안 지역 출신 동학 접주 조석헌과 문장준의 활동 기록인『조석헌역사』와『문장준역사』를 현대어에 맞게 번역, 간행한 것이다. 1894년 내포 지역 및 북

접의 동학농민 활동을 연구하는 데 귀한 자료가 된다.

○ 『문장준역사』 : 동학농민혁명에 참여한 본인이 내포 동학 활동을 간략하게 기록한 문헌(『북접일기』 참조)

○ 『홍양기사(洪陽記事)』 : 구한말 청양 출신 임한주(林翰周)가 쓴 의병 활동 기록. 주로 1896년과 1905년에 홍주성을 중심으로 활동한 의병의 활약을 기록했다. 이를 토대로 의병총으로 추정하고 있으나 동학농민군의 무덤일 가능성이 크다.

(2) 태안 지역 사적지를 돌아볼 수 있는 지도와 도판 제작

* 둘레길 기획은 사적지 안내 도판 제작과 동시에 이루어져야 한다.

(1) 둘레길 1 (도보) : 태안 동학농민혁명기념관을 중심으로 한 도보 순례 지도(백화산 교장바위와 기념탑 → 경이정과 옛 군청 터 → 사정전 개구랑목(태안여고 앞) → 모래기재 처형터[砂峴, 현 태안읍 남문리] → 정주내 처형터[碇舟川, 현 태안읍 남문리] → 진벌(현 태안읍 삭선리) → 와야리(현 근흥면 두야리 왜동) 청군 주둔지

(2) 둘레길 2 (차량) : 태안을 중심으로 한 동학 사적지 탐방 지도

• 참고 : 태안 지역 주요 사적지를 중심으로

(3) 둘레길 3 (차량) : 태안과 내포 지역 동학 사적지 탐방 지도

• 참고 : 내포 지역 사적지 참조

(3) 동학농민군 인물 소개와 추모 공간

(1) 순국선열의 추모 공간과 부수 공간으로 구성 : 태안 동학 지도자의 활동을 보여주는 스토리텔링을 구축하고 이를 담은 멀티미디어 영상과 도판 등으로 구성한다.

(2) 추모 공간은 기념관의 중심 시설로 기획해야 한다 : (제안적 사례) 대지를 상징하는 공간에서 영혼이 아지랑이처럼 가물가물 솟아오르고, 이를 나비 혹은 꽃으로 형상화하며, 별이 뜬 하늘에는 이름이 별빛으로 반짝거린다. 하늘과 땅을 이어 주고 영혼을 위무하는 음악 배경도 좋겠다. 이는 디지털 영상을 응용하여 형상화하면 효과적일 것이다.

- 참고 1 : 태안 지역 동학농민혁명 참여자 및 희생자 명단 참조
- 참고 2 : (3) 인물지 참조

(3) 인물지

- 최형순(崔亨淳, ?-1892) : 서산 지곡면 장현리(長賢里) 출신. 1890년 3월, 동학 제2대 교주 해월 최시형 선생을 방문하고 동학에 입도. 서산·태안 지역에 동학교리를 포교했다. 집에서 가까운 태안 이원면 포지리와 원북면 방갈리를 오가며 포교했으나 애석하게도 1892년 갑자기 병사했다.

- 박희인(朴熙寅, 異名 : 德七)은 1893년에 옹기장수로 변장하여 가시내(開市浦)에 들어와서 조운삼(曹雲三)을 입도시키고, 갈머리로 들어가서 문장준(文章竣)과 문장로(文章魯)·문구석(文龜錫) 부자를 입도시켰다.

- 장세화(張世華, ?-1926) : 갑오년 3월에 대정이 되었으며, 그해 10월 박인호의 기포령에 호응하여, 면천·당진·덕산·홍주성 전투에 참전했다. 동학농민혁명 이후 접주, 천도교 서산군 교구 교구장을 역임했으며, 1926년에 환원했다.

- 문장준(文章峻, 1861-1909) : 본관은 남평. 1892년에 입도. 문장준이 접주로 있던 태안군 원북면 방갈리에서 기포하여 동학농민혁명을 이끌었다. 문장준은 『역사』라는 짤막한 회고록을 통해 동학 및 천도교 지도자로 활동했던 1894년 9월부터 1923년까지 경험한 동학 및 동학농민혁명사의 기록을

남겼다.

- 조석헌(曺錫憲, 1862-1931) : 서산군 원북면 신두리(薪斗里)에서 태어나 1894년 3월 박희인을 통해 동학에 입도. 5월에 태안 파도 접주에 선임되었다. 9월 들어 태안 군수 신백희와 안무사 김경세가 인근 두령들을 체포하려는 계획을 탐지하고 근동 지역 접주에게 연락하여 기포. 10월에는 태안에서 동학농민군을 이끌고 봉기하여 당진의 승전곡 전투, 신례원 전투, 홍성 전투 등에 참가했다. 그 후 1931년까지 동학교단에 관여하면서 겪은 일을 『역사』라는 회고록으로 남겼다. 이 문헌에는 1894년 10월 태안과 서산 동학농민군이 기포하는 과정, 승전곡 전투 등 여러 전투 상황, 1895년 이후 최시형의 피신 과정과 동학교단 지도부의 동학 재건 활동, 1906년 이후 충남 서부 지역의 천도교 활동 등이 상세하게 기록되어 있다. 조석헌은 동학농민혁명 이후에는 천도교 신앙 활동을 계속하여 1924년 천도교 예산 교구 종리사로 활동했다.

- 문구석(文龜錫, 접사, 1872-1894) : 문장로(文章魯)의 아들로, 부자 동학교도. 갈머리[葛頭里] 출신으로, 박희인으로부터 동학교리를 전수받았다. 태안 대장 김엽춘, 북부대장 이치영 등 수 백 명의 동학농민군과 함께 정주내에서 총살되었다.

- 김엽춘(金葉春, ?-1894) : 태안 관아 이방(吏房)으로 동학교도. 1894년 9월 30일, 옥에 갇혔던 동학 두령들을 처형한다는 정보를 예포(禮包)에 알려서 태안 동학농민군이 기포하는 데 결정적인 역할을 했으며, 근흥면 수룡리에서 총살되었다.

- 이치영(李致榮, ?-1894) : 동학교도, 동학농민혁명 당시 중정(中正)이었다. 태안 동학농민군이 기포할 때 북부대장으로, 태안 관아를 공격할 때 앞장섰다. 근흥면 수룡리에서 총살되었고, 유회군은 작두로 그의 목을 잘라

용대기 꼭대기에 매달아서 50여 리가 넘는 방갈리까지 행진하여 경계 효시 했다. 이치영을 처형할 때 사용했던 작두가 현재 독립기념관에 보관되어 있 다.

• 김용근(金鎔根, 1869-1894, 접주) : 글 읽기를 좋아하는 선비 출신으로, 동 학에 입도하여 접주가 되었다. 근흥면과 소원면에 포교하여 많은 교도를 거 느렸다. 9월 그믐날 토성산에서 동생 김용정과 이웃 친구인 김철제·김환 재 형제 그리고 김양권·박성천·이순하·신석제 등 지도자와 함께 진벌 [陣坪, 현 삭선리]로 행진했다. 교도를 인솔하여 전투에 참여했다가 패퇴하여 신진도 외가에 피신했다가 11월 16일 관군에 체포되어 토성산에서 작두로 참수당했다. 당시 나이 25세였다. 그의 부인의 울음소리가 무려 40년 동안 이나 그치지 않아서 그녀를 '우는 할머니'라고 부르고 열녀문을 세우려 했 으나 일제 앞잡이의 밀고로 성사되지 못했다. 일제는 그의 재산을 몰수하고 살던 집마저 불태워 집터에 불탄 흔적과 검은 재(灰)가 남아 있다.

• 박성천(朴性天, 1861-1894) : 근흥면 마금리 출신으로, 생활에 여유가 있 는 양반집 맏아들이었다. 일찍이 사마시(司馬試)에 응시하여 진사(進士)가 되고, 다음 해에 복시(覆試)에 합격한 뒤, 무과(武科)에 급제하여 병마절제사 (兵馬僉節制使)에 임명되었다가 모략으로 사직하고 낙향하여 아이들을 모아 놓고 훈학했다. 토성산에서 동학농민군들이 기포하여 태안 관아를 칠 때 총 지휘자가 되어 군량미와 무기를 공급했으며, 뒷날 토성산성에서 작두로 참 수당했다. 그가 살던 집은 관군과 일본군들이 방화하여 소실되었다.

• 김정제(金貞濟, 1861-1894) : 근흥면 수룡리 출신. 일찍이 진사에 합격했으 나 동학사상에 심취하여 포교에 힘써 접주가 되었다. 1894년 10월 동학농민 군이 봉기하자 여러 전투에 참가하여 전공을 세우는 등 많은 활동을 했으나 홍주 전투에서 패한 뒤 신진도로 피신했다가 안기리에 사는 모씨의 밀고로

관군에 의해 체포되어 토성산성에서 작두로 처형되니 당시 나이 26세였다.

• 신석제(申錫濟, 1861-1894) : 부잣집 아들로 태어나 사랑채에 독선생을 모시고 한학을 배웠다. 뒷날 사랑방에 서당을 마련하고 인근 동네에서 가정 형편이 어려운 아이들을 모아 놓고 훈학했는데, 동네 친구인 이순하 접주의 권유로 동학에 입도하고 신동(新洞) 접주가 되어 주변 마을을 다니며 포교했다. 6척 장신에 힘이 장사였던 그는 9월 그믐날 토성산성에서 태안성을 점령할 때 기수대장이 되었다. 10월 24일 당진 면천의 승전곡 전투에서 앞장섰다가 총상으로 전사했다. 그 뒤 관군과 일본군에 의해 가옥이 전소되었다.

* 태안 동학농민혁명 희생자 참조 : 사단법인 갑오동학농민혁명태안군기념사업회에서는 태안·서산 등 내포 지역의 동학 희생자 290명의 명단을 작성했다.

• 태안(泰安) 지역 토벌 사망 일지 : 유규희(兪圭熙)·최성서(崔聖西)·최성일(崔聖一)·안순칠(安順七)·피만석(皮萬石), 순무영 압송. 1894.12.13.

• 해미 지역 토벌 일지 : 김지희(金芝喜)·이금봉(李金奉)·이학봉(李學奉)·김성운(金成云)·강성칠(姜成七) 등 5명, 매봉재 싸움에서 전사 혹은 이두황군에 의해 포살. 1894.11.09.

• 서산 지역 토벌 일지 : 박치용(朴致用)·진삼달(陳三達)·유정축(柳丁丑)·노용준(魯用俊)·유종월(柳宗月)·김순희(金順喜)·김상길(金相吉)·이희순(李喜順)·김선칠(金先七)·문정봉(文丁奉)·이중국(李重國)·신철희(申哲熙)·안인수(安仁洙)·신헌명(申憲明)·김만희(金萬喜)·최덕수(崔德水)·장재현(張在玄)·안성범(安聖範)·임창재(林昌才)·김순필(金順必)·이영식(李榮植)·김학봉(金鶴鳳)·송만복(宋萬卜)·이정운(李正云)·심인수(沈仁水)·방태봉(方泰奉)·김금록(金수祿)·신동희(申東喜) 등 29명, 서산 매봉재 싸움에서 전사 혹은 이두황군에 의해 포살. 1894.11.09.

(4) 기타 무명 동학농민군 스토리텔링

* 부록 1 : 스토리텔링 자료, 동학 소설『동학군의 아내』참조

(5) 동학농민혁명사 연구 자료 전시

전국, 충청남도, 태안 지역 동학농민혁명사 관련 연구 서적을 모아 전시하는 공간도 필요하다.

* 충청남도 및 태안 동학농민혁명사 자료 목록(참고문헌 참조)

(6) 태안 동학농민혁명과 관련된 각종 신문 잡지 기사

(7) 문학작품, 동학 기행문 등을 수집하여 전시한다.

예1) 채길순, 대하역사소설『동트는 산맥』1-7, 2000, 신인간사.

예2) 조산강,「동학당의 아내」,[8] 단편실화소설, 남편의 죽음을 비장한 죽음으로 갚은 동학군의 아내 사연.

예3) 채길순, 동학 1백주년 기념 기획연재 〈동학기행〉―서산·태안편,《충청일보》, 1994.5.4.

예4) 채길순,「동학농민혁명 현장을 찾아서」,《충청일보》, 2007.3.4-9.3. 24회(〈4 태안편〉외)

예4) 채길순,「동학혁명의 현장을 찾아서」〈태안편〉,《신인간》, 2008.2.

(8) 태안 동학농민혁명기념관 홍보 전략

기념관의 홍보 방안을 구체적으로 마련해야 한다. 이는 홈페이지 자료를 기본으로 제작해야 한다.

(9) 소책자 · 관광 지도 · 리플릿 등 제작

앞에서 제시한 캐릭터를 중심으로 태안의 동학농민혁명이 담긴 태안 지역 동학농민혁명사 안내 소책자, 동학농민혁명 테마 관광 지도, 리플릿, 만화, CD매체, 다큐멘터리 동영상을 제작하여 이를 직접 보급하거나 기념관 홈페이지를 통해 소개하고, 캐릭터의 상품화도 추진한다.

(10) 태안 동학농민혁명기념관 행사 구상

개관 시기에 맞추어, 혹은 개관 후에 진행될 운영 계획도 미리 기획해야 한다. 예를 들면 특별 기념 공간을 활용하여 특별 전시 기획, 역사 교사를 중심으로 연구대회나 학술대회, 백일장, 서예전, 사생대회 등을 개최하는 기획도 동시에 마련해야 한다.

4. 결론

이 연구는 사적지 안내 표지판 제작과 스토리텔링 도출을 위한 기초 자료로 역사적인 흐름과 사적지를 정리하고, 태안 동학농민혁명기념관 내외부를 구성할 문화 콘텐츠 구축 방안을 제안했다. 이를 요약하면 다음과 같다.

1. 태안 동학농민혁명기념관의 상징적인 브랜드와 특징적인 캐릭터 설정이 필요하다. 이를 위해서는 대표적인 문화 콘텐츠가 필요하다.

2. 태안 동학농민혁명기념관 홈페이지를 우선 제작해야 한다. 모든 역사 자료를 DB로 구축하여 온 · 오프라인 콘텐츠화에 활용해야 한다.

3. 태안 동학농민혁명기념관 안팎으로 연계된 둘레길 조성이 필요하다.

4. 태안 동학농민혁명사는 각 지역에서 다양한 인물과 사건의 서사를 내재하고 있으므로, 내부 다양한 문화 콘텐츠로 체계화해야 한다.

5. 태안 동학농민혁명사의 의미를 지속적으로 체험할 방안으로 백일장, 사생대회, 독후감 토론회 등 다양한 행사를 기획해야 한다.

6. 지역의 우수한 아동, 청소년 인재를 후원하고 양성하는 방안을 마련해야 한다. (태안 동학농민혁명 해설사 양성 등)

7. 태안 군청 홈페이지와 관광 지도에 '태안 동학농민혁명사' DB를 구축해야 한다.

1960년대 이후 태안 지역 동학농민혁명 기념(선양)사업 분석과 현대적 의의

문 영 식
태안동학농민혁명유족회 회장

1. 머리말

태안 동학농민혁명기념관의 준공 개관을 앞두고 오늘 동학농민혁명 제 126주년 기념 학술대회를 이곳 태안에서 개최하게 되었음을 매우 뜻깊게 생각하면서 학술대회를 준비하신 동학학회와 태안군에 감사드린다. 「동학 농민혁명 기념사업 분석과 현대적 의의」에 대한 발제를 맡으라는 학회의 주문이 있었으나 전문가, 학자, 교수님의 연구 결과를 발표하고 토론하는 학술 토론의 장에서 제가 이를 맡기에는 분수에 넘치는 과제라고 판단하여 동학농민혁명을 연구하신 교수님께 이 주제에 대한 발제를 의뢰하였으나, 최근에 고사(固辭) 통보를 받고 다른 대안이 없어 부득이 이 자리에 서게 되었다.

저는 1894년 태안의 동학농민혁명을 주도한 문장로(文章魯, 1846-1919)의 증손녀요, 이 혁명에 참여했다 총살된 문구석(文龜錫, 1872-1894)과 천도교 인으로 살면서 조국의 독립운동에 참여했던 문병석(文秉錫, 1892-1970)의 손녀이며, 광복 후 이곳 태안 동학농민혁명의 선양에 몸 바친 원암 문원덕(文源德, 1915-1986)의 딸로 태어났습니다. 위로 3대가 동학농민혁명을 주도하였거나 참여한 분이며 그 뒤를 이어 그 정신을 가지고 동학농민혁명을 선양한 선조의 가르침에 힘입어 저도 동학농민혁명을 선양하는 현장에 서기를 이제 50년을 넘기고 있다. 이제 저는 이 학술대회에서 동학농민혁명의 학술적 규명에 앞서 태안 동학농민혁명 선양사업이 1960년대에 시작되어 오늘에 이르기까지 추진되고 이루어진 현장에 섰던 사람으로서 증언하고자 한다.

또한 저는 1960년대와 1980년대 초반까지 25년 동안 태안의 선양사업을 주도하고 종합했던 아버지 문원덕이 하신 선양사업을 지켜보았으며, 아버지께서 선양하신 후 사업을 제가 이어받아 50년 동안 동학농민혁명 선양의 현장에서 때로는 울고, 때로는 웃으면서 체험하였다. 문원덕의 20년 그리고 문영식의 선양사업 50년은 태안의 선양사업 70년을 모두 읽어낼 수 있을 것이다. 물론 이 동안의 선양사업은 주민 모두의 참여와 협조, 그리고 유족과 기념사업 회원, 내외 인사와 기관 단체의 지원이 큰 힘이었다. 이제 동학농민혁명 선양사업 70년을 회고하고자 한다.

2. 동학농민혁명 기념(선양)사업 조직의 발족

우리나라가 36년간의 일본의 강점에서 벗어나 1945년 광복되었으나 동학농민혁명 참여자와 그 후손들에게는 광복이 찾아오지 않았다. 봄이 오긴 왔어도 봄 같지 않다고나 할까? 후손들은 동학 반역자의 자손이라고 외면당하고 학교에서는 동학농민혁명을 동학란이라고 가르치고 있었으니 세상이 광복을 맞이했다고 실감하기 어려웠다. 더구나 반민족행위처벌법의 집행이 무산되어 친일 세력이 집권 세력 지도층에 자리하면서 반봉건, 반외세, 자유평등 사상을 지향했던 동학농민혁명 지지세력들은 발붙일 곳이 없었다. 이러한 사회적 여건 아래에서는 동학농민혁명 선양사업을 추진하는 일은 거의 불가능한 일이었다.

4·19혁명을 거쳐 5·16군사정변 기간이 지나는 동안 동학농민혁명 관련 연구와 민주화 운동 세력이 두터워지면서 동학농민혁명에 대하여 긍정

적으로 연구되고 군사정권이 정략적, 선택적으로 접근했다고는 하지만, 동학란이란 명칭이 동학농민혁명으로 변하고 동학혁명 관련 단체가 설립되기 시작했다. 그럼 우리 지역에서 동학혁명 정신 선양회와 유족회, 그리고 동학농민혁명 태안군기념사업회 등 동학혁명 관련 단체의 출범과 추모사업을 추진된 선양사업으로 살펴보기로 한다.

1) 유족회의 출범

원암 문원덕은 광복 후 사회사업에 참여하여 간척사업을 추진하는 등 어려움 속에서도 전국에서 최초로 내포 지역 동학정신선양회를 조직 (1964.7.5.)하여 태안읍 남문리 505번지에 사무실을 두고 회장에 취임하였다. 이 선양회는 태안군 원북면 방갈리(기포지)에서 순국선열 추모제 (1965.5.5.)를 거행하였고, 당시 태안극장에서 개최한 제2회 동학농민혁명선양대회(1969.5.3.)를 거행했는데 천도교 교령 최덕신, 서산 군수 이승규, 고대 교수 이항녕, 사학자 벤자민 등 석학들이 참석했다. 이 동학정신선양회는 위 선양대회 이후 태안에서의 활동이 서서히 약화되어 자연스럽게 유족회의 기능으로 흡수되었다. 이에 문원덕은 결집력이 강한 유족 중심의 선양조직으로 태안군동학농민혁명태안군유족회(1965.10.6.)를 결성하고 회장에 취임하여 본격적으로 동학농민혁명 정신의 선양과 선열의 명예회복을 위하여 활동을 전개하였다.

위와 같이 문원덕 유족회장을 중심으로 합심 단결하여 전국 어느 지역 못지않게 태안에서 일찍이 선양회, 유족회를 결성하여 활동하였음에도 1960대부터 1980년대까지의 전국 동학농민혁명 선양단체 전국적인 발족 현황에는 빠져 있음을 알 수 있다. 전국 동학농민혁명기념사업단체로 파악은 되지 않았지만 1965년 출범한 동학농민혁명 태안유족회는 충남내포유족회를 아우르면서 많은 일을 했다. 동학농민혁명 120주년 기념 학술대회(2014)에서 문병학 선생이 동학농민혁명 기념사업의 현황과 과제라는 논제의 논문에서 1960~1980년대 창립된 기념사업단체 활동 현황을 다음과 같다고 했다.

 * 기념사업단체 창립 활동 현황(전주정신과 동학농민혁명, 동학농민혁명기념사업회, 2014.)

 1960~1980년대 창립 활동한 상설 단체는 ① 갑오동학혁명기념사업협회(1962, 서울), ② 정읍갑오동학혁명 기념사업회(1967, 전북 정읍), ③ 동학정신선양회(1968, 서울)가 그것이다.

 한시적 단체는 ① 갑오동학혁명 기념탑추진위원회(1963. 전북), ② 동학혁명군 추모탑건립위원회(1977, 충남 태안), ③ 동학혁명군 위령탑건립 추진위원회(1978, 강원 홍천), ④ 역사문제연구소(1989), ⑤ 갑오농민전쟁 백주년기념 사업추진위원회, ⑥ 한국민족문제 예술인총연합 동학농민혁명백주년기념사업 특별위원회 등이다.

2) 갑오 동학농민혁명군추모탑 건립위원회 발족

 1977년 12월 4일 발족하여 1978년 10월 2일 준공될 때까지 한시적으로 운용되었다.

3) 동학농민혁명 기념사업회의 출범

 태안 동학농민혁명 기념사업회를 조직하고 제1대 회장에 역사학자인 박춘석 박사(전 태안여자고등학교 교장)를 추대하였다. 동학농민혁명 태안유족회는 전국 최초로 결성하였으나 동학농민혁명 태안 기념사업회는 일찍 출범하지 못하였다. 1997년 4월 7일 동학농민혁명 기념사업회 창립은 유족회가 주도적으로 발기인 모임을 주선했으며 사재를 털어 1998년 4월 22일 동학농민혁명 기념사업회 창립총회를 태안극장에서 성황리에 열렀다. 100명의 내포 지역 유족회원과 역사학자 이이화 선생과 상주선도사 표영삼 선생님, 그리고 태안 군수 등이 참석한 가운데 초대 동학농민혁명기념사업회 회장에 박춘석을 선출하였다. 창립 초기에는 동학농민혁명 기념사업을 열심히 하려는 의지로 기념사업회 회지를 발간하는 등 활발한 출발을 하였다.

3. 동학농민혁명 기념물 건립

1960년대 이후 태안에서 동학농민혁명 선양을 위하여 시설한 기념물을 시대순으로 열거한다.

> 동학농민혁명군 추모탑, 동학전래비, 동학농민혁명군 피체지 비 건립
> 유공자 공적비(김학서 송덕비, 문원덕 공적비), 방갈리 기포비 건립
> 건립 중인 사업(토성산 위령비, 동학농민혁명기념관)

1) 동학농민혁명군 추모탑 건립

1894년 당시에는 일반적인 난으로 취급되어 동학란이라 했다. 동적(東賊)의 난, 동학배(東學輩)의 난, 동비(東匪)의 난, 동학비도(東學匪徒)의 난, 동학변란(東學變亂) 등으로 다양하게 불렸다. 1960년대 후반부터 교과서에 동학혁명이 등재되면서 동학혁명에 대한 재평가가 이루어지고 이에 따라 동학

전적지에 기념탑이 세워지기 시작하였다. 우리 지역에서도 문원덕을 비롯하여 추모탑을 세워야 한다는 여론이 고조되기에 이르러 1977년 12월 4일 갑오 동학농민혁명 군 추모탑 건립위원회를 발족하기에 이르렀다. 추모탑 건립추진위의 건립 취지를 보면 다음과 같다.

우리의 역사 속에서 민권운동이 있었느냐고 묻는다면 바로 갑오 동학농민혁명을 들지 않을 수 없다. 당시 조정에는 탐관오리가 충만하여 민중의 고혈을 착취하고 지방에는 토호 부유의 행패가 극심하여 선량한 농민대중은 민생고의 도탄에 빠져 사경을 헤매고, 국외로는 열강제국의 무리들이 호시탐탐하여 국가의 운명은 풍전등화와 같은 위기에 놓여 있다

이를 직시한 동학은 보국안민 척양척왜의 기치를 들고 결연히 봉기하였으니 이것이 갑오동학혁명이다. 이 혁명이야말로 우리 민족의 혼을 찾고 민족의 자유와 평등을 주축으로 봉건타파, 인권 평등인 민주주의의 선구적 역할을 다한 것이다.

이 같은 우리 역사에서 가장 위대했던 갑오혁명의 격전지인 태안 등지에서 수만의 선열들은 왜놈들의 신무기 앞에 장렬한 순국 순도를 하시고, 또는 공적을 세웠음에도 80여 년이 흐르도록 아무런 표적도 없이 내려오던 중, 뜻있는 인사들의 도움으로 차지(此址)에 동학 혁명군의 추모탑을 세우려 함은 오직 선열들의 업적과 유지를 선양 추모함으로써 후손들로 하여금 부단한 향상 발전을 기하려는 큰 뜻이 있는 것이다.

우리는 이 추모탑을 세워 역사의 전진하는 의의를 다시 한번 깨닫고 조국과 민족에의 결의를 거듭 다짐하며 순국 순도하신 동학혁명 군 선열의 명복을 빔과 동시에 유족에 대하여 심심한 애도를 표하며, 민족성장의 자주적인 혼이 국민정신에 일체화함을 촉구하여 마지않는 바입니다.

서기 1977년 12월 4일

갑오동학혁명군추모탑건립위원회 위원장 박상복

사진 1. 추모탑(태안읍 백화산 기슭)

위와 같이 추모탑 건립위원회를 조직하고 각 부서별 임원을 선발하여 본
격적인 활동을 펼 후, 불과 1년 만에 모든 준비를 마치고 드디어 백화산 기
슭에 1978년 10월 2일 추모탑을 신속하게 건립했다고 하나 그 속 내용을 살
펴보면 오랫동안 어려운 노력이 숨어 있었다는 것을 알 수 있다. 태안의 추
모탑 건립은 전국 최초로 정부의 지원 없이 순수한 민간 모금으로 건립되
었기 때문이다. 박상복 위원장 등 지역 인사의 배려와 지원도 있었지만, 보
릿고개가 있던 그 시절이니 농촌이 살기 매우 어려웠던 때였다. 현금은 물
론 쌀 모음도 어려웠다. 겨우 겉보리, 보리쌀을 수집하여 가족들이 어깨에
지고 머리에 이고 다녔다고 한다. 문원덕 선생도 어깨에 메고 다니고 그 딸
들도 머리에 이고 다니는 등 어려움이 많았다고 회고한다. 추모탑 건립 전
(1964, 1965, 1970, 1977, 1976)에는 각 지역을 순회하면서 단속적으로 위령제
나 추모제를 거행했으나 추모탑을 건립한 후에는 10월에 선열의 넋을 기리
는 추모제를 매년 거행하였다. 그러나 문원덕 환원 후 지도력 부재로 10여
년 동안 궐사(闕祀)하여 이제 30회 추모제를 맞이하고 있다.

2) 동학전래비 건립

태안 지역 동학전래비의 비문은 다음과 같다.

우리 태안 지역에 동학이 전래 된 것은 지금으로부터 110년 전 1890년이
었다. 지금의 서산시 지곡면 장현리에 살던 최형순에 의해서였다. 그는 도
탄에 빠진 백성을 구하고 나라를 건지는 데는 동학이 으뜸이라는 말을 듣
고 이에 감화되어 직접 경주로 달려가 제2 교조인 해월 최시형 선생을 방문
하고 즉석에서 동학에 입도하니 때는 1890년 3월 16일이었다. 최형순은 충
청도 전역에 걸쳐 전교할 막중한 밀령을 받고 즉시 고향에 돌아와 우선 서
태안 지역을 중심으로 전교하니 그 세력이 열화와 같이 번져 나아갔다. 그
는 훤히 건너다보이는 이원면 포지리를 건너다니며 전교하자 뜻밖에도 이
에 따르는 자가 많아 이에 고무된 최형순은 그 여세를 몰아 갯벌을 건너 원
북면 갈머리 마을에 은밀히 전교를 시작했다 그런데 다른 지역에서 일찍 볼
수 없었던 입교자가 삽시간에 그 수를 헤아릴 수 없이 퍼져 나아갔다. 이로
써 방갈리를 중심으로 동학의 뿌리를 내리는 토양을 마련하는데 성공하게
되었다. 이렇게 방갈리를 거점으로 하여 태안군 전역에 동학의 뿌리가 뻗어
나가 그 세력이 불과 2~3년 동안에 거목으로 무럭무럭 자라고 있었다. 드디
어 1894년 9월 그믐날 자정에 예산 본포에서 기포하라는 선타칠성이 전타
되어 갈마리 마을을 진동하고 있었다. 이때 원북면 방갈리와 이원 포지리
에서 기포한 수백 명의 동학군이 다음 날 새벽에 태안 관아를 포위하니 군
내 전 지역에서 운집한 동학군의 수는 수천에 이르고 있었다. 당시 태안 감
옥에 투옥되었던 동학의 두목 30여 명을 구출하는 데 성공하였다. 그 뒤 10
월 15일 태안 서산 해미지역에서 재기포한 수만 명의 동학혁명군은 면천 승

전곡에서 관군과 일본군을 맞아 격전 끝에 동학군이 승리하고 다시 동월 26일의 예산 신례원 전투에서도 동학혁명군이 승리를 거두었다. 그러나 이렇게 승승장구하던 동학혁명군도 동월 28일 홍주 전투에서는 무력하게도 패전의 고배를 마셔야 했다. 이렇게 동학혁명은 미완으로 끝이 나고 이로 인해 동학인은 물론 그 가족까지도 혹독한 보복을 당해야 했다. 그러나 동학혁명 후 80여 년 내려오다 제3 공화국 때 동학혁명의 순국 정신을 재평가하며 따라 전국 각지에 동학혁명기념탑이 세워지니 우리 태안 지역에서도 지난 1978년에 갑오동학혁명군 추모탑을 세우고 매년 10월에 가신님의 그 거룩한 애국정신을 기리는 추모대제를 거행함에 있어 비로서 이번에 태안 지역의 동학전래비를 세우는 것이다.

2000년(포독140) 10월 10일

동학농민혁명기념사업회태안군지부 세움

3) 동학농민혁명군 피체지 비 건립(충청남도 태안군 태안읍 백화산)

사진 2. 피체지 비

이곳은 동학농민군이 주둔하였고 그 지도자들이 체포된 곳이다. 1894년 11월 이곳 태안 백화산에 수많은 동하농민군이 진을 치고 있었는데. 관군이 몰려와 동학농민군 지도자인 유규희, 최성서, 최성일, 안순칠, 피만석을 체포하고 압송해 갔다, 이 내용은 순무영 선봉장 이규태가 정리한 순무사 정보첩에 기록되어 있다. 이에 비석을 세워 동학농민군의 숭고한 정신을 널리 알리고자 한다.

巡撫使呈報牒 今月(甲午年一八九四년 十二월 초八일(巡撫先鋒 陣謄錄. 十一月) 十三日 以泰安白華山 匪類屯聚事馳報時 巨魁 兪圭熙 崔聖西 崔聖一 安順七 皮萬石 等 五漢 臚列罪狀 捉付押上

2011년 10월 20일

태안군, 국사편찬위원회, 천도교중앙총부, 태안문화원, 태안동학농민혁명기념사업회, 태안시민자치참여연대, 내포동학농민혁명유족회 謹立

4) 유공자 공적비 건립

① 청암 김학서(清菴 金鶴瑞) 선생 송덕비(비문)

사진 3. 김학서 선생 송덕비

청암 김공은 포덕 35년 동학혁명 의거 당시 예포대장 박덕칠 공의 지휘로 봉기하여 이곳에서 집단 순국하신 수많은 선열들의 영령을 추모하여 합동 위령제를 올리도록 독지를 베풀어 오늘에 이르므로 우리 유족 일동은 청암 김공의 높은 덕을 숭앙하여 이에 단갈(短碣)을 세워 이 뜻을 길이 후세에 전함

포덕111년(1909) 10월 27일

태안 대표 문원덕, 이북면 대표 손인태, 원북면 대표 문예관 순국선열 유족 일동 건립

② 원암 문원덕 선생 공적비

2008년 10월 29일 동학농민혁명 중앙유족회. 기념재단, 태안 기념사업회, 태안유족회가 협력하여 건립한 문원덕 선생의 공적 비문은 다음과 같다.

사진 4. 문원덕 선생 공적비

文源德 선생은 平生 꿋꿋한 신조로 歷史의 正義를 지킨 민족 지도자이시다. 先生은 1915年 11월 10일 예산군 신암면 탄중리 98번지에서 태어나셨다. 선생의 祖父인 文章魯의사는 동학농민혁명 2차 봉기 당시 泰安接主로 泰安官衙, 勝戰谷, 新禮院전투에서 승리하고 海美 梅峴 洪州城의 전투를 치렀다. 生父인 文秉錫의사는 3·1運動 당시 예산 등지에서 萬歲示威에 앞장선 뒤에 평생 도피 생활을 한 고난의 삶을 살았다. 養父인 文龜錫 지사는 "아버지 대신 나를 잡아가라." 외치면서 自進 체포되어 태안 관아에서 총살을 당하였다. 선생은 가문의 민족정신을 이어 天道敎에 入道한 뒤 충청도 서해안 일대의 동학농민혁명군 희생자 명단을 발굴하기도 하고 白華山 추모탑을 建立하여 위령제를 지내는 등 동학농민혁명 선양사업을 평생 동안 벌였으며 동학농민군 지도자의 기록인 〈文章峻歷史〉와 〈曺錫憲歷史〉를 세상에 최초로 소개하였다. 선생은 고난의 삶을 산 끝에 1986年 還元하셨다. 선생의 정의로운 삶을 세상에 알리고자 이 작은 공적비를 뜻을 모아 백화산 밑에 세운다.

甲午東學農民革命 114주기 가을에 동학농민혁명기념재단이사장 李離和 삼가 짓다.

5) 방갈리 기포비 건립

1894년 10월 1일(음) 태안 동학
농민혁명의 시발점이 되었던 방
갈리 기포지에 2015년 5월 16일
기포비를 세웠다. 비문은 다음과
같다.

사진 5. 기포비

　원북면 방갈리 115번지, 이
곳은 1894년 9월 30일 동학농
민지도자들이 최초로 동학농민혁명의 기포 계획을 세워 봉기한 역사의 현
장이다. 1890년 최영순의 이원면 포지리 전교와 1893년 2월 상암 박희인 대
접주의 방갈리 전교 이래 동학의 교세가 태안군 전 지역에 확산되어 갔다.
한편 정부의 탄압이 심화되는 가운데 태안 관아에 갇힌 동학지도자들을 처
형하기(10월 1일) 전에 구출하라는 예산 본포 대접주 박희인의 지시에 수접
주 정성국, 수접주 문장로, 김군집, 최맹춘, 조웅칠, 문재석, 문구석, 문장
준, 이광우, 문장권, 문준보, 문석렬, 강인선, 안인묵, 안현묵, 김상칠, 김공
필, 강운재 김가열, 문장의, 이치봉, 등 20여 명의 동학지도자들이 대책을 긴
급 숙의하여 태안으로 진격하기로 결의하였다. 이에 따라 봉기한 동학농민
군은 이치봉을 북부대장, 안현묵을 기수대장으로 하여 징과 북을 치며 장대
끝에 보국안민 제폭구민 광제창생 척양척왜의 깃발을 들고 태안으로 진군
하여 다른 지역 혁명군과 함께 10월 1일 동학지도자 30여 명을 구출하고 관
아를 점령하였다. 참으로 감격적인 정의의 승리였다 그 이후 승전곡과 신례
원 전투에서 승리하였으나 홍주성 해미성 매현 전투에서 연패한 수많은 동

학농민군들은 백화산에서 최후까지 항전하다 왜놈들에게 초연히 희생되시었다. 이에 자랑스러운 선열들의 숭고한 정신을 선양하고 기리고자 이 비를 세운다.

2015년 5월 16일

동학농민혁명태안유족회 고문 김영규 근찬, 동학농민혁명태안유족회장 문영식 근수, 한국서부발전주식회사 사장 조인국 건립

6) 추진 중인 기념물 건립사업

① 토성산 위령비 건립

■ 건립 동기와 배경

근흥면 토성산은 갑오동학농민혁명 당시 왜놈들이 자행한 가장 처절한 살육의 현장으로 여기에서 희생당한 수많은 원혼을 위로하기 위하여 위령비를 세우고 가신님의 숭고한 뜻을 기리기 위하여 그동안 수시로 진혼제를 지내기도 하였으나 동학농민혁명 태안군 유족회의 간절한 소망을 근흥면 향토문화회가 받아들여 태안군에 건의함으로써 위령비 건립사업이 추진되기에 이르렀다.

■ 추진상황

추진된 사업으로는 진입로 개설이 있으며 위령비 건립 예정지까지의 접근을 국·도비를 확보하여 2019년 완료하였고, 앞으로 할 사업으로는 위령비를 2021년에 건립할 예정이다. 위령비문(안)은 다음과 같다.

토성 산성에서 순국하신 갑오동학농민혁명군 靈魂들이시어!

先烈들의 용기와 결단과 희생이 있었기에 영광스러운 조국과 민족의 오늘이 있사옵니다. 선열들께서 가신지 126년! 오늘에서야 慰靈碑를 세우고, 머리 숙여 명복을 비옵니다.

토성 산성은 1894년 9월 그믐날 밤, 근서면, 안흥면, 소근면의 갑오동학 농민혁명 起包軍이 廣濟蒼生, 輔國安民, 除暴救民, 斥洋斥倭의 깃발 아래 모였던 집결지로서, 태안 진벌에서 원일면, 원이면의 동학 농민혁명군과 合流하여 10월 1일 태안성을 점령하고 30여 명의 동학 농민지도자를 구출하였나이다.

이어서 당진 승전곡 전투와 신례원 관작리 전투에서 승리하였으나 홍주성에서 패전하고, 해미성과 매현에서 연패하여 백화산에서 항전하다가 살아남은 선열들께서는 마지막으로 토성산과 주변 인가에 숨었지만, 관군과 왜군의 무자비한 토벌 작전에 고귀한 생명을 나라와 조국의 제단에 바치셨나이다.

기진맥진한 동학 농민혁명군 선열을 칼과 총으로 베고 쏘아서, 또는 산 사람을 집에 가두고 生火葬 하거나, 줄로 묶어 生埋葬하는가 하면, 작두로 머리를 자르고, 잘린 머리를 창에 꿰어 들고 집 추녀에 매달아 놓는 악독한 만행으로 殉道 殉國 하시어 歸天하신 처참한 살인의 현장이 바로 이곳 토성산이었나이다. 그 당시 사용한 살인 작두는 천도교 태안 교구장이었던 문원덕 선생이 발굴하여 천안 독립기념관에 보관되고 있어서 만행을 입증해 주고 있습니다.

토성산에서 작두로 잘린 혁명군 李致奉 北部隊長의 목을 梟首警衆 한다고 장대 끝에 매달고 이곳에서 50여 리나 되는 원북면 방갈리까지 행진하는 야만적인 일도 있었으니 이처럼 토성산에서 승천하신 수백 명의 선열의 시체는 머리와 몸이 각각 분리되어 누구의 시신인지 알 수 없어 겨우 74명의 신원을 확인할 수 있었을 뿐이니, 天人共怒할 斷末魔的 蠻行이 아닐 수 없었나이다.

그러나 선열들의 동학농민혁명 정신은 좌절되지 않고 더욱 확고한 민족정신으로 되살아났습니다. 그 고귀한 정신은 3.1독립운동과 광복 후의 4.19 혁명을 거쳐, 6.10민주항쟁, 5.18민주화운동으로, 연면히 이어져 이제 우리도 선진국 대열에 서 있사오니, 영령들이시어, 기뻐하소서.

이는 선열들의 숭고한 희생과 높이 들어 외쳤던 횃불 혁명으로 이루어 낸 것이니 靑史에 영원히 빛날 것이옵니다.

이 탑은 오늘 군민의 이름으로, 군민의 정성으로 세웁니다. 선열들의 이름이 거룩하게 빛날 영원한 승리의 탑이요. 조국의 영광과 평화의 탑이 될 것이옵니다. 기쁜 마음으로 받아주시옵소서.

人乃天! 사람은 곧 하늘이오니 하늘에 계신 靈魂이시어!

편히 쉬시옵소서.

② 동학농민혁명 태안군기념관 건립

■ 기념관 건립사업 유치 과정

사진 6. 기념관 조감도

동학농민혁명 기념관 건립 계획에 앞서 삼례 봉기 역사 광장 조성을 선례로 삼아, 먼저 태안의 동학농민혁명을 선양하고 계승하기 위한 역사교육 광장 조성 계획을 추진하려 했으나 부지 확보 등 문제로 여건이 성숙될 장래의 문제로 미루어 두고 기념관 건립으로 사업 방향을 전환하였다.

기념관 유치 과정에도 우여곡절이 많았는데 태안읍 남문리 379-3번지 일대 5필지를 건립 부지로 예정하여 지하 1층, 지상 2층, 400평 규모의 기념관 건립 등 여러 차례 건의하였으나 모두 이루어지지 않았다. 중앙정부의 승인과 지원을 얻기 위해서는 전문가가 작성하는 동학농민혁명 기념관 건립 타당성 및 기본계획수립 연구용역 과업이 긴요함을 인식하고 간곡한 건의를 받아들인 군수가 2015년 당초 예산에 반영하여 타당성 결과물을 바탕으로 용역 심사를 거쳐 승인과 정부 지원을 받기에 이르렀다.

2016년과 2017년 계속 승인을 신청하였으나 모두 탈락하고 2018년 세 번째 출원하여 기념관 건립 승인과 지원을 받기에 이르렀다.

■ 태안 동학농민혁명기념관 건립의 필요성

태안은 충청도 북접의 독립적 기포지인 동시에 내포 지역 혁명의 최후 항전지로서 수많은 농민군이 희생된 비극적인 역사가 서린 곳이다. 전라도 지역사에 한정되던 기존의 인식에서 벗어나 태안을 포함한 내포 지역이 동학농민혁명 사에서 차지하는 역할과 위상을 재정립할 필요성이 간절하였다. 태안은 내포 동학농민혁명사의 중심 역할을 수행한 지역으로 동학농민군의 참혹한 희생의 흔적이 곳곳에 남아 있어 동학혁명사 교육의 산 교육장이 될 것이다. 백화산에 세워진 추모탑도 서산, 당진, 예산, 홍성, 아산 지역 공동으로 위원회를 구성하여 건립하였다.

■ 동학농민혁명 기념관 건립사업 추진 상황

◇ 사업개요

　　○ 사업명 : 태안 동학농민혁명기념관 건립

　　○ 위치 : 태안읍 남문리 380-3번지 외 3필지

　　○ 건립 규모 : 지하1~지상2, 대지면적(5,213㎡), 연면적(1,586㎡)

　　○ 주요 시설 : 상설·기획전시실, 사무실, 수장고 등 부대시설

　　○ 사업비 : 7,760백만 원(국비 2,400, 군비 5,360)

　　○ 사업 기간 : 2018 ~ 2020년(계속비)

　　○ 투자계획 : 단위 : 백만원

구분	계	2018년	2019년	2020년	비고
당초	6,000	500	1,625	3,875	
변경	7,760	500	1,625	5,635	군비 1,760 증

◇ 추진상황

　　○ 2019. 11 : 건축공사 착공 및 공사

◇ 추진계획

　　○ 2020. 12 : 기념관 건물 준공 예정

　　○ 2021. 5 : 내부 전시시설 추진 준공 개관

4. 동학농민혁명 정신선양사업

1960년 이후 우리 지역에서 추진한 동학농민혁명 정신선양사업 분야를 총망라할 수는 없을 것이지만 개략적으로 분야별로 정리하고자 한다.

1) 갑오 동학농민혁명 순도순국자명부(殉道殉國者名簿) 작성

사진 7. 순국자 명부

문원덕이 동학농민혁명 태안유족회를 발족한 이후에 첫 번째 사업이 갑오 동학농민혁명 순도 순국자(殉道殉國者)를 찾아내어 그 명부를 작성하는 사업이었다. 원암은 동학농민혁명의 선양을 위해서는 무엇보다 먼저 동학농민혁명 참여자를 찾아야 한다는 신념을 가졌다. 그는 유족회 출범 이전부터 그의 서랑(壻郎)인 조한창을 사무장으로 하고 천도교 예산교구 관지포 도정 이용우와 협의하면서 혁명 참여자를 찾기 위해 유족을 만나 의견을 수렴하면서 내포 지역을 두루 방문하였다. 그러나 60년대 초반까지만 해도 동학농민혁명군의 봉기(기포)가 정부 당국은 물론 일반 국민의 뇌리에 반역도당의 폭동과 반란으로 인식되어 정치적 사회적 여건이 성숙되어 있지 않아 애로 사항이 많았다고 한다.

이러한 과정을 통하여 만들어진 순도순국자 명부는 오늘날까지 기본이 되는 동학농민혁명 참여자에 대한 명부로서 동학농민혁명 참여자 등의 명예회복에 관한 특별법에 따라 유족 등록 과정에서 진위를 검증할 때 신뢰할 수 있는 검증 자료로 활용한 바 있다. 288명의 순도순국자 명부는 다음과 같다.

① 甲午東學農民革命 殉國者 名簿

성명	주소	순국장소	전사내용	비고
이치봉(李致奉)	태안군 원북면 방갈리	근흥.수룡(吐城山)	작두처형	北部隊長
문구석(文龜錫)	〃	태안성	총살	文興植 조부
최덕석(崔德錫)	〃	백화산(絞杖바위)	총살	
조응칠(曺應七)	〃	〃	〃	
박기만(朴貴萬)	〃	〃	〃	朴秉泰 고조부
문재석(文在錫)	〃	〃	〃	
최연배(崔連培)	〃	〃	잔사	
최정여(崔貞餘)	〃	〃	〃	
최맹칠(崔孟七)	〃	〃	총살	
최주안(崔周安)	〃	태안성	전사	
박 홍 (朴 洪)	〃	〃	〃	
김하열(金河烈)	〃	〃	〃	
김명칠(金明七)	〃	홍주성	〃	金周泰 조부
조우삼(曺禹三)	〃	근흥.수룡(吐城山)	작두처형	
김보현(金甫鉉)	〃	태안성	전사	
김성삼(金成三)	〃	〃	〃	
조석보(曺錫普)	〃	〃	〃	
김희천(金禧天)	〃	〃	작두처형	金義坤 조부
조치우(曺致雨)	〃	홍주성	전사	
최임순(崔任春)	〃	〃	〃	
박양필(朴良泌)	〃	〃	〃	
최춘봉(崔春鳳)	〃	태안성	총살	崔鍾福 조부
오선초(吳先楚)	〃	〃	〃	吳三福 조부
조병로(曺秉魯)	〃	홍주성	작두처형	曺桂鎬증조曺永範고조
최덕창(崔德蒼)	〃	〃	〃	
조석남(曺錫男)	〃	〃	총살	
조석민(曺錫敏)	〃	〃	〃	
박운근(朴雲根)	〃	〃	전사	
최덕원(崔德元)	〃	〃	〃	崔鍾福 증조부
김희준(金熙俊)	〃	〃	〃	
김기두(金起斗)	〃	〃	〃	
김풍두(金豊斗)	〃	〃	〃	
문성열(文聖烈)	〃	〃	〃	

성명	주소	순국장소	전사내용	비고
김명필(金明必)	;	安眠島 바다	도피中익사	
민춘화(閔春化)	;	홍주성	총살	
문장헌(文章憲)	태안군 원북면 양산리	;	전사	
김상곤(金商坤)	태안군 원북면 이곡리	;	;	
허주백(許周佰)	;	;	;	
조택현(趙宅現)	;	;	;	
허민보(許閔保)	;	;	;	
김달회(金達回)	;	백화산(絞杖바위)	;	
문종운(文鐘云)	;	;	;	

② 甲午東學農民革命 殉國 參與者 名簿

성명	주소	순국장소	전사내용	비고
가무현(賈武鉉)	태안군 원북면 이곡리	홍주성	전사	
가덕신(賈德伸)	;	백화산(絞杖바위)	총살	
가정안(賈正安)	태안군 원북면 동해리	홍주성	전사	
가순칠(賈順七)	;	백화산(絞杖바위)	총살	
가평중(賈平仲)	;	;	전사	
이성근(李成根)	태안군 원북면 대기리	;	총살	
문학서(文學西)	태안군 원북면 원동	;	;	
최영식(崔榮植)	태안군 원북면 신두리	;	;	
최성언(崔聖彦)	;	;	;	
김기안(金其安)	;	;	;	
정치명(鄭致命)	;	;	전사	
최춘봉(崔春奉)	태안군 원북면 황촌리	;	;	
최맹춘(崔孟春)	;	;	;	
장성국(張聖國)	태안군 이원면 포지리	;	;	접주
조화현(趙和顯)	;	;	;	
엄수안(嚴水安)	;	;	;	
손병공(孫炳公)	;	;	;	
고낙화(高樂華)	;	;	총살	
장재환(張載煥)	;	홍주성	전사	
장의하(張義河)	;	;	;	
장명재(張明才)	;	;	;	

장공삼(張公三)	;	;	;	
장석봉(張碩奉)	;	;	;	
장기환(張基煥)	태안군 원북면 청산리	;	;	
김공근(金公根)	;	;	;	
강정오(姜正五)	;	;	;	
서성근(徐成根)	;	;	;	
김익을(金益乙)	;	;	;	
전경로(全慶魯)	태안군 원북면 마산리	태안성	전사	全玉成 증조부
김창옥(金昌玉)	;	홍주성	전사	
김상오(金尙五)	태안군 이원면 관리	;	;	
문재홍(文載弘)	;	;	;	
윤정우(尹定雨)	;	;	;	
차맹교(車孟敎)	;	;	;	
안맹진(安孟眞)	;	태안성	총살	
안공보(安公保)	;	홍주성	전사	
손경조(孫慶助)	;	태안성	총살	
김 웅 (金 雄)	;	홍주성	전사	
손인화(孫仁化)	;	태안성	총살	
손난교(孫爛敎)	;	;	;	
정행구(鄭行龜)	태안군 이원면 사창리	홍주성	전사	
정찬문(鄭瓚文)		해미성	;	
정행우(鄭行佑)	;	홍주성	;	鄭東勳 조부

③ 甲午東學農民革命 殉國 參與者 名簿

정행운(鄭行雲)	태안군 이원면 사창리	홍주성	전사	
문유혁(文瑜赫)	태안군 남면 달산리	;	;	
문근필(文謹弼)	;	태안성	작두처형	
문사형(文仕形)	;	근흥.수룡(吐城山)	;	
문영진(文榮震)	;	;	;	
김경재(金敬在)	태아군 남면 양잠리	;	;	
가재희(賈在熙)	;	;	;	
가청일(賈淸一)	;	홍주성	전사	
김병순(金炳順)	태안군 안면읍 정당리	백화산(絞杖바위)	:	
김자연(金自然)	;	;	;	
우영순(禹永淳)	;	;	;	

조학순(曺學淳)	;	근흥.수룡(吐城山)	총살	
김석현(金錫鉉)	;	;	;	
임원숙(林元淑)	;	;	;	
김신오(金信五)	;	;	;	
가정로(賈正魯)	;	;	;	
박성심(朴聖心)	;	;	;	
박내춘(朴來春)	;	;	;	
주세순(朱世淳)	;	백화산(絞杖바위)	전사	
이치호(李致鎬)	;	;	;	
주경순(朱慶淳)	;	;	;	
김월성(金月城)	태안군 안면읍	;	;	-
이치산(李致山)	;	근흥.수룡(吐城山)	작두처형	
하산길(河山吉)	태안군 안면읍	;	;	
김대갑(金大甲)	;	;	;	
김은옥(金殷玉)	;	;	;	
이여조(李汝曺)	서산시 부석면	;	;	
김경정(金敬程)	서산시 부석면 칠전리	;	;	金完根 조부
김경모(金敬模)	서산시 부석면 송시리	;	;	
강문선(姜文善)	;	;	;	
유상태(柳相泰)	서산시 부석면 가사리	;	;	
유성덕(柳聖德)	;	예 산	;	
유강월(柳姜月)	;	;	;	
유상신(柳相新)	;	해미성	;	
유익곤(柳翼坤)	;	;	;	
유익룡(柳翼龍)	;	梅 峴	;	
유상건(柳相建)	;	;	;	
맹국효(孟國孝)	;	;	;	
지양직(池良直)	;	;	;	
장세원(張世源)	서산시 팔봉면 진장리	해미성	총살	
박전달(朴傳達)	서산시 팔봉면 호리	;	전사	
박인화(朴麟和)	서산시 팔봉면 흑석리	;	;	
유양진(柳養辰)	서산시 팔봉면 덕송리	;	;	

④ 甲午東學農民革命 殉國 參與者 名簿

이사심(李士心)	서산시 팔봉면 어송리	홍주성	전사	
정상해(鄭上海)	〃	〃	〃	
정행진(鄭行鎭)	〃	〃	〃	
김양집(金良執)		당진(勝戰谷)	〃	
정행택(鄭行澤)	서산시 팔봉면 어송리	홍주성	頭上,火刑	
정행구(鄭行九)			총살	
정건숙(鄭建淑)		근흥.수룡(吐城山)	작두처형	
정여수(鄭汝水)	〃	〃	〃	
김명집(金明執)	〃	〃	〃	
정성함(鄭聖咸)	〃	〃	〃	
정재봉(鄭在奉)	〃	〃	〃	
정양범(鄭良凡)	〃	〃	〃	
정여장(鄭汝將)	〃	〃	〃	
조재현(趙載顯)	〃	〃	총살	
김중국(金仲局)	〃	〃	〃	
김사원(金士元)	태안군 원북면 황촌리	태안성	전사	金順煥 조부
박종률(朴鍾律)	태안군 소원면 시목리			
김원효(金元孝)	태안군 소원면 송현리	〃	총살	
변동호(邊東鎬)	태안군 소원면 법산리	〃	전사	
변동식(邊東植)	〃	梅峴	〃	
강인성(姜仁成)	태안군 소원면 소근리	〃	〃	
박정백(朴正白)	〃	〃	〃	
정백만(鄭白萬)	태안군 소원면 파도리	〃	총살	
신석제(申錫濟)	태안군 근흥면 두야리	당진(勝戰谷)	전사	申生均 조부
김용근(金鎔根)	태안군 근흥면 수룡리	근흥.수룡(吐城山)	작두처형	金鍾淑 조부
김용정(金容定)	〃	〃	〃	金鍾山 조부
김철제(金哲濟)	〃	〃	〃	金焮 종조부
김정제(金煥濟)	〃	〃	〃	金焮 조부
한용이(韓容履)	태안군 소원면 영전리	홍주성	전사	韓英洙 증조부
조충현(趙忠玄)	태안군 태안읍 동문리	태안성	작두처형	趙漢雄 증조부
김업춘(金業春)	태안군 태안읍 남문리	백화산 (絞杖바위)	총살	泰安,吏房衙前
김광달(金廣達)	〃	〃	〃	
김회운(金會運)	〃	〃	전사	
가정로(賈正魯)	태안군 태안읍 동문리	백화산(絞杖바위)	총살	
박성묵(朴性黙)	태아군 근흥면 용신리	근흥.수룡(吐城山)	작두처형	

안현묵(安玄默)	태안군원북면방갈리		피신	安鍾烈 조부
추여첨(秋汝添)	서산시 성연면 고남리	서산	전사	
추승기(秋勝琦)	〃	〃	〃	
추선봉(秋先鳳)	〃	〃	〃	
임원숙(林元淑)	서산시 성연면 오사리	〃	〃	
유정복(柳正福)	서산시 성연면 고남리	〃	〃	
유도성(柳道成)	〃	〃	〃	
이사중(李士中)	서산시 팔봉면 어송리	홍주성	〃	

⑤ 甲午東學農民革命 殉國 參與者 名簿

송시운(宋時運)	서산시 팔봉면 어송리	홍주성	전사	
봉성옥(奉性玉)	서산시지곡면 장현리	〃	〃	奉在云 조부
강인경(姜仁慶)	서산시 지곡면 대요리	梅峴	〃	
김명숙(金明淑)	서산시 지곡면 화천리	〃	〃	
박근보(朴根甫)	서산시 지곡면 대요리	〃	〃	
박유경(朴儒敬)	〃	〃	〃	
김황탈(金黃脫)	〃	〃	〃	
이범현(李凡顯)	서산시 지곡면 환성리	〃	〃	
손모축(孫募丑)	태안군 이원면 관리	홍주성	〃	
손여상(孫余尙)	〃	태안성	〃	
손윤궁(孫允弓)	〃	〃	〃	
조병학(趙炳學)	〃	〃	〃	
박후산(朴厚山)	〃	〃	〃	
손성운(孫聖云)	〃	〃	〃	
박완범(朴完凡)	〃	〃	〃	
최선필(崔先必)	〃	〃	〃	
정선권(鄭孫權)	〃	백화산(絞杖바위)	〃	
최중법(崔仲法)	〃	〃	〃	
나성삼(羅聖三)	〃	〃	〃	
손덕화(孫德化)	〃	〃	〃	
송강여(宋康汝)	태안군 이원면 당산리	〃	〃	
손선우(孫善佑)	태안군 이원면 관리	〃	〃	
송윤여(宋允汝)	태안군 이원면 당산리	〃	〃	
송용여(宋容汝)	〃	〃	〃	
송수연(宋水年)	〃	〃	〃	
송성준(宋聖俊)	〃	梅峴	〃	

박경천(朴敬天)	;	;	;	
김경운(金敬云)	;	;	;	
강형보(姜兄甫)	;	;	;	
김양삼(金良三)	;	;	;	
이복동(李福同)	;	;	;	
안영덕(安永德)	;	;	;	
김지서(金智西)	;	;	;	
안경여(安敬汝)	;	;	;	
조후덕(趙厚德)	;	;	;	
윤세황(尹世璜)	;	;	;	
이성칠(李性七)	;	;	전사	
안성보(安聖保)	태안군 이원면 내리	홍주성	;	
안군보(安君保)	;	;	;	
정천신(鄭千信)	;	;	;	
정군필(鄭君弼)	태안군 이원면 사창리	;	;	
조명주(趙明周)	태안군 이원면 포지리	;	;	

⑥ 甲午東學農民革命 殉國 參與者 名簿

조원하(趙元夏)	태안군 이원면 포지리	홍주성	전사	
김익삼(金益三)	태안군 이원면 청산리	;	;	
장기연(張基連)	;	;	;	
김공근(金公根)	;	;	;	
노홍우(盧弘愚)	서산시 양대동	당진(勝戰谷)	;	
윤성섭(尹聖燮)	;	;	;	
노중오(盧仲五)	서산시 양대동	;	;	
유성심(柳聖心)	서산시 성남동	;	;	
한영교(韓永敎)	서산시 장리	;	;	
이여가(李汝賈)	서산시 부석면	;	;	
유상태(柳相泰)	서산시 부석면 가사리	서산	;	
유상신(柳相新)	;	;	;	
안재봉(安載鳳)	서산시 팔봉면 양길리	홍주성	;	
안재순(安載淳)	;	서산	;	
박상룡(朴相龍)	;	;	;	
김사원(金士元)	태안군 원북면 방갈리	태안성	;	
김중국(金仲局)	태안군 이원면 사창리	;	;	

이름	주소	지역	비고	비고2
김은옥(金殷玉)	서산시 부석면 간월도리	서산	;	
문종운(文鍾云)	태안군 원북면 양산리	백화산(絞杖바위)	작두처형	
김원회(金遠回)	;	;	;	
김상하(金商夏)	서산시 음암면	홍주성	;	접주
이필수(李弼秀)	서산시 운산면	;	;	접사
이치옥(李致玉)	서산시 인지면	서산	;	접주
성채용(成采龍)	서산시 오남동	해미성	전사	
성운성(成雲城)	;	;	;	
장세원(張世原)	서산시 팔봉면	;	;	
손세헌(孫世憲)	서산시 지곡면	홍주성	;	
이회운(李會運)	태안군 태안읍 동문리	;	;	
지양식(池良植)	서산시 팔봉면 대황리	해미성	;	
김학인(金學仁)	서산시 고북면 양천리	홍주성	;	
김재홍(金載洪)	서산시 고북면 남정리	;	;	
조희하(趙羲河)	태안군 이원면 포지리	;	;	趙明周 부
조이현(趙利顯)	;	;	;	趙元夏 부
지향연(池香蓮)	태안군 소원면 시목리	당진 (勝戰谷)	;	池奎賢 조부
윤세원(尹世元)	태안군 이원면 당산리		親舊가 救出	尹奎相 증조부
윤세황(尹世璜)	;	홍주성	전사	尹泰慶
안인묵(安仁黙)	태안군 원북면 방갈리		피신	安光薰 조부
박기만(朴基萬)	;	홍주성	총살	朴秉泰 증조부
문양목(文讓穆)	태안군 남면 몽산리	;	渡美	文濟彬종조부
문상욱(文相旭)	태안군 원북면 방갈리		전사	
문장혁(文章赫)	;	;	戰傷	文榮日.文光淳 조부
김명필(金明必)	;	;	전사	金甲得 종조부

⑦ 甲午東學農民革命 殉國 參與者 名簿

이름	주소	지역	비고	비고2
문동하(文東夏)	태안군 근흥면 수룡리		신진도 피신	文彦錫 증조부
문장로(文章魯)	태안군 원북면 방갈리		예산 피신	文英植 증조부
김상배(金相培)	태안군 원북면 황촌리	태안성	전사	金鍾洙 조부
안종구(安鍾龜)	태안군 이원면 내리			安相允 조부
홍성필(洪聖弼)	서산시 지곡면 장현리	홍주성	전사	洪斗杓 증조부

가병기(賈秉璣)	태안군 남면 양잠리	;	;	賈昌鉉 증조부
김양권(金良權)	태안군 근흥면 수룡리	;	乾鳳寺,修道	金榮圭 조부
가병항(賈秉亢)	태안군 원북면 동해리	태안 모래기재(沙峴)	총살	賈在善 조부
전호용(全浩鏞)	태안군 원북면 마산리	홍주성	전사	全華榮조부,全炳旭.증조부
박성보(朴成甫)	태안군 소원면 시목리	근흥 수룡리(吐城山)	작두처형	朴寧鎭 조부
박성천(朴性天)	태안군 근흥면 마금리	;	작두처형	朴甲鎭 조부
가병일(賈秉一)	태안군 남면 양잠리	홍주성	전사	賈在瑚 종조부
장기덕(張基德)	태안군 이원면 포지리	;		張東元 조부
가병석(賈秉錫)	태안군 태안읍 동문리	;	;	賈秀鉉 증조부
허 수(許 燧)	태안군 원북면 이곡리	홍주성	;	許光洙 증조부
김사곤(金士坤)	태안군 원북면 신두리	;	;	金爽煥 증조부
박용석(朴用石)	천안시 성거읍 천흥리	천안 (細城山)	生死不明	朴明俊 조부
권옥철(權玉喆)	서산시 부석면 대부리	서산 부석(島飛山)	逃避中 自殺	權昌濟 조부
강운재(姜雲在)	태안군 원북면 신두리	태안읍성	전사	姜萬淳 조부
안익순(安益淳)	태안군 이원면 내리			安庸煥 조부
가병인(賈秉仁)	태안군 원북면 동해리	홍주성	전사	賈在善 조부
가병수(賈秉栐)	태안군 태안읍 인평리	태안성	;	賈淳玉 고조부
류응율(柳應律)	서산시 팔봉면 금학리	홍주성	;	柳正男 증조부
장학성(張學成)	태안군 이원면 사창리	홍주성	;	張麟錫 조부
문장현(文章賢)	태안군 원북면 방갈리	;	피신	文光祿 조부
조희하(趙羲河)	태안군 이원면 포지리	태안성	작두처형	趙載東 종조부
조언보(曺彦甫)	태안군 원북면 방갈리	원북 民魚島 바다	投身 自殺	曺永鉉 증조부
문장준(文章峻)	예산군 예산읍 간양리		예산 피신	文亨植 증조부
조석순(曺錫順)	태안군 원북면 방갈리	원북면 청산리	총살	曺培根 고조부
강사유(姜仕維)	태안군 소원면 소근리	홍주성	전사	姜天植 증조부
조석헌(曺錫憲)	태안군 원북면 신두리		피신	曺秉哲 조부
이선종(李善鍾)	태안군 원북면 황촌리		광덕산 은신	李相根 조부
가병필(賈秉弼)	태안군 원북면 동해리	태안 모래기재(沙峴)	총살	賈在云 賈在岐 조부
장광환(張光煥)	서산시 성현면 일남리	홍주성	전사	張在錫조부
최맹현(崔孟賢)	태안군 원북면 방갈리	해미성	작두처형	崔正福조부
				計 288名

2) 동학농민혁명 참여자 추모와 선양

　민간 주도로 1978년 추모탑이 건립되기 전까지는 태안극장, 동학농민혁명 기포지 등지에서 원암 문원덕 선생의 주도하에 추모제를 거행하였으나, 1978년 이후부터는 매년 추모탑에서 거행해 왔으나 문원덕 선생이 환원 이후 지도자의 공백으로 한동안 공식적인 추모제를 거르는 경우기 있어 이제 겨우 30회를 맞이하기에 이르렀다.

　그러나 이와는 별개로 왜놈들의 총칼에 많은 희생자를 낸 토성산 등지에서도 진혼제를 지내기도 했으며, 공식적인 추모제는 아니었다 해도, 원암선생 환원 후 본인을 비롯해서 형제들이 모이면 추모탑 앞에서 청수를 모시고 심고식을 하기도 하였으며, 때론 사람들이 안 다니는 새벽을 이용하여 홀로 외롭게 청수를 올리기도 하곤 했다. 그렇게라도 해야 본인 마음이 편안하였으며 정초, 명절, 추모기념식 날은 거르지 않고 청수를 올려야 원암 선생께 자식된 도리라는 생각을 잊지 않았다. 어느 때는 부끄러움 때문에 어린 딸과 아들을 앞세우고 청수를 올려야 했다. 그 과정에서 백화산을 오르는 사람들이 그 모습을 보고 혹시 무속인이 아닌가 하는 이야기도 하고 정신이 이상한 사람처럼 보는 시선도 있었다. 창피하고 부끄러웠지만 많은 선열들이 내려다보고 있다는 생각에 항상 부담스러웠고 원암 선생을 생각하면 거스를 수가 없었다.

　앞으로는 추모제의 행태도 가해자들에 대한 원망 어린 추모제에서 화해와 상생, 뮤지컬을 포함한 문화제로서의 추모문화제로 바꾸어 모든 주민이 함께하는 추모 행사가 되도록 노력하겠다.

3) 학생 백일장 및 골든벨 시행과 동학과 놀자

　동학혁명 정신을 선양 추모하기 위하여 초중고 학생들을 상대로 하는 백일장을 여러 차례 거행하여 시와 산문 2개 부문으로 나누어 시상하고 백일장 문집을 발간하여 왔으며 태안군 문화제 행사에서 중고생을 대상으로 하는 골든벨 경연도 개최하는 한편 역사 동아리 학생들을 대상으로 현장학습의 분야라 할 수 있는 동학혁명의 역사 유적지 현장을 찾아 교육하는 등 동학혁명 정신 함양에 노력하였다.

4) 자료 전시와 가장행렬

사진8. 114주년 기념행사(거리행진)

　우리는 태안군에서 매년 시행하는 태안문화제를 개최할 때 일정 코너를 확보하여 백화당이 보관하는 동학농민혁명 유물, 문헌 등을 전시하여 참석자들에게 동학 정신을 이해시키고 그 계승의 계기를 만들어 왔다. 또한 동학혁명의 기포나 전투 가장행렬을 기획하여 향토 문화사적 의미를 보여주기도 한다.

5) 동학농민혁명 관련 향토사 발간

　『동학혁명과 태안』(2001.10.17)을 발간하였다. 역사학자이며 태안여고

사진9. 조석헌, 문장준 역사, 북접일기

의 교장을 역임한 박춘석 선생이 기념사업회장으로 있을 때 책자 발간 계획을 수립하여 많은 찬사와 격려를 받았을 뿐 아니라 동학혁명 정신의 선양에 큰 성과를 얻기도 하였다.

『동학농민혁명과 교장바위』(2006.2.9)라는 선열들의 참혹한 희생을 내용으로 하는 책을 발간하였다. 동학농민혁명은 신분 사회의 억압 구조 속에서 인내천 사민평등의 선진적인 근대 자유평등 이념을 내용으로 한 혁명이며, 그 정신은 바로 오늘의 시대정신임을 생각할 때 긍지와 자랑으로 생각하여 태안이 동학혁명으로 받은 피해에도 불구하고 오히려 우리 지역적 자부심을 키우는 계기가 되었으며 특히 교장바위의 역사적 사실을 새롭게 조명해 준 계기가 되었다.

북접일지는 바로 태안 지역 출신이면서 동학 접주로 혁명 조직을 이끌며 충청도 서북 지역을 중심으로 활발한 활동을 전개한 조석헌 접주와 문장준 접주의 활동 기록인 『조석헌역사』와 『문장준역사』다. 당시 유족회장이던 문원덕이 여러 경로를 통하여 동학농민혁명군 참전 기록인 북접일지 『문장준역사』(1967.3.5.)와 『조석헌역사』(1973.5.8.)를 입수하여 세상에 최초로 소개하였다.

■ 『조석헌역사』 : 『조석헌역사』는 1894년 동학농민혁명 당시 충남 태안 파도 접주로 활동하였으며 1924년 예산교구 종리사로 활동한 조석헌이 기록한 것으로 두 가지 종류가 있다. 1908년 11월(음)에 정리한 초고본이 있고

이를 정리한 1931년 개정본이 있다. 초고본을 보완하여 한글 표기를 한문으로 고쳐 지명과 이름을 알아보기 쉽게 하였다. 이 책은 1894년부터 1918년까지 필자가 경험한 사실을 정리한 것으로 주로 1894년 10월 태안 서산에서 동학농민혁명군이 기포한 과정과 여러 전투상황을 비롯하여 1895년 이후 동학 2세 교주 해월 최시형 선생의 도피 과정, 동학 지도부의 동학 재건 활동, 1906년 이후 내포 지역의 천도교 활동을 기록하였다. 특히 1895년 이후 해월 최시형의 도피 과정은 어느 기록보다도 자세하게 기록되어 있다.

발굴 과정으로는 조석헌이 동학농민혁명 후 천안에 거주했는데 아산 효자리로 이주하고 가옥의 지붕 용마름에 『조석헌역사』를 숨겨 간직했는데 조석헌 사후 손자 조병철이 집을 개축하기 위해 집을 헐다 보니 용구새에서 『조석헌역사』가 나와 발굴된 것이다. 발굴된 『조석헌역사』는 예산의 이용우(관지포 도정)가 보관 중 문원덕 회장에 전해진 후 세상에 알려졌다.

■ 『문장준역사』 : 『문장준역사』는 충남 태안군 원북면 방갈리에서 출생하여 동학과 천도교 지도자로 활동한 문장준(文章峻)이 1894년 9월부터 1923년까지 경험한 주요 사실을 기록한 것이다. 이 기록은 『조석헌역사』와 더불어 충남 내포 지역의 동학농민혁명 즉 태안 지방의 기포, 승전곡 전투, 신례원 전투, 홍주성 전투 등과 내포 지역의 핵심 지도자였던 상암 박희인에 관한 기록을 상세하게 다루었다.

발굴 과정으로는 문장준이 혁명에 참여하면서 참전 과정에서 경험한 기록 문서를 감시망을 피해서 당시 본인 거주 가옥 용마름에 숨겨 두었던 것이 시대가 바뀐 후에 세상에 나오게 되었다. 발굴된 원자료는 손자 문형식이 충남 역사문화원에 기증하였다.(문장준의 손자 문형식의 증언)

■ 『북접일기』 한글판 출판 : 이 북접 일기는 조석헌 선생과 문장준 선생의 활동 기록인 『조석헌역사』와 『문장준역사』를 오늘의 현대어에 맞게 최

초로 번역한 것이다. 북접 일기는 고어체 국한문체였기에 일반인들이 쉽게 접하기가 어려웠다. 이를 위하여 그는 태안 군수에게 건의하여 2006년 드디어 발간하기에 이르렀다. 누구나 볼 수 있는 동학혁명의 향토사적 접근이 가능해졌다.

■ 『독립운동가 성암 문병석 지사의 생애』 발간(2014.10.29) : 문병석 지사는 태안 지역 동학 기포의 주도자 문장로의 아들로서 풍찬노숙 숨어 살면서 천도교 지도자로서 독립운동의 지역 책임자로서 일생을 바친 분입니다.

■ 『태안에서 점화된 동학농민혁명의 햇불』 발간 (2016) : 동학농민혁명에 참여하여 희생되신 선열들을 조사하고 발굴하여 4백여 명에 이르는 분들의 행장을 기록하여 후손에게 물려줄 것이다. 어려운 과정도 있었지만 685페이지에 이르는 방대한 분량을 편집하고 일부는 집필하여 출간하였다.

『태안에서 점화된 동학농민혁명의 햇불』

5) 동학농민혁명 연구 토론회 개최

동학농민혁명의 선양을 위해서 토론회, 워크숍, 포럼 등을 개최하여 동학혁명 정신의 확산과 선양에 노력하고 있다.

① 동학농민혁명 워크숍(2006.10.26-27, 서초휴양소)
이이화 선생의 초청 강의를 듣고 동학농민혁명 정신에서 무엇을 계승할 것인가? 를 주제로 토의하였으며 태안 관내의 유적지를 찾아보기도 했다.

② 동학농민혁명 학술세미나(2008.10.15, 태안군문예회관 소강당)

내포 지역 동학농민혁명사 연구의 현황과 과제(원광대 부총장 신순철), 태안동학농민혁명 관련 소장 자료의 현황과 가치(원광대 정성미), 태안 지역 동학혁명 유적지 발굴과 보존을 위한 제언(소설가 지요하), 태안 지역 동학농민혁명 유족 조사 현황(문영식)을 주제 발표하고 토론을 하였다.

③ 동학농민혁명 121주년 기념 포럼(2015.12.15)

청일전쟁과 동학농민혁명(충북대 신영우), 기념관의 전시 내용과 운영 관리(원광대 신순철)

중국 위해, 여순 역사 기행(문영식), 기념관 건립의 필요성(정암) 등을 발표하고 자유토론에 들어갔다.

④ 동학농민혁명 제114주년 기념 전국기념대회(2008.10.29-11.5, 태안군 일원)

주변의 반대를 무릅쓴 의지로 동학농민혁명 제114년 전국기념대회를 개최하였으며, 동학농민혁명 제114주년 기념식은 11월 1일 태안 군청에서 개최하였다.

6) 동학농민혁명군 참수 작두 발굴

동학농민혁명 당시 내포 지역 중에서도 태안에서 많은 동학혁명군이 참혹하게 희생되었다. 특히 근흥면 수룡리 소재 토성산에서 가장 잔인한 방법으로 죽어 갔다. 관군과 일본군은 동학혁명군을 총살하거나 산 사람을 생화장(生火葬) 하거나, 생매장(生埋葬)하기도 했고, 작두(斫刀)를 살인 무기로 하여 참수(斬首)하기도 했다. 작두로 목을 잘라 장대 끝에 매달고 50-60리 거리를 효수경중(梟首警衆) 하거나, 집 처마 끝에 매달아 놓기도 했다니, 얼마나 무자비했던가를 짐작할 수 있다. 이때 참수에 사용했던 작두를 한 개 발굴하여 문원덕 회장이 1976년 7월 3일 태안여자고등학교에 기탁 보관 전시하였으나 지금은 천안독립기념관에서 보관하고 있다. 갑오동학농민혁명 전후 전국 각 지역에서 작두로 참수되었다는 기록을 찾아볼 수 있었다. 참으로 잔혹한 일이 아닐 수 없다.

사진10. 참수 작두 전달 모습

5. 동학농민혁명 기념사업의 분석과 현대적 의의

1) 화해와 상생의 길을 함께 갑시다

저는 선친 원암 문원덕 선생의 추모비 건립을 비롯한 동학농민혁명 선양 운동을 곁에서 배우면서 성장했고 직간접적으로 지원하고 보좌하면서 경험을 쌓아 유족회에 입회하면서 부친의 일을 맡아 오늘에 이르기까지 정성과 투철한 사명감으로 동학농민혁명 선양 운동에 앞장서 왔다. 우리는 크고 작은 일을 가리지 않았다. 유족회의 단결과 화합을 이끌어 가는 유족회장으로서, 기념사업회 지도자의 한 사람으로서 나아갈 방향을 이끌면서 동학농민혁명 선양 운동에 정성을 다하였다.

앞에서 열거한 정신선양 운동이나 기념사업 하나하나에 정성을 다했다고 하지만 모든 일이 뜻대로만 이루어진 것은 아니었다. 오히려 좌절과 실망을 안겨 주는 일이 많았다. 우리의 힘이 모자라는 일이 참 많았다. 지난 날의 동학농민혁명 기념사업은 정부가 주도하는 사업이 아니었다. 동학농 민혁명 관련 단체의 간곡한 건의나 지역 여론에 따라 마지못해 수용하는 등 강력히 원할 때 겨우 이루어지는 경우가 대부분이었다. 이제는 동학농민혁 명 참여자 등의 명예회복에 관한 특별법을 제정해서 시행하고 있다. 정부나 지방자치단체가 해야 할 기념사업도 법에 명시하였다. 따라서 이제부터는 정부가 적극적으로 앞장서 기념사업을 추진하는 것이 더욱 좋을 것이다.

이제 모두가 대결과 원망에서 벗어나 화합과 상생의 길을 찾아야 한다. 모두 함께해야 한다. 2008년 동학농민혁명 제114주년 기념식을 비롯한 전 국 행사(5일간)를 태안에서 개최한 적이 있었다. 그때 화해와 상생의 무대를 마련하여 대회장이었던 이이화 당시 기념재단이사장의 주재 아래 유족 문 영식과 당시 별유사 김경제의 방손 김기학과의 화해와 상생, 유족 윤규상과 김춘제의 손 김건호와의 우정의 무대가 있었다. 지금까지 큰 감명으로 남아 있다. 화해와 상생의 길을 찾자는 것이었다.

인내천, 사인여천의 종지(宗旨)와 제폭구민, 광제창생, 보국안민, 척양척 왜 등 혁명 구호의 실현은 당시 좌절되었으나 3·1독립운동, 4.19혁명, 민주 화운동 등 시대의 흐름 속에서 하나하나 현실로 다가왔다. 신분 사회가 사 라졌다. 남녀 차별이 없어졌다. 자유와 평등의 이념이 시대정신이 되었습 다. 동학농민혁명의 정신이 지배하는 세상에 지금 우리가 살고 있다. 이제 선열들이 이루려 했던 혁명이 이루어진 것이다.

2) 동학농민혁명군의 역사 바로 세우기가 명예회복이다

봉건제도의 개혁과 일제의 침략에 대항해 국권을 수호하려고 한 동학농민혁명 참여자의 애국 애족 정신을 기리고 이를 계승 발전시켜 민족정기를 선양하며, 동학농민혁명 참여자와 그 유족의 명예를 회복함을 목적으로 2004년 3월 5일 동학농민혁명 참여자 등 명예회복에 관한 특별법을 제정 공포하였다. 이들의 명예를 누가, 무엇을, 언제, 어떻게 회복하여 주는지에 대한 규정이 없다.

① 위법 제3조 1항 2호의 규정으로 동학농민혁명참여자명예회복심의위원회 심의 사항으로 동학농민혁명 참여자와 그 유족의 명예회복에 관한 사항을 규정했습니다.

② 동법 제8조4호에서 정부가 동학농민혁명 참여자 및 그 유족을 위한 명예회복 사업을 추진하도록 했으며, 동법 제9조에서 동학농민혁명기념재단을 설립하여 동학농민혁명 참여자 및 그 유족을 위한 명예회복사업을 하도록 하였다. 즉 동학농민혁명 참여자 및 그 유족을 위한 명예회복에 관한 사항은 국무총리 소속하에 설치한 동학농민혁명참여자명예회복심의위원회에서 심의하여 정부와 동학농민혁명기념재단에서 추진한다는 규정이다.

심의 부서와 추진 부서만 결정하였을 뿐 가장 중요한 명예회복 대상 규정이 없는 것이다. 명예회복이란 용어는 있지만, 무엇이 명예회복인지 모르는 가운데 입법 후 16년이 지나갔다. 답답한 일이다. 참여자의 서훈이 명예회복의 문제 영역이라고 논의했다는 말이 있었으나 논란만 무성할 뿐 보류되었다고 한다. 동학농민혁명사의 왜곡은 동학농민혁명군의 불명예이다. 역사를 바로잡아 동학농민혁명 참여자의 명예를 회복해야 한다.

지난 5월 태안의 지역신문인 《미래신문》에 다음과 같은 기사가 보도되었습니다. "안흥진성은 조선 1655년(효종 6년)에 축조되어 1894년 동학농민운

동 때 폐성되었고… 태국사는 안홍진보다 오랜 역사를 간직하였지만 이 또
한 동학혁명 때 소실되어….” 안흥진성의 폐성과 태국사가 불에 탄 원인이
마치 동학농민혁명군의 방화 탓이라는 인상을 받기에 좋은 절묘한 문맥이
었다. 나는 동학농민혁명 참여자의 후손으로서 처음 보는 글이었다.

조선왕조실록(태안편)을 보면 태안과 관련된 크고 작은 사건 사고와 지방
정사에 관련된 모든 사항이 망라되어 있는데 동학과 관련된 국가의 방어영
이 있는 안흥진의 화재 기록은 없다. 동학농민혁명 때 현장에서 일어난 일
들을 기록한 우리 고장 출신의 기록물 『조석헌역사』나, 『문장준역사』에도
내비치지 않은 기록, 향토사의 맥락에서도 듣고 보지 못한 놀라운 일이 아
닐 수 없으며, 혹여 사실이 있었다면 구전으로라도 전해질 수 있는 중대한
사건이 아닐 수 없다. 처음 보는 기사였기에 유사한 다른 기록은 없는지 찾
아보았다. 놀랍게도 많은 자료에서 유사한 기록을 확인했다.

　■ 충남 문화재 대관 586쪽에 “안흥성은 1894년의 동학혁명 때 성내의 건
물이 일부 소실 당한 바 있다.”
　■ 태안군지 435쪽에 “고종 31년 1894년 동학혁명 때 성내의 건물이 일부
타버리고 이에 따라 성곽은 자연히 폐성되고 말았다.”
　■ 근흥면지 126쪽에 “당시 관군과 동학농민군의 충돌 과정에서 일부가
소실되면서 폐성된 것은 옥에티라 하겠다.”
　■ 문경호 교수의 논문 156쪽에서 “태안 안흥진의 역사와 안흥진성」 안흥
진성은 동학농민군과 관군이 접전을 벌일 때 대부분 소실되었다.”는 내용이
있다.

‘위와 같은 역사 기록에서 즉 동학혁명군이 방화했다는 기록이 아니고 동

학농민혁명 때 소실…'의 표현을 독자는 어떻게 이해하는지를 확인했다. 그 결과는 모두 동학혁명군이 방화했다는 것으로 이해했다. 위와 같은 결과에 놀라 역사 기록의 잘못으로 동학농민혁명군이 불명예스러운 처지에 있다는 것을 확인하고 역사를 바로잡아야 한다는 생각으로 '태안 안흥진성 사적 지정을 위한 학술세미나'(2020.6.5)에 참석하여 앞에서 지적한 안흥진성 관련 왜곡된 역사 기록과 보도에 대한 잘못을 지적하고 시정을 요구하였다. 안흥성 화재가 무엇이 그리 중요하냐고 반문할지도 모른다. 그러나 우리에게는 결코 작은 것이 아니다. 동학농민혁명이 관군과 일본 침략자의 총칼에 좌절된 이후 정부, 일제는 물론 모든 사람은 서슴없이 반동, 반역자, 역적 등 인간이 할 수 있는 가장 극단적인 언어를 찾아 증오하고 멸시했다. 갑오 이후 126년의 세월이 흘렀다. 이 세월 속에서 혁명의 역사는 멸시와 증오의 기록이 된 것이다. 이러한 어려운 사정을 고려해서 동학농민혁명 참여자 등의 명예회복을 위해 특별법을 제정 시행하고 있다. 그러나 지난 16년간 무엇을 어떻게 명예회복을 시켰는지 모르겠다. 무엇보다 중요한 것이 동학농민혁명의 역사를 바로잡아 세우는 일이다. 안흥진성의 화재가 아무런 근거 없이 동학농민군의 방화라고 강제하는 것이니 얼마나 큰 불명예인가? 이것이 진정한 명예회복의 문제이다.

안흥진성의 화재와 동학농민혁명을 관련시킨 저서와 기록의 시비곡직을 규명하는 일이다. 기록에 나타난 모호하고 왜곡된 부분을 찾아 규명하고 진실을 밝히는 일이 무엇보다 큰 명예회복이다. 우리 모두 역사 바로 세우기에 힘을 모읍시다.

끝으로 동학농민혁명의 역사 바로 세우기를 동학농민혁명 명예회복 과제로 채택할 것을 제안한다.

「갑오동학란피란록」 연구

장 수 덕
호서중학교 교사

1. 머리말

그동안 「피란록」으로만 알려진 이 사료는 별다른 의문 없이 공주시 장기면 대교리 인근에 거주하던 유생(광산 김씨)의 '피란 일기'로 규정되고 활용되었다. 그러나 필자의 연구에 의하면 「피란록」은 서산에 살았던 재지 양반이 1894년 당진지역을 전전하면서 피란 과정을 회고한 글이 분명하다. 그렇다면 이 기록물은 '피난록'이었을까 아니면 '피란록'이었을까? 이에 대한 명확한 대답은 '피난'이 아니라 '피란'이라는 것이며, 「피난록」,[1] 혹은 「대교김씨가갑오피란록」,[2] 「대교김씨갑오피란록」, 「대교김씨가갑오피난록」[3] 등 갖가지 이름으로 불릴 것이 아니라 '「피란록」(이하 피란록)'이란 한 가지 이름으로 통일되어야 한다는 것이 필자의 판단이다. 왜냐하면 「피란록」의 정확한 제목 역시 「갑오동학란피란록」이기 때문이다.

그럼에도 불구하고 그동안 이를 활용하던 연구자들까지도 「피란록」의 올바른 제목을 알지 못했을 뿐만 아니라, 저자에 대한 관심도 거의 없어서 실제로 정확하게 사용하지 못하고 있다. 그저 "너는 대교 김가가 아니냐?"라고 물었다는 대목과 '정안' 그리고 '공암'이란 지명에만 주목하였고 별다른 의문 없이 공주시 대교리 인근에 거주하던 유생(광산 김씨)의 '피란 일기' 정도로 단정해 왔다.[4] 실제로 충남 공주시 장군면에 소재한 '대교리(한다리)'

〈그림1〉
「갑오동학란피란록」표지 모습 - 전
「갑오동학란피란록」속지 모습 - 후
〈총 84면〉 필사본
출처: 동학혁명100주년기념 특별전시회, 이종
학 소장문헌자료전, 삼성출판사, 1994, 87쪽.

는 당시(1894년 10월 24일) 관군의 기습공격으로 동학농민군(영옥포)이 큰 타
격을 받았던 곳이라서 얼핏 이런 오해를 하기 쉬운 요소도 가지고 있다.[5]

그러나 필자가 「피란록」의 내용에 접근하면 할수록 도대체 이해되지 않
는 부분이 많았다. 특히 저자가 피란 보따리를 이고 지고, 그것도 가솔까지
거느리고 어두운 밤길을 걸어서 하루 만에 공주와 당진[6]을 왔다 갔다 했다
는 대목에서는 도무지 용납이 되지 않았다. 이렇게 의심은 커지고 깊어져
가던 중 급기야 「피란록」에 등장하는 지명들이 대부분 당진지역이라는 사
실에 주목하게 되었다. 그렇게해서 필자는 「피란록」 저자가 기록한 피란지
를 따라서 정리를 시작하였고, 지금껏 공주지역의 사료라고 단정하는데 결
정적 근거로 작용한 '정안'이란 지명이 당진지역에도 있었으며, 저자의 고향
으로 지목된 대교(한다리)라는 지명이 서산 지역에 존재한다는 사실을 알게
되었다. 그렇게해서 「피란록」이란 기록이 호우(湖右) 북부지역의 동학농민
전쟁기 사료라는 확신을 가지게 되었고 본격적인 연구를 진행할 수 있었다.
그러나 누군가가 먼저 이러한 기본적인 관심에 충실했더라면 그래서 「피란
록」의 주인공의 피란길[7]을 차례차례 정리만 했었더라면 이미 쉽게 밝혀졌
을 것들이었다.

이와같이 진행형이었던「피란록」[8]에 대한 철저한 무관심은 당진·서산 지역의 중요한 사료를 놓치게 됨은 물론 내포지역 동학농민전쟁사 연구에 결정적인 장애요인이 되었음은 두말할 필요도 없다.[9] 특히「피란록」에 언급된 지명들과 관련한 지리적 인식의 부재는 동학농민전쟁 연구의 발전적 측면에서도 여러 가지 한계를 낳고 있다.

이러한 문제의식에 근거하여 본 연구에서 첫째,「피란록」원문에 언급된 내용을 종합·정리·분석하여 저자를 추정할 수 있는 단서로 삼고, 이를 바탕으로 저자를 밝히는 데 집중하였다. 그리하여 밝혀진 저자를 중심으로 다시금「피란록」의 내용이 불명확하게 활용되지 않도록 방어하고, 더 나아가 내포지역 동학농민전쟁 연구의 중심사료로 분명하게 인정받고 활용될 수 있도록 하였다. 이를 위해 본 연구에서는「피란록」의 내용을 재해석하고 주도면밀하게 검토하여 집필 동기와 목적을 분명히 밝히고자 한다.

둘째,「피란록」의 서술 형식이나 체제를 분석하여 자료의 주요 내용은 무엇이며 무엇을 말하고 있는지 등에 대해서도 세세하게 분석하고자 한다. 특히 이 글에 담겨 있는 많은 이야기에 주목하고 다른 사료들과 비교하여 그것의 진정성과 의미를 밝히는 데에도 주력하고자 한다.

셋째, 당진과 서산 지역에서 일어났던 동학농민전쟁기 여러 가지 사건들을 가장 가까이서 직접적으로 보고, 듣고, 체험한「피란록」내용을 적확하게 분석하여 사료적 가치와 활용성의 의미까지 새롭게 따져보고자 한다. 이럴 때 주목한 것은「피란록」에서 드러난 당진·서산 지역의 동학농민전쟁의 전개, 그리고 당시 재지양반들의 난세의식과 피란 실태 등이다.

2.「피란록」의 저자와 집필 의도

1)「피란록」의 저자

'피란록'이란 피란 시에 쓰인 일기 형식 글들의 총칭이라 할 수 있다. 조선 시대 선조들은 이와 같은 유의 일기들을 평시와 다르게 유사시의 기록으로 남겨 놓았다. 일반적으로 일기가 평상시의 하루하루를 규칙적으로 되돌아 보면서 당일의 행적이나 본인의 느낌을 소소하게 적은 것이라면 '피란록'은 유사시임에도 불구하고 자신이 겪었던 사실이나 보고 들은 내용을 적극적으로 남겨 놓은 기록물[10]이라 할 수가 있다. 그래서 후세 사람들은 '피란록'이 어려운 시기에 쓰여서 무엇을 말하고자 하는지를 정확하게 파악하고 분석해 내어야만 한다.

　이러한 인식에 근거하여「피란록」의 저자는 과연 누구였는지부터 정확하게 밝혀보기로 한다. 결론부터 말하자면 필자가 찾은「피란록」의 저자는 바로 한다리 김씨 12대손(경주 김씨 26세손)인 김현제(金玄濟, 이하 현제)였다. 현제는 지금까지 알려진 바대로 공주시 장군면 대교리에 사는 광산 김씨가 아니고, 바로 서산시 음암면 성암리에 살았던 경주 김씨(한다리 김씨[11])였다. 지금도 이곳에 세거하고 있는 한다리 김씨들의 가계도를 필자가 찾아낸「피란록」의 저자를 중심으로 그려 보면 〈표1〉과 같다.

　현제의 수학(修學) 과정이나 가치관, 인식 등에 대하여 지금까지 따로 밝혀진 바는 없으며,「피란록」의 내용을 통해서만 간단히 추론이 가능하다. 그러나 그가 가문의 전통에서 따라서 한학을 공부하였고 상당한 유교적 소양을 갖추고 있었다는 사실만은 분명해 보인다.[12] 그랬던 그가 동학농민전쟁이 일어나기 전, 이웃과 벌였던 산송문제로 덕포 이병사[13]와 덕포 사람들에게

〈표1〉 현제와 관련된 한다리 김씨(대교김씨) 가계도

14世孫 安州公 연(堧)- 한다리김씨로 불리기 시작.			弘郁↳
15世孫 1남 承旨公 好尹			
16世孫 丹丘子公(察訪公, 參判公) 積			
17世孫 4남 文貞公(鶴洲公) 홍욱(旭)			
18世孫 1남 世珍	世珍↳	世珍↳	18世孫 2남 季珍
19世孫 1남 斗星	19世孫 3남 斗奎	19世孫 4남 斗璧	19世孫 斗光
20世孫 興慶(領議政)	20世孫 1남 潤慶	20世孫 趾慶	20世孫 選慶
21世孫 漢藎+화순옹주	21世孫 漢震(生父 濟慶)	21世孫 漢泰	21世孫 漢耉
22世孫 頤柱(養子)	22世孫 應柱	22世孫 4남 定柱	22世孫 정순왕후
23世孫 魯永(親父魯敬)	23世孫 5남 魯緝	23世孫 魯恒	
24世孫 정희(추사)	24世孫 2남 駿喜	24世孫 學喜	
	25世孫 商高	25世孫 商佐	
	26世孫 3남 현제→양자→	26世孫 현제	

척을 진 것이 화근이 되고 말았다. 그에 대한 자세한 내막은 다음과 같다; "①현제는 생가 쪽의 누대 산소가 온정동에 있었는데 묘지 구역 내에 다른 사람들이 몰래 산소를 쓰면서 뜻하지 않게 산송에 휘말리게 되었다. ②이후 동학농민전쟁이 시작되고 산송에 패소한 사람들이 동학도가 되면서 입장이 크게 변하였다. 혹시나 문제가 발생할까 싶어서 긴장하고 있던 차에 아는 사람이 찾아와서는 "내일 모레 전복록(全卜泉)(산송에서 패소한 이들의 대표-필자)이 찾아와 바로 당신 집에서 집회를 열겠다고 하더이다."라고 알려주었다. ③이에 현제는 신주를 후원에 묻고(음 7월 23일-필자)는 목적지도 없이 황급히 집을 나섰다. 이후 동학농민전쟁기 내내 피란 생활을 하며 고초를 겪어야만 했던 현제는 「피란록」이라는 회고록을 남기면서도 자신의 존재를 감춤으로써 두 번 다시 고난의 빌미를 만들지 않으려 부단히 애를 쓰는 노력도 게을리하지 않았다. 그러나 한편으로는 이런 그의 의도와는 상관없이 곳곳에다 자신이 누구인지를 추적할 수 있는 단서를 열거하였는데, 그렇게 쓰여진 피란 행적은 곧바로 그가 누구인지를 특정할 수 있는 결정적 증거가[14] 되었다."〈표2〉

[표2] 저자를 특정할 수 있게 한 「피란록」의 기록들

현제	(1856~?)	
	선조 관련 기록	온정동에 누대, 선대 산소가 있다, 지난달 28일이 선친 제삿날이다. 기곡에 집안 사람이 많이 살고 있다.
	형제 관련 기록	구가에 큰집이 있다. 당해(1894년-필자) 큰형님 나이가 육순이시다. 둘째형님 산소가 기곡에 있다.
	본인 및 자식 관련 기록	공암에 살았다. 두 살과 열 살에 부모를 잃고 큰형님과 둘째형님에 의지하며 성장하였고 생산에 종사하였다. 당해 봄에 아들이 면천 한기의 이씨(용재 이행(李荇)의 후손)의 집으로 장가를 갔다. 아들 이름을 '동아(東兒)'라고 하였다.
	가문 관련 기록	자신의 가문이 대대로 시와 예를 익혀 온 명망 가문이며, 효도, 우애, 화목하여 칭송을 받았다고 자부하였다. 당시에는 직접 농사를 지을 정도로 가세가 기울었다. 제사를 직접 모시는 처지였다.
	친척 관련 기록	석천에 재종숙부가, 신기에는 친척 안씨가, 죽기에 사종형 경숙이 살고 있다. 삼종 동생 이름은 연심이고, 집안 할아버지 이름이 평해이고 족제 이름이 혜천이며 사종질 이름이 성우이고 재종동생 이름이 '명제'이다. 창동에 족질 진사 종형제가 살고 있다. 율리에 친척 이경빈이 살고 백치에는 친척 형 만원씨가 살고 있다.
	친구 관련	서산 토동의 조중하와 고향 지구(知舊)이다. 독정의 임성윤, 운산의 국빈, 수동의 김성습은 친구이다. 정안에 윤씨가 살고 동림에 친구 김군석이 살았다.

〈표2〉에서 확인할 수 있는 여러 가지 단서 중에서 가장 먼저, 가장 확실하게 필자가 주목한 대목은 바로 선친의 제삿날[15]에 관한 기록이다. '지난달 28이 선친의 제삿날'이라는 기록에서 그가 피란길에 오른 날을 기준으로 추론한 결과 바로 음력 7월 23일이라는 사실을 알 수가 있었다. 두 번째 "큰형님께서는 육순의 노경(老境)으로 홀로 재앙의 그물 속에 갇혀"라는 대목에서 큰형님의 나이가 당해(1894년-필자)에 60세였다는 사실에 주목하였다. 세번째는, 본인이 '두 살과 열 살에 부모님을 여의고 형님들에게 의지하여 성

장하였다.'는 내용에 주목하였다. 네 번째, 위로 형님이 둘씩이나 있는 지차(之次)임에도 불구하고 '제사를 받들지 못하여 괴로워한 모습과 신주(神主)를 묻고 피란길에 올랐다.'는 내용에 근거하여 양자의 가능성에 주목하였다. 다섯 번째, 그가 피란길에 들렀던 지역의 지명 중에 '기곡 작은형님의 산소에 가서 절하였다.'는 내용에 주목하였다. 여섯 번째, 어린 아들의 이름을 감추기 위해 '동아(東兒)'라고 기록한 사실에서 '동(東)' 자를 한 항렬 낮은 돌림자로 추정하였고, 여덟 번째, 재종동생 이름이 '명제'였다는 기록에서 '제' 자 항렬의 인물로 특정하였다.[16] 일곱 번째, 아들이(큰아들) 당해 봄에 '한기 이씨 용재 이행의 후손에게 장가들었다.'는 내용을 토대로 덕수 이씨 족보를 분석하여 당해에 시집간 사람을 추적하였다. 이 외에도 중간중간 나오는 세세한 기록들까지 주목하면서 기록들을 조합하고 그것에 기초하여 대교 김씨 족보와 덕수 이씨 족보에서 정확하게 부합하는 인물을 찾아냈고 그렇게 특정된 인물이 바로 현제[17]이다. 〈그림2〉

이렇게 해서 찾아진 현제의 가족에 대해서 좀 더 상세히 정리해 보면, 그의 부친은 김상설(金商卨)이고 묘는 매정리(온정동-필자)에 있으며 기일이 7월 28일이다. 그가 큰형님이라 부르며 믿고 따랐던 사람은 익제(益濟)이고 호적에 기록되어 있기를 을미생이었으니까 갑오년 당시 나이가 정확하게 육순(60세-필자)이었다. 둘째, 일찍 작고하여 기곡에 산소가 있다던 둘째 형님의 이름은 정제(鼎濟)이고 실제로 그의 묘는 아산시 신창면 기곡리에 있다. 또한 당해 용재의 후손에 장가들었다는 큰아들 이름도 동식(東式)으로 확인되었다. 이렇게 「피란록」의 모든 내용이 경주 김씨 족보와 덕수 이씨 족보의 기록과 정확하게 일치하며 현제를 일관되게 지목하고 있었다. 이에 경주김씨 족보에서 찾아낸 현제[18]의 이름이 바로 〈그림1〉과 같고 그의 직계 후손들의 가계를 정리하면 〈표3〉과 같다.

〈그림1〉 현제와 관련된 경주김씨족보

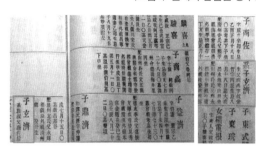

현제의 생가의 족보(사진 왼쪽)
현제의 양가의 족보(사진 오른쪽)

〈표3〉 김현제의 가계도

김상설──①子- 益濟 - 東一 - 系子鳳煥 - 系子基學 - 元鎬(1946년생) 亨鎬, 利鎬
　　　　　　　　　　　- 東壽
　　　　　　　　　　　- 東珏(숙부 奭濟 后)
　　　　②子- 鼎濟 - 東昇 - 龍煥 - 基榮 - 奭鎬(1943년생) 命鎬, 慶鎬, 喆鎬
　　　　　　　　　　　- 文煥 - 基祥 - 瑛鎬(1956년생)
　　　　　　　　　　　- 東璇
　　　　③자- 현제(계족숙부상좌후)
　　　　　　　　　- 동식 - 영환 - 기태(1927-1959년 졸)
　　　　　　　　　　　　　- 기만(숙부 장환 후)
　　　　　　　　　　　　　- 기문(1940년생, 지곡면 무장리)
　　　　　　　　　　　　　- 기두(1944년생)
　　　　　　　　　- 동완 - 무환(1919년생)
　　　　　　　　　- 중근(딸)

〈그림2〉 김현제의 묘와 묘비

현제에 관한 사실 여부는 덕수이씨 족보에서도 교차하여 확인하였고, 그의 증손 김기문 씨를 통하여도 거듭 확인하였다. 또한 경주김씨 문중의 협조를 받아 서산시 대산읍에 있는 그의 무덤까지 직접 확인하였다.[19] (〈그림2〉)

2)「피란록」의 집필 의도

그렇다면 조선시대 양반들은 유사시임에도 왜 그렇게 적극적으로 '피란록'을 남기고자 했을까?「임자록(壬子錄)」을 남긴 유진은 자신이 겪었던 임진왜란 당시의 피란 체험과 모욕감, 서러움을 세세히 서술하면서 집안사람들이 이를 이해해 주고 교훈으로 삼기를 바란다고 집필 이유를 밝히고 있다.[20] 장현광 역시「용사일기(龍蛇日記)」를 통해서 임진왜란 중에 백성들이 겪는 참상을 상세히 묘사하고 그동안 군신상하가 모두 의리에 맞지 않았으며, 도를 실현하지 못하여 결국에 화를 당하게 되었다고 고백하였다. 계속해서 국란 속에서 국가정책의 난맥상도 치밀히 분석함으로써 난리로 인심이 무너진 시대에 사람마다 자신의 이(理)를 지키고 도(道)를 실현하려고 노력해 가도록 하는 일이야말로 선비의 사명이라고 주장하기도 하였다.[21]

결론적으로 유사시의 기록인 '피란록'은 난리를 미리 대응하지 못한 책임과 반성, 수모와 치욕에 대한 자기변명, 전성(傳姓)을 바라며 자신의 행위를 후손들이 이해하고 알아주길 기대하는 기대심리가 강하게 담겨 있음을 알 수 있다. 그럼에도 불구하고「피란록」을 '어느 유생의 변명 또는 반성문' 정도로 보는 시각도 있고[22] '착한 일을 하면 난세에도 성명을 보전할 수 있다는 교훈을 강조'하기 위함이라고 단순화하기도 한다.[23] 물론 이러한 주장에 대해서 필자 역시 일부는 동의하나 전부를 동의하기 어렵다. 왜냐하면 실제로「피란록」의 첫 대목에서 목숨과 성명을 보전하여 가문을 이어가고자 하는 염원이 드러나 있지만, 더불어 '안으로 스스로 자신에게 부끄럽거나 남의 비웃음거리가 되지 않을까 걱정'[24]하는 모습이 강하게 엿보이기 때문이다.

> 옛사람들이 말하기를, "사람을 얻는 자 흥하고 사람을 잃는 자 망한다"고 하였다. -중략- 선행을 쌓은 사람은 난세에 비록 신체와 재산을 모두 온전하게 보전할 수는 없어도 굶주림과 돌림병으로 횡사하는 액운을 당하지 않고 반드시 목숨을 보전하고 전성[25]의 길이 있을 것이다. -중략- 그런데 어리석고 배움이 적은 나는 가정의 가르침을 계승하지 못하여 선조에게 죄를 더하고 스스로 굴욕을 이기지 못함이 있다. 그러나 선령들의 음덕과 후사의 가성이 이어지기를 간절히 바란다.[26]

현제는 이렇게 전성을 향한 간절한 마음을 담아서 이 글을 쓰고 있음을 스스로 밝히고 있다. 그는 나라가 백성의 어려움을 살펴주지 못했으므로 난세가 열렸으며, 그래도 자신의 집안만은 평소 사람들의 신망을 잃지 않고 살아왔으므로 선조들의 음덕이 미쳐서 명성을 대대로 이어갈 수 있길 기대하였다. 그러나 결국 떠돌이 피란민 신세를 면하지 못하였고 피란 도중 자발적으로 역성(易姓)을 하는 치욕까지 당하고 말았다. 그리하여 그는 오욕의 순간들을 꿋꿋하게 참아낼 수밖에 없었던 까닭과 자발적 역성 이유를 다시금 분명하게 설명해야만 하는 당위가 생겼던 것이다. 하여 그는 옛 성현들의 고사를 들먹이며 '전성의 방편'[27]이었다고 강변하고 있다.[28]

또 하나 「피란록」의 집필 목적은 바로 이른바 '동요(東擾)'의 실상과 폐해를 낱낱이 고발함으로써 이(理)를 지키고 도(道)를 실현해 나가려는 '선비의 사명'에 충실하고자 한 것이다.[29] 그리하여 때마다 지면을 할애하여 동학의 주장을 일일이 비판하고 조목조목 지적하였다.

저들은 스스로 왜양을 물리친다고 하면서 생산에 종사하지 않고 매일 무기를 지니고 동쪽 가옥에서 무리를 짓지 않으면 서쪽 동네에서 작당을 하여 국법과 왕장을 무시하고 방백과 수령을 도외시하였다. 저들 중에 만약 산송이나 채무 혹은 자질구레하게 원한을 갚을 일 등이 있으면 저들 멋대로 판결하였다. …〈중략〉… 아침에는 동쪽 집안의 무덤을 파헤치고 저녁에는 이웃의 재산을 빼앗았으며 마치 무인지경을 다니듯 하였으니 원성이 길에 자자하였고 재앙의 기색이 하늘을 덮었다.

뿐만 아니라, "갈산 김씨, 삼산 이씨, 두리 정씨 등 명문거족들이 집집마다 봉변을 당했다. 때문에, 여기저기서 양반들이 앞으로 어떤 화가 닥칠지 몰라서 신주를 묻고 남자는 지고 여자는 이고 온 식구가 도주하지 않는 이가 없었으며…" 결국엔 '모두가 이적에게 수모를 당하는 화마저 자초'하였다고 매섭게 비난하였다. 또한 자신이 피란길에 오르고 수없이 고초를 겪으면서는 이러한 비난의 강도가 점점 더 강화되었다. 한편으로 '조선의 선비들이 염락관민에서 벗어나지 않았고 집집마다 공맹을 우러러 오백년 예의국을 이끌었다' 자부하기도 하고, '서양의 각국이 개화를 칭탁하며 도처를 개항하고 나라의 재물이 고갈되고 풍속이 교란되어 법강과 예교가 한꺼번에 다 무너졌다고 끊임없이 탄식'하는 복잡한 심경을 드러내기도 하였다. 현제는 이렇게 일상의 생존과 함께 도덕적으로 인간다운 삶을 추구하는 유생의 일용이륜(日用彝倫)의 보편적 가치[30]를 지키기 위해 혼신의 노력을 다하였다.

3. 「피란록」의 체계와 주요 내용

1)「피란록」의 체계와 서술 방식

먼저 「피란록」의 서지사항에 대해 살펴보면, 총 84면의 일기 형식으로 결코 짧지 않은 재지양반의 회고록이란 사실을 알 수가 있다. 비록 매일매일 일기처럼 기록하지는 않았지만 농사에 관한 얘기며 교우관계나 종중 관련 이야기, 봉제사나 가족과 일가에 관한 얘기, 개인 혹은 동리에서 일어났던 이야기 등이 두루 담겨 있다. 그러나 일반적인 피란기와 비교해 보면 일부 다른 점이 있음을 알 수가 있다.

그것은 첫째, 「피란록」은 매일매일 기록한 일기가 아니라 회고록 형식을 갖춘 글이라는 점이다. 「피란록」 어디에도 날짜의 기록은 없고 간지나 일기(日氣)에 관한 내용도 보이지 않는다. 다만 본문 내용이라 할 수 있는 피란기록 부분에서는 '다음날, 또 다음날'의 형식을 빌려 날짜별 기록에 충실하려 했음을 알 수가 있다. 둘째, 「피란록」에는 전체 분량에 비해 상당히 긴 머리글이 들어 있고, 아주 짧고 간단하긴 하지만 마무리 글도 있다. 이는 일기형식을 취했다고 하더라고 이전에 메모된 기록을 하나로 묶어서 문단의 격식을 갖추면서 정리한 '회고록'이라는 의미가 된다. 셋째, 「피란록」이 만일 하루하루 당일의 내용을 기록한 글이라면 날짜별로 내용이 정확했어야만 한다. 그러나 「피란록」에는 날짜의 정확한 기록보다는 '다음날' 또 '다음날'로 기록되어 있으며 이를 '이튿날'로 해석하고 날짜별로 정리를 해보면 끝까지 일별 정리가 정확하지 않음을 알게 된다.[31] 이는 분명히 매일매일 기록하지 않았음을 알 수 있게 하는 것이나, 그렇더라도 기록 내용의 순차성과 분량으로 본다면 날짜별 혹은 사건별로 일정한 메모는 분명하게 존재했

던 것으로 짐작할 수 있다.[32]

　두 번째로 「피란록」의 내용과 구성에 따라 체계를 들여다보면 도입과 전개 그리고 결론 등 세 부분으로 나눌 수 있다. 도입부는 저자가 회고록을 집필하면서 추가한 내용이 대부분인 것으로 보이며, 때문에 특히 양이 많아서 형식을 나누기가 애매하기도 하다. 하지만 대강 내용에 따라 8문단 정도로 나누어 정리해 보면 첫 문단에는 모범적인 가문의 전통이 자신의 어리석음으로 인하여 첨선지죄(忝先之罪)되었으니 선령에 음즐(陰騭)으로라도 가문의 명성이 대대로 이어지길 간절히 기대하는 내용이 들어있으며,[33] 둘째 문단에는 동학의 시맹(始萌)과 비잠(秘潛) 과정 등 주로 소문으로 접한 내용들을 들어 있다. 셋째 문단에는 이 지역의 동학이 보은도회 이후 불길처럼 성행하게 되었다는 사실과, 호남과 호중의 접주들의 이름 등이 주로 기록되어 있다. 넷째 문단에는 동도들의 척왜척양 주장과 방헌왕장, 방백수령을 도외시하고 산송이나 채무에 제멋대로 판결한 내용, 부자들의 돈과 곡식을 빼앗고 노비문서를 탈취하고 상전을 욕보이는 등의 움직임을 기록하였으며, 다섯째 문단에는 봉변을 당한 양반가들과 동도들이 모두 우리나라 사람임을 비통해하고 안타까워하는 내용이 들어 있다.[34] 여섯째 문단에는 성환전투에서 패한 청군 수백 명이 유산촌에 들어와서 밥을 구걸하던 상황에 우리를 도와주려다 이 지경에 이르러 가엽고 불쌍하다는 사대주의 의식을 강하게 표출하기도 하였으며, 한편으로는 청과 왜가 틈을 타고, 조종 이래 올바른 학문과 도리를 따르던 전통은 끊어졌으며, 강령은 해이해져 정통이 영원히 단절된 것은 동학의 책임이라고 분석한 내용 등이 들어 있다.[35] 일곱째 문단에는 아들의 장가든 이야기를 비롯한 소소한 가정사가 주로 담겨 있고, 여덟째 문단에는 동도들의 활동 내용과 그들로부터 핍박을 받아 자신도 피란길에 올라야 했던 사정 등을 기록하고 있다. 이렇게 도입부에는 12쪽 분량

(전체14%)의 많은 내용이 기록되어 있는데, 어쩌면 이는 맺음말의 내용까지 모두 포함하고 있기 때문이며 그런 점에서 「피란록」 집필의 의미를 전체적으로 대변하는 것으로도 보인다.

전개부에서는 저자가 피란길에 오르는 7월 23일부터 이야기가 시작된다. 「피란록」의 실질적인 내용이며 중심 내용이라 할 수 있는 이 부분에 오면 현제는 자신이 신주를 후원에 묻고 어린 자식을 업고 홀연히 집을 떠나야 했던 첫날밤부터 피란지마다 도착하고, 묵고, 다시 떠나야 했던 마지막 순간까지 정확한 여정을 기록하고 있다. 특히 아팠던 기억이나 치욕적인 순간들은 더없이 정확하게 기록하고 있으며,[36] 피란길에 보고 들었던 동도들의 움직임과 행태까지 상세히 기록하였다. 특히 이 장에서는 면천 출신 수접주로 알려진 이창구에 관한 내용[37]과 홍주목사 이승우와 유회군의 움직임 그리고 여미벌제회,[38] 승전곡 전투의 상황까지 상세하게 기록되어 있다.[39]

결론부에서는 총 9개월간의 피란 생활 중에 겪었던 괴로움과 즐거움을 낱낱이 기록하였다고 고백하고 혹여 구애되는 말이 있으니 남에게 보이지 말고 후손들이 전성의 교훈으로 삼길 바라는 마음을 간단하지만 간절하게 전하고 있다.

2) 「피란록」의 주요 내용

동학농민전쟁기 호우지역 양반들의 피란기로는 「갑오일기」,[40] 「일기척동사실」[41] 등이 있으며 개인 기록물로는 「복암사집」,[42] 「갑오기사」,[43] 「갑오동란록」,[44] 「남유수록」,[45] 「약사」,[46] 「시문기」,[47] 「면양행견일기」,[48] 「김약제일기」[49] 등이 있다. 그럼에도 불구하고 필자가 「피란록」에 집중하고자 하는 이유는 이미 고착된 가치 인정 측면이나 일정한 한계를 지니고 있었던 활용 부분에 있어서 작금에 새로운 평가와 시도가 필요하다고 생각하였기 때문이다. 그리하여 이를 위한 기초 작업으로서 「피란록」의 주요 내용을 먼저 분석·정리하면 다음과 같은 특징들이 보인다.

첫째, 「피란록」에서는 본인과 가족 등 친족에 관한 내용은 철저히 숨김의 원칙[50]을 표방하였다. 현제는 자신의 이름은 물론이고 두 분 형님들의 이름과 자신이 살던 고향 동리명 그리고 이사를 가신 큰형님의 거주지, 누대의 산소가 있다는 위치, 자신의 자식들의 이름까지 하나같이 감추고자 노력하였다. 그러나 이러한 숨김의 원칙을 적용한 것들 이외에는 큰형님의 나이와 둘째 형님 산소의 위치, 그리고 장가간 아들이 이름뿐만 아니라 자신의 선친 제삿날까지 모두 정확하게 기록하고 있다.[51]

둘째, 현제는 피란 과정에서 자신이 이동했던 지역들을 일일이 기록[52]하였고, 또한 방문했던 친지들이나 친구들에 대해서도 어디 사는 누구인지 일일이 설명하였고, 본인이 겪은 괴로움과 슬픔 또한 차례차례[53] 기록하였다. 이러한 기록 내용은 바로 그가 당진에서 피란하였음을 알려주는 직접적인 증거물이었으며 또한 이 지역과 가까운 곳에 살고 있었던 사람이었음을 콕 집어서 말해주는 확정적 증거가 되었다.

셋째, 「피란록」에는 어쩔 수 없이 동학 관련 기록들이 많이 들어 있다는 것이다. 특히 그가 본격적으로 피란을 시작한 7월 23일부터는 내용이 상세해지고 분명해지고 정확해짐을 느낄 수 있다. 이는 저자가 필연적으로 마주하게 되었던 사건들과 그로 인해 겪었던 강렬한 기억들 때문으로 추정된다.

동학의 사건들과 관련하여 정말 중요하게 생각해야 할 기록들을 따로 정리해 보면 ①산천포 접주 이창구에 관한 내용 ②내포동학농민전쟁이 시작되는 여미벌[여미평]제회에 관한 내용 ③승전곡 전투에 관한 내용 등이다.

첫 번째로 이창구(李昌九)에 관한 내용부터 「피란록」에서 찾아 짚어 보면, 이창구는 면천포, 목포, 산천포 등 다양한 포의 수접주로 언급되고 있으나 아직까지 그가 누구인지에 대하여 정확하게 밝혀지지는 않았다. 다만 그의 최초 거점이 바로 국수봉(혹은 국사봉)[54]이었으며 그를 따르는 세력은 수천 명에 달했다고 하는 사실은 분명해졌다. 이렇게 국수당(국수봉에 있는 신당-필자)을 근거지로 면천 북부 일대를 거침없이 주유하면서 무기를 거두고 식량창고를 봉고(封庫)하던 그의 영향력은 면천, 당진, 서산 일대를 넘어서서 홍주와 보령까지 널리 미치고 있었음도 밝혀졌다.[55] 「피란록」에서는 이러한 이창구를[56] 최시형, 전봉준, 김개남 등과 이름을 나란히 하여 기술하고 있으며 '예포의 박덕칠과 함께 호우의 거괴로서 그 폐해가 막상막하였다.'고 전하고 있다. 또한 당당했던 이창구의 개별적인 행보부터 농보성[57]을 무력으로 빼앗아 차지하는 장면까지 세세하게 기록하고 있으며, 때문에 항상 홍주목사 이승우에게 제거 대상 1호로 지목되었던 사실까지 분명하게 언급하고 있다.

두 번째로 「피란록」의 동학 관련 중요한 기록을 들면, 여미벌제회에 관한 내용이라 할 수 있다. 「피란록」에는 당진과 면천, 서산, 태안 등지에서 개별적으로 활동하던 내포지역 동학도들이 총기포에 즈음하여 대부분이 여미벌로 모여들었다는 것이며, 이때의 숫자가 대략 수만 명에 달했다고 하였다. 이때 모여든 사람 중에서는 이창구의 원수를 갚겠다는 공언하는 사람들도 많았다는 사실로 미루어 흩어졌던 이창구의 휘하들도 함께 참여한 것을 알 수 있다. 이렇게 「피란록」에서는 그동안 각 포를 중심으로 개별적인 결사 활동과 도회 활동에 집중해 오던 동학도들이 바야흐로 덕의포(德義包)를 중심으로 내포동학농민군이라는 새로운 군편제로 다시 탄생하는 장소가 바로 여미평이었음을 정확하게 알려주고 있는 것이다. 이러한 의미에서 그동안 누구에 의해서도 관심받지 못했던 여미벌제회는 이제라도 반드시 재조명되고 재평가되어야만 한다.

세 번째로 중요한 동학 관련 기록은 승전곡 전투에 관한 내용이다. 이날 현제는 여미벌로 진압군이 파견되었다는 말을 듣고 아미산에 올라 종일토록 승전보가 날아오길 고대하며 지켜보고 있었다. 그러나 결국 진압군들이 "대군을 보자 겁에 질려 총 한 방 쏘지 못하고 패퇴했다."는 소식을 접하게 되었고 이후 "몇 만 명이나 되는지도 모를 비류들이 온 산과 들을 메우고 면천을 향해 이리와 승냥이처럼 몰려가는" 모습을 목도하고 두려움에 떨어야만 했다. 이렇게 승전곡 전투에서 승리한 동학농민군들이 면천읍성에 무혈입성하고 대천과 구만포를 거쳐 예산 관작리에 진을 치고 유회군과 한바탕 전투를 치른 일이며 홍주성으로 진격하여 크게 패한 일까지 모든 과정을 기록하고 있다. 뿐만 아니라, 동학농민군의 주장이나 접주들의 출신 성향, 양반의 핍박 행태에 대해서도 어느 사료보다도 정확하게 기록하고 있다. 동학도들은 반드시 무리를 짓거나 작당을 하여서 무엇인가를 이루려 하였음과 곳곳에서 지방 행정에 깊숙이 관여하였음도 기록하고 있다.[58]

네 번째로 동학 관련 중요 기록은 양반가의 인식과 대응에 대한 내용이다. 「피란록」을 보면 저자 자신도 처음부터 동학에 대하여 반목하고 적개심을 드러내진 않았다.[59] 그러나 동학이 점차 반상 간에 시비와 다툼을 야기하고 특히 자신이 피란길에 올라 고생이 시작되자 반동학적으로 시선을 고정하였다. 때문에, 이때부터 '동비들은 여항에서 옳고 그름을 따지는 자가 있으면 '도를 훼손한다고' 핑계 삼아서 묶어 때리고 까닭 없이 트집을 잡아 시끄럽게 하는 무뢰배들이었으며, 사대부를 묶어놓고 형을 가하고 남의 무덤을 강제로 파기도 하고, 채무를 강제로 받아내는 불한당으로 취급하였다. 때문에, 그들을 '자신들의 노비문서를 탈취하였고 상전을 욕보인 뒤에 떠나갔으며 부자들의 돈과 곡식은 빼앗고, 남의 소와 말도 가져갔다.'고 원색적으로 비난하였던 것이다.

　바로 이러한 때에 내포에는 이승우가 등장하는데, 그는 부임과 동시에 '지역마다 유회를 개설하고 유회군을 조직하였으며 포흠에 젖어 있던 관속들을 애둘러 단속하고 성벽을 보수하면서 따로 군사를 모집하고 특별하게 강하게 훈련시켰다. 결과적으로 승전곡 전투 이후 관작리 전투에서 승리하고 홍주성으로 몰려온 내포동학농민군들을 패퇴시켰으며, 이에 그치지 아니하고 홍성과 예산, 당진과 서산과 해미 태안 등 곳곳에 유막[60]을 설치하고 동학의 우두머리를 색출해서는 홍영으로 압송하여 처단케 하였다.'고 구구절절 칭송하였던 것이다. 이처럼 「피란록」은 내포동학농민전쟁에 관하여 농민군의 동향은 물론 홍주목사나 유회군의 움직임까지 세세하고 적나라하게 기술해 놓고 있다.

4. 「피란록」의 사료적 가치

1) 당진 · 서산 지역의 동학농민전쟁 기록

　앞서서 「피란록」이 저자가 직접 듣고, 보고, 체험한 생생한 사실들을 바탕으로 기록된 내용이라는 점, 또한 당시 내포동학농민군들의 활동과 농민전쟁의 양상을 정확하게 서술한 몇 안 되는 중요한 사료라는 점을 강조한 바 있다. 이렇게 기록된 「피란록」의 내용을 연구사적 활용 측면에서 가치를 논한다면 ①당진과 서산 지역의 동학농민전쟁에 관한 기록과 ②재지양반층의 난리 인식과 피란 실태에 대한 기록 등 크게 두 가지 측면으로 나누어 볼 수 있다. 「피란록」의 사료적 가치로서 가장 중요한 점은 당진과 서산 지역에서 동학의 전파나 급격한 확산 과정, 그리고 당시 결사의 동향 등 동학농민전쟁 관련 기록이 24회나 자세하게 언급되어 있다는 사실이다. 특히 1893년 보은집회 이후 급격하게 확산되었다는 내용부터 그들은 항상 '도회(都會)'라는 모임을 통해 의례와 결사를 도모하였으며 의론하고 방향을 결정하였음을 기록하고 있다. 이러한 「피란록」의 기록 중에서 ①이창구에 관한 기록 ②여미벌 제회에 관한 기록 ③승전곡 전투에 관한 기록은 특히 비중 있게 보아야 할 내용이다.

먼저 이창구에 관한 기록부터 좀 더 자세히 살펴보면, "면천 이북은 이른바 이창구라는 자가 목포 수접주를 자칭하면서 월곡에 적의 소굴을 만들어 놓고 있었으며, 이른바 강·편·윤 세 놈도 적괴로 경내에서 못된 짓을 하고 다니고 있었다."고 하여 그가 어디 소속인지 어디에 근거하고 있는지 그의 부하들은 누구누구였는지 등을 정확하게 알려주고 있다. 게다가 이창구란 자가 수천 명을 거느리고 국수봉 아래에 모여 있었는바, 그의 세력은 어느 정도였는지, 그들은 매일매일 어떤 일을 하였는지, 무엇을 준비하고 있었는지를 충분하게 가늠할 수 있는 사실들도 기록하고 있다. 뿐만 아니라 "한 날 저녁에 뒷산에 올라 동정을 살피니 농보에서 북창을 거쳐 대천 근처에 이르기까지 불빛이 하늘로 치솟았으나 아무도 그 이유를 알지 못하였다. 이튿날에 들으니 이것은 이창구가 홍주로 잡혀간다는 봉화였다. [중략] 그를 잡아 묶어서 초토영으로 보내어 왕법으로 처형하였다."[61]는 이창구의 죽음에 관한 내용까지 자세하게 수록하고 있다. 이로써 면천지역에서 기포하여 당진과 서산, 태안, 홍성, 광천까지 널리 세력을 펼쳤던 내포지역 최고의 수접주 이창구의 삶과 죽음을 생생히 연구할 수 있는 근거를 제공할 뿐만 아니라, 이 지역의 동학농민전쟁의 연구를 가일층 진전시킬 수 있는 자료로서 가치도 충분하게 보여주고 있다.

두 번째로 내포동학농민군의 탄생하던 여미벌제회의 모습을 살펴보면

"서산·해미·태안의 비류 수만 명이 여미의 수십 리나 되는 긴 계곡에 모여 매일 소를 잡고 또 재물과 곡식을 탈취하였다. 당진의 남쪽과 면천의 서쪽은 대가와 오두막을 막론하고 남김없이 싹 쓸어갔다. 게다가 서산과 태안에 머물러 있던 나머지 부대들은 마치 거미가 거미줄을 치듯이 금명간에 당진과 면천을 석권하여 이창구의 원수를 갚겠다고 기약하였다."는 것이다. 이로써 당시 얼마나 많은 사람이 모여들었으며 무엇을 하고자 주창하였는지, 그리하여 이들이 어떤 조직으로 탄생하였으며 어디로 향하였지 가늠할 수 있는 단서를 제공하고 있다.

세 번째로 동학농민군들의 첫 출발이었던 승전곡 전투에서 대해서도 분명하게 기록하고 있다. "여미로 출전하였던 병정들은 승전 아래에 이르러 겨우 한 무리의 군사들을 격파하였습니다. 그런데 검암 뒷산에 이르러 수만 명의 대군을 보자 겁에 질려 간이 콩알만 해져서 총 한 방 쏘지 못하고 바로 퇴각하였습니다."라고 하였다. 그동안 승전곡 전투에 대해서는 사료마다 기록이 다르고, 이를 해석하는 학자들마다 분석도 제각각이었다. 그러나 「피란록」에 근거하여 승전곡 전투를 들여다보면 당시 여미벌에서 제회하여 내포동학농민군들을 이끌었던 덕의대접주 박인호의 회고록의 내용과 정확하게 일치하고 있으며, 이때 여미벌제회와 승전곡 전투에 직접 참여하였던 홍종식의 증언과도 일치함을 알 수가 있다. 실제로 「피란록」에서는 "얼마 되지 않아 승전우에서 총소리와 고함소리가 천지를 진동하였으며 화염과 연기가 골짜기를 가득 메웠다." 저자가 직접 목격한 사실들을 분명하게 기록하고 있다.

이처럼 현제가 직접 목도하고 정리했다는 관점에서 「피란록」의 사료적 가치를 정리해 보면 첫째, 세도정치기의 탐관오리의 폭정과 서세동점에 시달리던 당진·서산 지역 민심의 향배 그리고 동학의 급격한 확산과 동학농민전쟁의 전개 과정까지 모두가 현제의 눈과 귀에 비롯하고 있으며, 때문에 대부분 사실적이고 정확하다는 의미가 된다.[62] 둘째, 여미벌제회에 관한 매우 중요한 기록이 자세하게 담겨져 있다. 지금까지 그 어떤 사료에서도 여미벌제회에 대해서 별다른 기록을 남기지 않았다. 때문에 연구자들에게는 내포동학농민전쟁의 주체와 참여세력 그리고 그 과정까지 정확하게 정리할 수 있는 중요한 근거를 보여주고 있는 것이다. 셋째, 승전곡 전투 관한 내용부터 이후 내포동학농민전쟁사를 다시금 정리하는 데에도 더없이 중요한 사료라는 점이다. 이로써 「피란록」이 자체의 사료적 가치뿐만 아니라 다른 사료들과 함께 활용될 때 나타날 수 있는 시너지 효과는 배가되고도 남음이 있다.[63] 넷째, 산천포 수접주 이창구에 관한 수많은 기록이 상세하게 남겨져 있다. 때문에 내포지역에서 가장 큰 세력을 자랑하던 동학농민군 대장 이창구에 관한 연구는 「피란록」을 통해서만이 상세하고 정확하게 파악될 수 있다는 점에서 의미가 깊다.

2) 재지양반층의 난리 인식과 피란 실태

「피란록」에는 이승우 휘하의 관군들과 유회군의 움직임에 관한 내용이 7회, 여기에 양반과 서리들에 관한 내용까지 포함하면 11회 정도 기사가 실려있다.[64] 우선 동학에 관한 내용부터 살펴보면 '동학은 이설(異說)이었으며 작용(作俑)된 것'에 지나지 않는다고 하였다. 따라서 '우두머리는 괴수'라 부를 수밖에 없었고 접주들은 '거괴'라 명명할 수밖에 없었다고 했다. 또한 동학도들은 '동적'일 뿐이고 '동비'이며 '비류'에 지나지 않는다고 평가했다. 이처럼 그들은 어쩔 수 없이 불량스런 '패류(悖類)'이기에 그들의 움직임은 '요(擾)'이고 '난(亂)'이라고 하였다. 그리하여 현제는 시종일관 그들을 '화적', '난역',

'역적'으로 적시하였으며 기본적으로 은혜로 타이를 수 있는 교화의 대상이 아니라 반드시 군대를 일으켜 토벌·섬멸했어야 할 대상으로 취급하였다.[65] 이처럼 현제의 눈에는 "이들이 과연 공익을 위한다고 시작하였지만 스스로 국법을 무시하고 예의를 단절하고 이적의 화를 자초하였으며 비단 나라를 동요시키고 백성들을 흩어지게 하는 존재"일 뿐이었다. 때문에 "근처(서산 인근-필자)에 곤욕을 치른 집안이 열에 여덟아홉이고, 본인도 하성산의 송수진, 신산동, 이건성 등에게서 곤욕을 당하였으며, 갈산 김씨, 삼산 이씨, 두리 정씨[66] 등 지역의 대표적인 명망가들도 핍박을 당할 수밖에 없었다"고 하였다.

그리고 또 하나 당시에 동학란을 피해 이곳에 사는 다수의 천주교도가 피란하고 있었다는 이야기도 등장한다. "여미의 저자거리에서는 적도들이 고함을 지르고 추격해 와서는 방구석에 몰아넣고 서학을 믿어서 도주하는 사람으로 몰아붙이면서 끝없이 위협하고 괴롭혔다."는 내용이 바로 그것이다. 이렇게 동학도들이 천주교인들과도 소원한 관계를 표출하고 있었음을 「피란록」의 기록을 통해 새롭게 확인할 수가 있다.

또 하나 재지양반들도 일방적으로 동학도들에 핍박을 당하고만 있었던 것은 아니었다는 사실이다. 이곳의 재지양반들은 실제로 숭악산에 농보성[67]을 쌓고 직접적으로 대항한 바도 있었다. 하지만 대부분의 양반들이 우선 닥치는 화를 모면하기 위하여 스스로 입도하였고 "서리들과 관노와 사령들까지 다투어 입도하였기 때문에 수령들이 오히려 서리들의 명령에 따르는 경우"도 생겨났으며, 때문에 이들의 저항이 큰 결실을 보지 못하였음을 기록하였던 것이다. 이렇게 당진과 서산 지역의 특징적인 이야기들은 향토사를 연구하는 데 더 없이 중요한 의미가 있다고 할 수 있다.

5. 맺음말

익히 언급한 바와 같이 「피란록」은 현재까지 발굴된 내포지역 동학농민전쟁에 관한 가장 중요한 사료임에도 불구하고 안타깝게도 누구 하나 정확한 이름조차 알고자 노력하지 않았다. 이러한 무관심 때문에 「피란록」의 적절한 사료적 가치평가는 고사하고, 이를 활용한 내포지역 동학농민전쟁 연구에 새로운 방향조차 설정하지 못하고 있었다.

본고에서는 첫째, 그동안 기존의 연구자들이 간과한 지명들을 연구하여 「피란록」의 무대가 바로 당진과 서산 지역임을 밝혀내고, 이를 시작점으로 수많은 내용을 단서 삼아 저자를 추적하였고, 마침내 밝히는 데까지 성공하였다. 그리하여 이를 바탕으로 저자와 서술 목적 등을 규명하는 연구를 진행할 수 있었으며, 내포지역 동학농민전쟁의 연구의 정확한 사료임을 입증하는 성과를 거두었다.

둘째, 「피란록」에 언급된 동학농민전쟁에 관한 기록들이 가장 가까이서 직접적으로 보고 듣고 적은 가장 사실적인 사료라는 점을 중요하게 인식하고, 「피란록」의 내용을 바탕으로 한 재해석을 통한 통합적인 분석을 시도하였고, 이를 토대로 「피란록」의 내용에 집중하여 여미벌제회의 의미를 덕의 대접주 박인호를 중심으로 재정리하였으며, 이후 시작된 승전곡 전투나 관작리전투, 홍주성 전투 등 내포동학농민전쟁에 대해서도 새로운 시각으로 정리할 수 있었다.

셋째, 내포 북부지역에서 활동하였던 동학의 지도자들과 이창구의 자료를 모아 모아서 분석하였다. 이로써 이창구의 도회 활동과 세력 범위, 농민전쟁을 준비하는 과정까지 실체를 밝히는 단초를 열었으며, 내포 동학농민전쟁의 핵심적 역할을 담당했던 가장 강력했던 수접주를 발굴하는 성과를 거둘 수 있었다.

넷째,「피란록」에 등장하는 지명들을 일일이 찾아내고 고증하여 바로 공주지역이 아니라 당진과 서산 지역의 기록물임이 분명하게 밝혔다.[68] 그리고 작은 일이지만「피란록」에 대한 기본적인 이해부터 시작하여 본래 이름을 되찾아줌과 동시에「피란록」을 어떻게 읽어야 하는지 어떻게 활용되어야 하는지를 기본적인 문제 등도 분명하게 정리하였다.[69]

다섯째, 동학농민전쟁 당시 살았던 재지양반들의 대응과 피란 실태를 분석하여 다양한 사례들이 서산과 당진지역에 상황을 기록한 내용이었음을 분명하게 밝힐 수 있었다.

그동안 필자는「피란록」이 언뜻 소소해 보이긴 하지만 매우 중요한 사료라는 믿음 하나로 연구를 시작하여 여러 가지 성과들을 얻어낼 수 있었다. 앞으로는 이러한 성과에 기초하여 내포지역 동학농민전쟁 연구가 가일층 진전되길 기대한다.

부록

충청도 태안
동학농민혁명유적지

출처: 동학농민혁명기념재단의 협조로 〈동학농민혁명 유적지 및 기념시설 현황조사·태안〉의
일부를 발췌함.

갑오동학혁명군추모탑/동학농민혁명전래비
충남 태안군 태안읍 남문리 산 2-1

1894년 동학농민혁명 당시 태안 지역에서는 많은 농민군들이 탐관오리들의 부정부패와 가혹한 수탈, 그리고 외세의 침략에 저항하여 일어났다. 9월 그믐날 기포한 이들은 10월 1일 태안 관아를 점령하였으며, 이후 서산·예산·해미·덕산 등 내포지역 농민군들과 합세한 이들은 10월 24일 승전곡에서 일본군을, 10월 26일에는 신례원에서 관군과 유회군을 격파하며 기세를 올렸다. 그 기세를 타고 10월 28일에는 이 지역의 웅부이자 호연초토영이 설치되어 있던 홍주성 점령을 시도하였으나, 끝내 일본군과 관군의 저항에 막혀 실패하고 말았다. 그 후 내포지역 농민군들은 사방으로 흩어져 후퇴하였으며, 그 중 일부는 태안 백화산 자락에서 다시 모였다. 그러나 곧 이어 진압에 나선 일본군과 관군에 의해 농민군들은 도망하거나 체포되어 처형되어 갔다. 추모탑이 서 있는 이곳 백화산에서도 많은 농민군들이 쓰러져 갔다.

1960년대에 들어 태안지역 사람들에 의해 동학농민군을 추도하려는 움직임이 시작되었다. 문원덕에 의해 1965년부터 동학농민혁명 당시의 순도자 명단 (288명)이 작성되었으며, 1970년에는 태안극장에서 동학농민혁명군 위령제가 처음으로 열렸다. 이어 1977년 2월에는 갑오동학농민혁명군 추모탑 건립위원회가 발기되어 1978년 11월 수많은 농민군들이 희생된 백화산 기슭의 이 자리에 추모탑 제막식이 거행되었다.

한편 내포지역에 동학이 본격적으로 전래된 것은 1890년이었다. 서산 지곡면 (地谷面)의 최형순(崔亨淳)은 1890년 3월 해월 최시형 선생을 방문하여 동학에 입도하였다. 이후 최형순은 주로 서산·태안 지역을 중심으로 포교활동을 하였으며, 1893년 12월부터는 상암 박희인(湘菴 朴熙寅)이 그릇장수로 변장하여 방갈리 (가시내)에 들어와서 조운삼(曺雲三)과 문장준(文章峻)과 문장로(文章魯) 문구석(文龜錫) 부자를 입도시켰다. 그리고 조석헌(曺錫憲)은 그 다음 해인 1894년에 상암의 권유에 의하여 동학에 입도하고 그해 5월에 태안접주로 피임되었다. 이러한 과정을 통해 나날이 그 세력이 확대되어 태안군 전역으로 전파된 동학 교세는 불과 2~3년 동안에 큰 세력으로 뿌리를 내렸으며, 1894년 동학농민혁명에서 이 지역 농민군들이 어느 지역보다 활발하게 활동하게 되는 배경이 되었다. 〈태안 지역 동학전래비〉는 이를 기념하여 2000년 10월에 세워졌다.

갑오동학혁명군추모탑

태안지역동학전래비

백화산 교장바위
충남 태안군 태안읍 남문리 산 2

1894년 10월 1일 태안과 서산 관아를 점령한 이후 한달여간 기세를 올리며 활동하던 내포지역 농민군들은 10월 28일 홍주성을 공격한 전투에서 패배한 이후 기세가 꺾이기 시작했다. 이들은 해미성으로 후퇴하였으나, 11월 7일 여기서도 일본군과 관군의 공격을 받고 서산 매현전투(11월 8일)를 거쳐 후퇴를 거듭하며 각지로 퇴각하였다.

서산에서 후퇴한 농민군은 해산하지 않고 태안으로 모여들었다. 태안에 모인 농민군은 태안읍 북쪽에 있는 백화산(白華山, 284m)에 집결하였다. 그러나 추위와 식량공급이 어려워 오래 머물러 있을 수가 없어 사방으로 흩어지고 말았다. 태안 지역에 농민군 5~6천명이 집결해 있다는 정보를 입수한 일본군은 "도주와 잠복에 능한 동학도라도 지금 추위가 혹심한 때에 산중에는 잠복할 수 없을 것이므로 이 기회를 맞아 각 병참지 수비병은 경계를 게을리 하지 않는 한도 내에서 모두 토벌에 종사하고 토벌대와 잘 협력해서 여러 갈래로 진압하여 그들을 습격하면 일거에 초멸할 수 있을 것"이라고 명령을 내렸다. 잇따라 패배한 농민군은 각지로 흩어졌으며, 적지 않은 농민군이 집으로 돌아갔다. 일본군과 관군, 유회군에 의한 농민군 참살은 이때부터 시작되었다. 1894년 11월 14일 일본군 야마무라(山村) 대위는 농민군의 집을 하나하나 찾아내어 현장에서 타살해 버리는 잔악한 토벌작전을 펼치기 위해 해미를 거쳐 바로 태안방면으로 출동하였다. 태안으로 직행한 일본군은 5명 내지 10명씩 여러 조를 짜서 마을마다 출동시켜 민병을 앞잡이로 하여 수색하게 하였다. 100여 명의 농민군을 체포하였는데 이 중에는 접주 및 지도자가 30명이나 되었다. 일본군이 노린 것은 접주들이었다. 농민군을 초벌하려면 그 간부격인 접주들을 체포해야 한다는 방침을 세웠던 것이다.

이날 태안에 군중을 불러 모아 공개적으로 농민군을 총개머리로 잔인하게 때려죽이는 야만적인 처형을 집행하였다. 반농민군은 일본군이 철수한 후에는 주막마다 파수막을 설치, 심야까지 불을 피우고 지켰으며, 1895년 2월까지 동학도를 체포하는데 혈안이 되었다. 체포되지 않은 많은 농민군들도 혹은 산으로 혹은 뱃길로 멀리 피신하지 않을 수 없었다. 당시 이 백화산 교장바위와 그 부근에서도 많은 농민군들이 처형되었으며, 그 후로 이 바위는 많은 농민군들이 교살되거나 장살된 곳이라 하여 〈교장(絞杖)바위〉로 불린다고 한다. 백화산 기슭 교장바위 바로 아래 추모탑을 세운 이유도 여기에 있다.

교장바위 1

교장바위 2

사창리 목네미 샘

충남 태안군 이원면 사창리 57-3

1894년 10월 1일 태안과 서산 관아를 점령한 이후 한달 여 간 기세를 올리며 활동하던 내포지역 농민군들은 10월 28일 홍주성을 공격한 전투에서 패배한 이후 기세가 꺾이기 시작했다. 이들은 해미성으로 후퇴하였으나, 여기서도 관군의 공격을 받고 서산 매현을 거쳐 후퇴를 거듭하며 각지로 퇴각하였으며, 적지 않은 농민군이 집으로 돌아갔다.

일본군과 관군, 유회군에 의한 농민군 참살은 이때부터 시작되었다. 1894년 11월 14일(양 12월 10일)에 일본군 야마무라(山村) 대위는 농민군의 집을 하나하나 찾아내어 현장에서 타살해 버리는 잔악한 토벌작전을 펼치기 위해 해미를 거쳐 바로 태안방면으로 출동하였다. 11월 15일 서산지역의 마을을 뒤져 농민군 84명을 체포하여 태안으로 온 일본군은 5명 내지 10명씩 여러 조를 짜서 마을마다 출동시켜 민병을 앞잡이로 하여 수색하게 하였다. 100여명의 농민군을 체포하였는데 이 중에는 접주 및 지도자가 30명이나 되었다. 일본군이 노린 것은 접주들이었다. 농민군을 초멸하려면 그 간부격인 접주들을 체포해야 한다는 방침을 세웠던 것이다. 이튿날 태안에 군중을 불러 모아 공개적으로 농민군을 총개머리로 잔인하게 때려죽이는 야만적인 처형을 집행하였다.

일본군과 관군은 태안을 벗어나 근흥이나 이원 쪽으로 도주한 농민군들도 하나하나 추적하여 체포하였다. 이 가운데 이원면의 농민군들은 이곳 목네미샘에서 처형되었다. 이 일대에서 구전되는 당시의 광경은 끔찍하였다. 11월 말경 일본군과 관군은 농민군 4명을 이곳에서 체포한 다음 사창리 마을에서 작두를 빌렸다. 농민군 가운데 한 사람에게 다른 3명을 참수하면 살려주겠다고 하며 강요하였다.

그렇게 하여 3명의 농민군이 작두에 목을 잘려 참수되었고, 나머지 한 사람 역시 일본군에 의해 작두에 목이 잘려 처형되었다고 한다. 목네미 샘은 원래 "목 넷이 떨어진 샘"으로 불리다가 세월이 흐르면서 변하여 "목네미 샘"으로 명명되기에 이르렀다고 한다.

목네미 샘 원경

목네미 샘 근경

충청도 서부지역에 동학이 처음 들어 온 시기는 1870년대 후반 혹은 1880년대 초반이었다. 『최선생문집도원기서』 1878년 11월조에는 『최선생문집도원기서』 간행업무를 추진할 때 아산의 안교일, 안교상 등 안교선의 인척들이 실무에 참여한 것으로 기록되어 있는 것으로 미루어볼 때, 아산과 이웃한 내포 지역에도 이 무렵 동학이 전파되었을 것으로 추측된다.

내포지역에 동학교도가 급증하는 것은 〈교조신원운동〉이 시작되는 1892년 말부터였다. 서산과 태안에 동학이 최초로 전파된 것도 이 무렵이었다. 서산 지곡면 최형순은 1890년 3월 16일에 동학 제2세 교주 해월 최시형을 찾아가 동학에 입도하였다. 이후 최형순은 태안군 이원면 포지리와 원북면 방갈리 등 주로 서산과 태안을 중심으로 포교하여 이 지역에 교세를 확장하였다. 1893년 12월 초순경에는 상암 박희인이 옹기 장수로 변장하고 방갈리에 들어와서 조운삼을 입도시키고, 다시 방갈리 마을에 들어가서 문장준과 문장로, 문구석 부자를 입도시켰다. 이후 태안 지역의 교세는 날로 확산되어 갔다. 이들은 방갈리 문구석의 집과 가시내 조문필의 집 등에서 비밀리에 모여 동학에 대한 교리 교육을 받았다. 이렇게 방갈리를 기점으로 하여 태안군 전역에 그 뿌리가 뻗어내려 확고하게 정착되었다. 태안지역 동학교도들은 제1차 봉기 때는 별다른 움직임이 없었으나, 적지 않은 교도들이 관에 체포되어 구금되어 있었으며, 9월에 들어서는 10월 1일을 기해 태안 관아에 갇힌 동학교도들을 처형한다는 소문이 퍼져 있었다. 이때 동학교단으로부터 기포령을 전달받은 예산 본포 대접주 박희인은 9월 말경 구금되어 있는 동학 두목을 구출하라고 수접주 장성국에게 통지하였으며, 장접주는 곧바로 방갈리의 문장로 접주에게 알렸다. 낮에 있었던 훈시문을 논의하기 위하여 마침 문장로 집에 모여 있던 동학 간부들은 이 급보를 듣고 다급함에 당황하지 않을 수 없었다.

그러나 방갈리에 모인 동학교도들은 회의를 열어 결의한 끝에 밤이 새기 전에 농민군을 소집하여 태안으로 진격하기로 하였다. 이에 따라 원북면 방갈리에서 집결한 농민군들은 10월 1일 새벽 4시경 진벌(삭선리)에 도착하였다. 진벌에는 이미 안흥면(安興面), 이원면(梨園面), 안면도(安眠島) 등지에서 모인 수 만명의 농민군들이 모여 있었다. 여기서 합세한 농민군은 다시 대오를 편성하고 치밀한 작전 계획을 세워 출전 준비를 완료하였다. 농민군들은 징과 북을 치며 보국안민(輔國安民) · 제폭구민(除暴救民) · 광제창생(廣濟蒼生)이라고 쓴 깃발을 들고 태안 관아를 향해 진군하여 구금되어 있던 동학교도 30여 명을 구출하고 태안 관아를 점령하였다.

목네미샘 원경

목네미샘 근경

태안 관아[목애당(牧愛堂)과 경이정(憬夷亭)]
충남 태안군 태안읍 남문리 300-7/ 동문리 573

충청도에서도 지역에 따라서는 4월부터 활동을 시작하였고, 또 6월 말경부터는 반일 투쟁을 준비해가던 곳도 있었지만 대체로 제1차 기포 시기에는 활발한 활동을 보이지 않았다. 그러나 9월 18일 동학교단의 기포령(起包令)이 내리자 그동안 갖은 탄압에도 참고 견디던 농민들은 무기와 식량을 마련하는 등 본격적인 활동에 나서기 시작하였다.

내포 지역의 농민군 활동은 태안과 서산에서 가장 먼저 시작되었다. 태안군수 신백희(申百熙, 혹은 伯禧)와 서산군수 박정기(朴鉦基), 태안 방어사 겸 안무사 김경제(金景濟)는 서산과 태안, 해미 등지에서 활동하는 30여 명의 접주와 간부들을 체포하여 수감하였고, 나아가 10월 1일에 서산 관아에서 모두 처형하기로 결정하였다는 소문이 돌았기 때문이다. 이러한 상황 속에서 마침내 9월 18일(양 10월 16일) 동학교단으로부터 기포령이 떨어지고 9월 그믐 무렵에는 그 소식이 내포지역에도 도착하였다. 이 소식을 접하고 방갈리에 모인 동학교도들은 회의를 열어 결의한 끝에 밤이 새기 전에 농민군을 소집하여 태안으로 진격하기로 하였다. 이에 따라 원북면 방갈리에서 집결한 원북 지역 농민군들은 10월 1일 새벽 4시경 진벌(삭선리)에 도착하였다. 진벌에는 이미 안흥면(安興面), 이원면(梨園面), 안면도(安眠島) 등지에서 모인 수만명의 농민군들이 모여 있었다. 여기서 합세한 농민군은 다시 대오를 편성하고 치밀한 작전계획을 세워 출전준비를 완료하였다. 농민군들은 징과 북을 치며 보국안민(輔國安民)·제폭구민(除暴救民)·광제창생(廣濟蒼生)이라고 쓴 깃발을 들고 태안 관아를 향해 진군하였다.

10월 1일 아침 동이 틀 무렵, 태안 관아를 포위하고 일시에 함성을 지르며 관아로 쳐들어갔다. 격분한 농민군들은 함성을 지르며 관아로 달려들어가 태안군수를 묶어 타살하고 수감되어 있던 농민군 간부들을 전원 석방하였다. 이어 이방 송봉훈(宋鳳勳)을 비롯한 악질 이속들을 차단하고 호적을 비롯 각종 공문서는 불질러버렸으며, 창고를 부수고 무기를 공납전(貢納錢)을 탈취해 갔다.

이후 박인호 휘하의 예포와 박희인 휘하의 덕포 농민군들은 태안·서산·해미·예산·덕산·대천·아산·신창 등지를 석권하였으며, 10월 말에는 호연초토영이 설치되어 있던 지역의 대읍인 홍주성 공격에 나서게 된다.

『홍양기사』에는 농민군은 당시 서울 지주들에게 보낼 곡식을 빼앗아 산처럼 쌓아두었으며, 소·말·종이·무명이 그 안에 가득하였다고 기록하였다.

경이정 원경

경이정 근경

주석

충청도 내포(태안) 지역 동학농민혁명의 전개 과정과 역사적 성격 / 이해준

1. 이해준, 2006,『서해와 금강이 만나 이룬문화 1』(충남의 역사와 정신) : 이해준, 2009, 『서해와 금강이 만나 이룬 문화 2』(충남의 문화유산), 충남역사문화연구원.

2. 源菴 文源德은 1984년 태안접주로 태안관아, 승전곡, 신례원. 홍주성 전투에 참가한 文章魯의 손자이자. 생부는 3.1운동에 예산 등지에서만세시위에 앞장선 文秉錫이고, 양부 문구석은 아버지 대신 나를 잡아가라면서 체포되어 태안관아에서 죽임을당한다. 천도교 입도후 내포지역 동학농민희생자 명단 발굴, 백화산에 추모탑 건립,「문장준 역사」,「조석헌역사」등의기록을 찾아 소개한다. 2008년 이이화가 지은 그의 공적비가 백화산 밑에 건립되었다.

3. 태안 지역의 동학은 장현리 최형순(崔亨淳)이 1890년 3월 최시형으로부터 동학을 전수받아 태안 서산 지역에 포덕을 하였으나 1892년에 병사하자 이듬해 1893년에 예산의 朴熙寅(박덕칠)이이원면 포지리에 들어와 장성국 · 윤세원, 방갈리 조운삼 · 문장준 · 문장로 · 문구석 · 조석헌 등 뒷날 걸출한 동학 지도자들을 입도시켰다고 전한다.

4. 朴寅浩(1855~1940)는 덕산 장촌면 막동(현예산군 삽교읍 하포리) 출생으로 1883년 29세 때 동학에 입도하여 朴熙寅와 함께 내포지역에서 덕포대접주로 포교 활동을 하였고 삼례도회, 복합상소, 보은도회에참여하였고 덕의대접주의 자격으로 여미평에서대도회를 시작으로 내포지역 동학농민전쟁을 지휘한다. 당시 기록으로「甲午東學起兵實談」을 남긴 것으로 유명하며, 1908년에는 천도교 제4대 大道主가 된인물이다.
   내포지역 동학세력의 또 다른 한 축을 형성하였던 朴德七(朴熙寅)은 박인호의 권유로 동학에 입도하여 내포의 서부지역인 예산, 태안, 해미, 서산, 당진을 중심으로 禮包를 형성하여 포교활동을전개하였다. 보은취회 당시 해월 최시형으로부터 예포 대접주로 임명되고, 동학혁명 당시에 많은 공을 세워 현상금이 걸릴 정도의 거물이었다고 한다.

5. 장수덕, 2020,『내포지역동학농민전쟁 연구』, 공주대학교 대학원박사학위논문.
   [내포 외 충청지역(7개 지역 19포)]: 충주 2, 청주 10, 옥천 2, 문의 1, 괴산 1, 천안 1, 대전 2포, [내포지역(11개 지역 46포)]: 서산 14, 덕산 7, 신창 4, 당진 2, 예산 1, 태안 1, 홍주 5, 면천 2, 해미 4, 안면도 4, 남포 2포.

6. 당시 여미평 대도회에 참여한 동학지도자 명단은『천도교서』해월신사편에서는 瑞山 朴寅浩 李愚尚 柳鉉玉 朴東厚 崔克淳 張世華 崔東彬 安載鳳 安載德 朴致壽 洪七周 崔永植 洪鍾植 金聖德 朴東鉉, 新昌 金敬三 郭玩 丁泰榮 李信教, 德山 金冀培 李鍾皋 崔

秉憲 崔東信 李鑌海 高雲鶴 高壽仁, 唐津 朴瑢台 金顯玖, 泰安 金秉斗, 洪州 金周烈 韓
圭夏 金義亨 崔俊模, 沔川 朴寅 李昌九 韓明淳, 安眠島 朱炳道 金聖根金相集 賈榮魯,
藍浦 秋鏞聲 金起昌 등 46명으로 기록된다. 한편 『천도교창건사』에는 '박인호 박희인
의 지도'로 기포하였다고 하며, 지역별로 기록하는데 이중 5명(朴寅浩 李愚尙 柳鉉玉
朴東厚 朴寅)의 명단은 보이지 않는다.

동학농민혁명 희생자와 홍주의사총 관계 연구 / 성주현

1) 물론 동학농민혁명의 시기에 대해서는 연구자에 따라 관점을 달리하고 있다. 특히 '고
부 기포'를 동학농민혁명보다는 민란으로 인식하는 사례도 적지 않다.(김양식, 「동학
농민혁명에 관한 역사교과서 서술 내용의 문제점과 개선 방향」, 『동학학보』 24, 동학
학회, 2012; 배항섭, 「동학농민전쟁 연구」, 고려대학교 대학원 사학과 박사학위논문,
1996 등 참조) 필자는 동학농민혁명은 사발통문을 작성하는 시기부터 이미 시작되었
다고 본다.(성주현, 「사발통문의 재검토와 '고부 기포'」, 『한국민족운동사연구』 77, 한
국민족운동사학회, 2013 참조)
2) 조선 후기 민란에 대해서는 배항섭, 『조선 후기 민중운동과 동학농민전쟁의 발발』, 경
인문화사, 2002를 참조할 것. 민란의 성격과 동학농민혁명으로 이어지는 관계를 잘 분
석하였다.
3) 『고종실록』 31권, 고종 31년 2월 15일 자.
4) 『고종시대사』 3, 고종 31년 3월 23일 자.
5) 『고종시대사』 3, 고종 31년 4월 2일 자.
6) 정식 명칭은 「茂長東學輩布告文」이다. 이 포고문은 『동비토록』과 『수록』에 실려 있
다.
7) 고부 황토현 전투에 파병된 관군은 전주 감영의 지방군이다.
8) 장성 황룡촌 전투에 파견된 관군은 중앙에서 파견된 경군이다.
9) 『每日新聞』 1894년 11월 18일 및 19일 자.
10) 「전봉준공초」
11) 물론 우금치 전투에서 9,500명 전부가 희생되지는 않았다. 일부는 전투 과정에서 달
아나기도 하였으며, 부상자 또한 상당하였다.
12) 〈표 1〉의 동학농민군 희생자와 관련된 내용은 한우근, 『동학농민봉기』, 세종대왕기
념사업회, 1978, 244-278쪽을 참고하였다.
13) 동학농민군 학살은 이들 외에 斬首, 木殺, 突殺, 打殺, 燒殺 등이 있었다. 이들 학살 방
식은 주로 일본군이 사용하였다. 斬首는 꺾은 나무로 손발을 묶어 두고 엎드리게 하
여 머리를 밑에 받쳐 지탱하게 한 후에 桶屋의 竹割刀와 비슷한 것에 鈍刀로 잘라 죽

인다. 자르는 것이 끝날 때까지 5~6회에 이른다. 머리는 밧줄에 머리카락을 묶어 떨어지지 않게 하였다. 木殺는 나체로 엎드려 눕게 하고서 腹部에서부터 점차 上部로 이르게 하여 죽음에 이르도록 한다. 그 후에 2회 거듭하였다. 돌살은 착검한 총을 돌격하여 찔러 죽이는 형식, 타살은 총이나 몽둥이로 때려 죽이는 형식, 소살은 불에 태워 죽이는 형식이었다.(신진희,「일본군 병사의 눈으로 본 동학농민혁명」)

14) 한우근,『동학농민봉기』, 248쪽.

15) 한우근,『동학농민봉기』, 250쪽.

16) 한우근,『동학농민봉기』, 253쪽.

17) 한우근,『동학농민봉기』, 256쪽.

18) 한우근,『동학농민봉기』, 258쪽.

19) 한우근,『동학농민봉기』, 276쪽.

20)「종군일지」는 구스노키 비요키치(楠美大吉)가 동학농민군 진압에 참여한 1894년 7월부터 1895년 12월까지의 일기이다. 원제목은「明治二十七年日淸交戰從軍日誌」이다.

21)〈표 2〉의 내용은 지난 2020년 9월 16일 한일민족문제학회에서 발표된 신진희,「일본군 병사의 눈으로 본 동학농민군 진압」의 발표문에서 인용하였다.

22)「손병희 신문조서(제1회)」; 국사편찬위원회 홈페이지(http://db.history.go.kr/item/level.do?setId=1195&itemId=hd&synonym=off&chinessChar=on&page=1&pre_page=1&brokerPagingInfo=&position=275&levelId=hd_011r_0010_0060)

23)「본교역사(속)」,『천도교회월보』 32, 1913.3, 23쪽.

24)『천도교서』 포덕 35년조.

25)『천도교서』에서 동학농민혁명 당시 참여자 명단을 처음으로 기록하였으며, 이후 발행된『천도교창건사』 외『동학사』에서 이를 참고하였다.

26) 일제강점기『천도교회월보』와『신인간』에 게재된 동학농민혁명 관련 글은 다음과 같다.
임연,「동학당 봉기, 일청전쟁의 도화선, 조선 대중의 일규」,『천도교회월보』 249, 1931.9; 이학인,「동학란의 가치, 동양 최초의 민중운동」,『천도교회월보』 255, 1932.5; 장운용,「동학란의 민중운동의 가치」,『신인간』 7, 1926.11; 첩봉산인,「갑오혁명운동과 최해월 전봉준」,『신인간』 11, 1927.3; 백인옥,「갑오동란의 조선민중운동의 가치」,『신인간』 11, 1927.3; 박사직,「동학당의 갑오혁명란의 측면」,『신인간』 16, 1927.9; 박사직,「동학당의 갑오혁명란의 일 측면」,『신인간』 17, 1927.10; 편집실,「동학난 당시의 격문」,『신인간』 40, 1929.10; 이학인,「동학란의 가치」,『신인간』 55, 1932.5.

27) 이돈화,『천도교창건사』 제2편, 천도교중앙종리원, 1933, 69쪽.

28) 오지영,『동학사』, 영창서관, 1938, 154쪽.

29) 이돈화,『천도교창건사』 제2편, 69쪽. 밑줄 필자.

30) 오지영, 『동학사』, 155쪽. 밑줄 필자.

31) '구백의사총'이라 불리게 된 것은 유골 발견 당시 이를 증언하는 과정에서 지역의 연로한 노인들이 1905년 의병 전쟁 때 전사한 의병이라고 하였기 때문이다.

32) 홍주의사총의 진위 논쟁에 대해서는 성주현, 「홍주성의 동학혁명과 의병항쟁운동-홍성의사총의 진위규명을 위한 문제제기-」, 『홍경만교수정년기념 한국사학논총』, 한국사학논총간행위원회, 2002. 이 글은 성주현, 『동학과 동학혁명의 재인식』, 국학자료원, 2010에 재수록하였다. 본 절의 내용은 앞의 논문을 활용하였음을 밝혀 둔다.

33) 『주한일본공사관기록』 1, 국사편찬위원회, 1986, 211-212쪽.

34) 조선주차군사령부, 「조선폭도토벌일지」, 『독립운동사자료집』 제3집, 독립운동사편찬위원회, 1971, 676-677쪽.

35) 차상찬, 「갑오동학과 충청남도」, 『개벽』 46, 1924. 2, 126쪽.

36) 차상찬, 「갑오동학과 충청남도」, 『개벽』 46, 123쪽.

37) 차상찬, 「갑오동학과 충청남도」, 『개벽』 46, 124쪽.

38) 황현, 이민수역, 『동학란-동비기략초고-』, 을유신서 17, 을유문화사, 1985, 224쪽.

39) 오지영, 『동학사』, 대광민속총서 1, 대광문화사, 1984, 159쪽.

40) 『大阪朝日新聞』, 1894년 12월 16일 자; 『동학농민전쟁사료총서』 23, 127-129쪽.

41) 『주한일본공사관기록』 1, 213쪽.

42) 조석헌, 「북접일기」, 『한국사상』 13, 한국사상연구소, 1975, 323쪽.

43) 홍건, 「홍양기사」, 『동학농민전쟁사료총서』 9, 사운연구소, 1996, 155쪽.

44) 『주한일본공사관기록』 1, 232쪽.

45) 이진구, 「의사 이용규전」, 『독립운동사자료집』 제2집, 321쪽 및 335쪽.

46) 「민종식 판결선고서」, 『독립운동사자료집』 제1집, 1970, 339쪽.

47) 홍이섭, 「수당 이남규와 홍주성 전투」, 『나라사랑』 제28집, 외솔회, 1977, 56-57쪽.

48) 차상찬, 「갑오동학과 충청남도」, 『개벽』 46, 26쪽.

49) 「조선폭도토벌일지」, 661쪽.

50) 「조선폭도토벌일지」, 665쪽.

51) 홍순대, 「해암사록」, 『홍주의병실록』, 1986, 310쪽.

52) 《대한매일신보》, 1906년 5월 24일 자.

53) 《만세보》, 1906년 6월 28일 자.

54) 오지영, 『동학사』, 172쪽.

55) 황현, 이수민 역, 『동학란-동비기략초고-』, 을유신서 17, 을유문화사, 225쪽.

56) 『주한일본공사관기록』 1, 212쪽.

57) 『大阪朝日新聞』, 1894년 12월 16일 자.

58) 『주한일본공사관기록』 1, 232쪽.

59) 『주한일본공사관기록』 1, 235쪽.

60) 『주한일본공사관기록』 1, 235쪽.

61) 『주한일본공사관기록』 1, 236쪽.

62) 차상찬, 「갑오동학과 충청남도」, 『개벽』 46, 124쪽.

63) 홍건, 「홍양기사」, 『동학농민전쟁사료총서』 9, 15쪽.

64) 유준근, 「마도일기」, 『독립운동사자료집』 제3집, 독립운동사편찬위원회, 1971, 97쪽.

65) 「조선폭도토벌일지」, 665쪽.

66) 홍건, 「홍양기사」, 『동학농민전쟁사료총서』 9, 299쪽.

67) 이진구, 「의사 이용규전」, 318쪽.

68) 「민종식 판결선고서」, 『독립운동사자료집』 제1집, 1970, 339쪽.

69) 《大阪朝日新聞》, 1906년 6월 6일 자.

70) 「조선폭도토벌일지」, 577쪽.

71) 《만세보》, 1906년 6월 17일 자.

72) 東學과 儒林의 관계는 敵對的이었다. 당시 유림은 완전히 左道, 異端으로 여겼으며, 전라도에서는 유생 2백여 명이 연명하여 金澤柱를 대표로 동학 토벌을 청원하였으며 경상도에서는 金相虎 등이 상소를 올려 동학에 대한 대책으로 書院과 祠堂의 부설을 청원하였다. 그뿐만 아니라 당시 영의정 沈舜澤은 "양호관찰사의 전보를 연달아 보니 허황된 무리들이 양호 간에 날로 더욱 모여들어 깃발을 세우고 호응하여 그 행적을 예측하기 어렵다 하니 효유함으로써 귀화시킬 수는 없는 것입니다. 돌아보건대 예방책은 오직 단속하여 막아내는 데 있으니, 다시 관문을 보내어 빨리 해산시킨 후에 보고할 것을 기약하는 것이 어떻습니까?" 하고 고종에게 건의하였다.

73) 충청도 지역에서 활약한 보부상 가운데 충남의 苧産八邑의 보부상단이 유명하였다. 이들은 1894년 홍주 관군과 함께 동학농민군을 도빌하는 데 활약하였다. 보부상들은 홍주성뿐만 아니라 광천·목리·합덕 등지에서도 혁혁한 전공을 세웠으며, 신례원 전투에 참여하였다가 전사한 中軍 金乘暾의 전공을 기리기 위해 광천 구 장터에 褓負商感義碑를 세웠다. 현재 이 비는 광천에서 대천으로 가는 길 옆에 옮겨져 있다.

74) 동학농민혁명에 참가한 오지영은 홍주 목사 이승우에 대하여 '목사로 재임 시 동학농민군을 무수히 죽인 공로로 전라관찰사로 영직 승전까지 한 자이다. 세상에서 이르기를 살인귀라는 악한이다.'라고 기록하고 있다.(오지영, 『동학사』, 140쪽) 이승우는 홍주성을 수호한 공로로 전라 관찰사에 임명되었으나 홍주 유생들이 남아 있기를 간청해 초토사를 겸직으로 유임되었다.

75) 동학농민군은 홍주성 공격에 실패한 후 海美 지역에서 재기하여 海美城을 점령하였다. 그리고 남포와 한산 지역에 집결해 있었다. 홍주의 유생들은 일본군이 홍주성에서 철수하면 동학농민군이 다시 홍주성을 공격할 것을 두려워하여 일본군이 머물러 줄 것을 희망하였다.(『주한일본공사관기록』 1, 227쪽)
당시 일본군은 홍주성에 1개 소대를 남겨 놓았는데 그 이유는 다음과 같이 밝혔다.

'11. 敵薰들이 藍浦와 韓山 방면에 집합하여 洪州를 습격하려 한다는 朝鮮人의 풍설이다.

2. 현재 洪州城 안에는 적을 잡아 아직 처형이 결정되지 않은 자가 수백 명이 있다. 만일 우리 군대가 일시에 철수할 때는 어쩌면 위험한 상태가 일어날지도 모르기 때문이다.'

76) 『주한일본공사관기록』 1, 238쪽. 12월 12일 홍주의 민보군 100여 명은 일본군과 함께 보령으로 출발했다.

77) 『주한일본공사관기록』 1, 231-236쪽 참조. 일본군은 12월 중순까지 동학농민군을 토벌하기 위해 태안·서산·해미·덕산 등 충청도 서부 지역을 철저하게 수색하였으며, 이때 체포한 동학농민군은 홍주성으로 압송되었다.

78) 『주한일본공사관기록』 1, 236쪽.

79) 손규성, 『하늘의 북을 친 사람들-충청의병』, 도서출판 문예방, 1994, 127쪽.
한편 『洪陽史』를 저술한 향토사가 孫在學은 다음과 같이 증언했다.
"사로잡힌 동학농민군들은 홍주성 밖에 서서 처형했어요. 모두가 목이 잘리는 효수형으로 말입니다. 문루에서부터 건너편 산까지 줄을 빨래줄처럼 늘이고 동학군의 상투머리를 모두 매달았습니다. 그리고는 목을 친 다음 목사(이승우; 필자 주)가 직접 줄을 흔들어 목이 잘린 것을 확인했습니다."

80) 오지영, 『동학사』, 175-176쪽 및 162쪽. "동학군이 패하고 관병이 승한 시기를 타서 조선 팔도에 육도 이상은 곳곳마다 모두 수성군의 천지가 되어 동학농민군을 모두 잡아 죽이는 광경이었다. 동학군이 성하던 시대에는 모두가 동학군이라 칭하던 것들이 동학군이 패하는 때에 와서는 모두 수성군으로 화하고 말았다. 그러한 인물들이 어떠한 층 인물이냐 하면 땅이나 파먹고 무식꾼이라고 하는 사람 중에서는 그런 인물을 볼 수 없고 제 소위 말마디나 글자나 한다고 하는 자 중에서는 그런 인물이 많이 나오는 것이다."(175-176쪽) "관리나 양반이나 小吏나 使卒輩로서 東學黨에 參與했던 者들은 一朝 貌變하여 東學黨의 怨讐가 되었었다. 제 頭目이나 將師나 제 親舊를 잡아 주고 벼슬깨나 얻어 한 놈은 모두 다 坼名 東學軍 놈이다."(162쪽)

81) 오지영, 『동학사』, 167쪽. "各 地方에서 慘殺된 東學軍의 姓名은 이루 다 記錄치 못하나 大略으로 말하면 甲午 以來 擧事한 頭領 接主의 大將旗를 받고 다니던 사람은 勿論이오, 其他 接司, 省察, 砲士, 砲軍이며 執綱, 禁察, 運糧 등 東學軍이라면 모조리 잡아 죽이는 판이며 甚至於 東學軍의 族屬까지라도 連坐로 걸려 죽은 사람도 많았었다. 이와 같이 죽은 사람의 罪目은 모두 逆賊罪며 逆賊于連罪라고 하는 것이다."

82) 유한철, 「홍주성의진(1906)의 조직과 활동」, 『한국독립운동사연구』 제4집, 독립운동사연구회, 1990, 22-24쪽 참조.

83) 「조선폭도토벌일지」, 673쪽.

84) 「관보」, 광무 10년 5월 29일조.

85) 1906년 홍주성 전투에서 성재평, 채광묵 부자가 전사했고 남규진, 이세영, 유준근, 이식, 신현두, 이상구, 문석환, 신보균, 최상집, 안항식 등 주도 인물은 피체되어 대마도에 유배되었다. 그리고 민종식은 일부 의병들과 해미 방면으로 피신하였다. 민종식은 이해 11월 20일 체포되어 교수형을 받았으나 내각회의에서 종신유배형에 처해져 진도에 유배되었으나 12월 특사로 석방되었다.(김상기,「홍주의병사」,『홍성군지』, 1297쪽)

86) 손규성,『하늘의 북을 친 사람들-충청의병』, 277쪽.

87) 손규성,『하늘의 북을 친 사람들-충청의병』, 277쪽.

88) 이때 의병들이 매장된 곳을 홍주의사총의 유골이 발견된 대교리 간동이냐 하는 것은 좀 더 확실한 고증이 필요하다. 왜냐하면 당시 유림의 세력이 강하였던 홍주지역에서 선유사로 파견된 홍주군수 윤시영이 83명의 시신을 매장하였다면, 홍주지역의 정서상으로 정성스럽게 매장을 하였을 것이다. 홍성천 주변에 그냥 내버려 두어 방치하지는 않았을 것이다. 그렇다면 윤시영 홍주군수가 굳이 매장이라는 표현도 사용하지 않았을 것이다.

태안 지역의 동학 포덕과 조직화 그리고 동학농민혁명 / 임형진

1) 황현(이민수 역),『동학란(동비기략초고)』, 을유문화사, 1985, 122쪽.

2) 채길순,『새로 쓰는 동학기행1』, 모시는사람들, 2012, 139-144쪽 참조.

3) 慶州版 東經大全』 跋文, "謹與同志 發論詢約 數年前 自東峽與木川 雖是濟誠刊出 實無 慶州之判(版)刻爲名 此亦似欠於道內 而惟我慶州 本先生受道之地 布德之所 則不可不 而慶 州出爲名 故自湖西公州接內 發論設施 與嶺南東峽 幷方刊出 以著 无極无之經編 而謹與二 三同志 不顧世嫌 掃萬除百 誓同極力 大成劘剟之功

4)『최선생문집도원기서』1878년 11월 조에는 선생수단소(先生修單所), 즉『최선생문집 도원기서』간행업무를 추진할 때 안교일(安敎一), 안교상(安敎常), 안교백(安敎伯), 안교강(安敎綱) 등 안교선의 인척들이 실무에 참여하고 있음을 밝히고 있다.『崔先生 文集道源記書』己卯年條.

5)『侍天敎宗譯史』에는 丙戌年 봄에 徐寅周, 黃河一, 朴準寬, 朴道一 … 여러 교인들이 상주 前城村으로 신사를 찾아가 계를 받아 도를 믿게 되었다(受戒新道)고 하였다. 이들은 이미 몇 해 전에 입도한 인물들이므로 처음 찾아간 것은 아닐 것으로 추측된다.

6) 이하의 내용은 표영삼, "충청서부지역의 동학혁명운동"(동학민족통일회,『꺼지지 않는 들불 동학』, 2009)과 박성묵,『예산동학농민혁명사』, 화담, 2007, 졸고,「내포지역의 동학 유입경로와 조직화 과정」,『동학학보』, 2013, 12, 제29호 참조하였음.

7) 주모의 이름은 김월화로 알려져 있는데 그녀의 남편 박씨가 동학교도였다. 일명삼거

리'라 불렀는데 현재는 오거리로 변했으며 남쪽방향인 예산중학교 하천복개한 입구
부근에 주막이 있었다. 주막 앞쪽은 오소리골에서 내려오는 냇가가 예산천과 합쳐 흐
르고 읍내로 가기위해 커다란 목다리가 있었다. 후일 홍주성 패퇴 후 박인호는 월화
의 도움으로 현 예산여고 부근 동편 야산에 토굴을 파고 삼동을 숨어 지냈다. 박성묵,
『예산동학농민혁명사』, 화담, 2007, 173쪽; 이상재 「내고장이 낳은 인물 춘암 박인호
연구」-3.박인호의 동학입도 참조.

8) 당시 충청감사로부터 題音이 나온 날짜가 10월 22일이므로, 10월 20일에 모여 소청을
한 날은 그다음날인 21일인 것으로 추정된다.

9) 『天道敎創建史』第7章 伸寃運動條 공주 관아에서는 동학도 천여 명이 일시에 모여들자
깜짝 놀란 관원들은 어쩔 줄 몰랐으나 뜻밖에도 의관을 갖추고 질서정연하게 행동하
자 비로소 안심하였다. 예를 갖추고 격식에 맞게 충청감사 조병식에게 억울한 사연들
을 기록한 의송단자(議送單子)를 올렸다고 한다.

10) 『시문기(時聞記)』 10월 26일자 『시문기』는 공주유생 이용규가 쓴 일기체 기록이다.
壬辰十月二十六日條에 "東學徒千與名 聚於錦營下 以行其道之意 敢爲呈訴 錦伯趙秉
式 嚴題逶送"이라 했다. 공주 사람으로 직접 목격한 것을 기록한 것으로 당시 동학도
들의 행적이 비교적 자세히 기록되어 있다.

11) 『천도교회사초고』 계사년조. 이밖에도 『동학도종역사』에는 "소수 박광호, 제소 손천
민, 서사 남홍원, 도인 대표 박석규 임규호 박윤서 김영조 김낙철 권병덕 박원칠 김석
도 이찬문"으로 기록하고 있다. 또한 광화문교조신원운동에 참여한 권병덕은 그의 저
술서 『이조전란사』에서는 "11일에 광화문 전에 봉소 진복하니, 소수 박광호, 제소 손
천민, 사소 남홍원, 봉소 박석규 임규호 손병희 김낙봉 권병덕 박원칠 김석도 등이라"
고 기록하고 있다.

12) 표영삼, "보은 척왜양창의 운동", 『신인간』, 1993. 5월호(통권 516호), 87-91쪽 참조.

13) 『천도교서』와 『시천교종역사』, 오지영의 『동학사』, 보은군수의 보고서 등을 취합해
보면 약 40여 개에 이르지만 누락된 대접주를 포함하면 50여 개의 대접주가 임명되었
을 것으로 추측된다.

14) 『천도교회사초고』 계사년조.

15) 표영삼, 『동학』 2, 통나무, 2005, 304쪽.

16) 「취어」, 『총서』 2, 56-57쪽.

17) 『大橋金氏家甲午避難錄』, 3쪽 "所謂東匪一自報恩都會之後月異而時不同 村村設接人
人誦呪 勢如烈火之焚 滔如湖水之進.(이른바 동학이 일단 보은에서 집회를 가진 뒤로
불길처럼 성하게 일어나서 그 모습이 나날이 달라졌다. 마을마다 접을 설치하고 사람
마다 주문을 외니, 그 형세가 마치 불이 타오르는 듯하고 조수가 밀려와서 넘쳐나는
것 같이)", 「피난록」, 『동학농민혁명국역총서』 4, 동학농민혁명참여자명예회복심의위
원회, 2008, 301-302쪽.

18) 『新人間』通卷34호 홍종식 〈東學亂實話〉口演.

19) 김윤식, 『續音淸史』, 갑오 4월 9일조. "昨日 東學徒百餘名 來泊元坪民家 今日向開心 寺 早起見之 東徒之赴開心寺者 相續不絶 詢知爲普賢洞李進士 素禁斥東學甚嚴 東徒 怨之 將會議於開心寺 打破其家云 內浦東學最少 今則所在彌滿 日熾月盛此亦時運 甚 可歎"

20) 조석헌의 장녀와 박희인의 장남을 후일 혼인시킬 정도로 두 사람의 관계는 친숙함을 유지했다. 태안군 충남역사문화원, 『북접일기』, 2006, 10쪽.

21) 갑오동학농민혁명 태안군 기념사업회, 『동학농민혁명과 교장바위』, 2006, 18-19쪽.

22) 『천도교서』「제2편 해월신사」 포덕 24년 및 포덕 25년조.

23) 박래원, 「춘암상사의 행적」(상), 『신인간』293, 1972.1.2, 28쪽.

24) 박희인의 생몰연대도 확실치 않다. 다만 그의 출신은 예산 간영리와 원당지역으로 추정되며 『조석헌역사』에 의하면 1906년 5월 1일 천도교 예산 42대 교구의 고문을 역임한 것으로 나온다. 박성묵, 『예산동학농민혁명사』, 화담, 2007, 177쪽.

25) 성주현, 『동학과 동학혁명의 재인식』, 국학자료원, 2010, 351쪽.

26) 「피난록」, 『동학농민혁명국역총서』4, 302쪽. "박덕칠은 예산에 거주하였기 때문에 박덕칠을 따르는 자들은 그를 禮包라고 불렀다. 박도일은 덕산에 거주하였기 때문에 박도일(박인호)을 따르는 자들은 그를 德包라 불렀다"

27) 박성묵, 『예산동학혁명사』, 화담, 2007, 83-84쪽.

28) 박래원, 「춘암상사의 행적」(상), 『신인간』293, 1972.1.2, 28쪽.

29) 『新人間』通卷34호(1929년 4월호), 홍종식 〈東學亂實話〉口演.

30) 박래원, 앞의 글, 29쪽.

31) 이정규는 덕산군수와 병마절도사를 지낸 후 덕산에 내려와 살고 있었던 전직 고관출신이었다. 그의 수탈행위는 다음의 일화가 잘 알려주고 있다. 그에게 재물을 모두 탈취당한 어느 농민은 그가 연제지에서 낚시를 즐기는 것을 이용하여 그를 끌어안고 함께 물에 빠져 죽으려고 하다가 일이 제대로 되지 않자 분한 마음에 자신만 자살하였다고 한다. 박걸순, 「1894년 합덕농민항쟁의 동인과 양상」, 『한국독립운동사연구』28, 독립기념관 한국독립운동사연구소, 2007, 35-36쪽.

32) 홍종식, 앞의 책, 〈東學亂實話〉口演, 46쪽. "동학군의 기세가 이렇게 굉장해지는 반면에 재래의 재력자들은 반동운동이 또 맹렬하였습니다. 마침 서울 양반의 후예인 이 진사라는 자가 서산에 살았는데 어떻게도 동학군을 음해하며 또한 재물을 탈취하는지요. 그래서 이놈을 중벌하기 위하여 제1차로 통문을 돌려가지고 홍주 원벌에 대회를 열게 되었습니다. 그때가 갑오년 7월인가 보외다. 어디서 모여오는지 구름 모이듯 잘도 모여듭니다. 순식간에 벌판을 덮다시피 몇만 명 모였습니다. 이 소문은 벌써 이 진사에게 갔습니다. 이 진사는 그만 혼비백산하여 곧 사죄를 하기로 하고 있는데 우리는 그의 집 가까이 개심사(開心寺)란 절로 이진하였습니다. 이 진사는 그만 백기를 들고

나와 전과를 사죄하고 죽기를 청하였습니다. 항자불사라고 우리는 그를 효유하여 놓아 보냈습니다."

33) 『천도교교회사 초고』박인호의 기포내용 부분.

34) 김영규, 「갑오동학농민혁명과 토성산의 참극」, 갑오동학농민혁명 태안군 기념사업회, 앞의 책, 105-106쪽 참조.

35) 앞의 책, 『북접일기』, 「조석헌역사」, 173쪽.

36) 1894년 12월 12일 충청도관찰사 겸 병마수군절도사인 박제순의 장계내용.

37) 앞의 책, 『조석헌역사』.

38) 박성묵, 앞의 책, 118-119쪽 참조. 당시의 상황을 안희중의 『任城經亂記』에는 대흥관아에서 구사일생으로 빠져나온 군수 이창세 등의 당시 처절함이 기록되어 있다.

39) 『고종실록』갑오 10월 6, 7일조.

40) 『동학사』174쪽에는 박인호, 박덕칠 등이 7천명으로 기포했다고 기록했다.

41) 조석헌(曺錫憲, 1862~1931)의 북접일기-『曺錫憲歷史』.

42) 충청도에서 정예부대인 일본군과 전투에서 승리한 곳은 면천승전곡 전투와 가흥병참부의 하라다(原田)소위가 인솔하여 패퇴 도주한 괴산 애재전투가 유일하다.

43) 성암 문병석(文秉錫) 선생의 증언.

44) 조석헌의 북접일기-『曺錫憲歷史』에 의하면 "적군 일등 장두 6~7인과 적군 7~8백여명을 몰살소멸했다"고 적고 있어 진압군의 피해가 상당히 컸던 것으로 파악된다.

45) 「文章俊歷史」와 「曺錫憲歷史」에는 "27日 發陣하여 朼郡 驛村 后坪에서 留陣하고 翌日은 즉 大神師主 生辰祈禱日이라 德山郡 驛村 後峴에서 留陣 祈禱하고…"라 했다. 표영삼, 앞의 글, 23쪽.

46) 홍주성 전투에 관해서는 표영삼, 성주현 등의 앞의 글 다수의 저서를 참고바람.

47) 『갑오동학기병실담』.

48) 태안의 동학군에 대한 탄압은 이루 말로 표현할 수 없을 정도로 잔악했다. 특히 백화산 교장바위는 수많은 동학군을 처형한 장소였는데 그 처형방법이 가혹하기 그지없었다. 관련된 내용은 갑오동학농민혁명 태안군기념사업회 간, 『동학농민혁명과 교장바위』, 2006, 참조바람.

49) 남벌원은 금위영 남별영의 별칭(誤記일 가능성도 있다)이다. 남별영은 금위영 군병을 조련하던 곳으로 수구문(시구문) 밖에 있었으며, 지금의 중구 필동에 있다. 이곳은 조선시대부터 대대로 군사주둔지였으며, 한때 수도방위사령부가 이곳에 있었다. 현재 한옥마을 옆의 충정사가 있던 일대이다.

1) 최근 3 · 1운동에 대해 '3 · 1혁명'이라고 하기도 한다. 당시 3 · 1운동이 대대적으로 전개된 아래로부터의 정치변동 시도였다는 점, 이후 임시정부가 수립되었다는 점, 역사적으로 당연히 정당성이 인정되는 움직임이었다는 점에서 '혁명'으로 정의되는 것에 대해 타당성이 있다고 생각한다. 다만, 앞의 세 가지에 대해 충분히 인정함에도 불구하고, 필자가 여전히 '3 · 1운동'이라고 하는 이유는 단지 한 가지, 이전까지의 '일본의 강점'을 행여 '공식정부'로 인정하는 논리가 성립될 수도 있음을 우려해서이다. 즉, 이 글에서도 드러나겠지만, 당시 대부분의 한국인들은 당시 일제를 '강점' 혹은 '강탈'이라고 생각하였지 '공식 정부'라고 인정하지 않았음을 강조하기 위함이다.

2) 대표적으로 『한국민족문화대백과사전』의 〈3 · 1운동〉조 서술이 그러하다.

3) 묵암에 대한 기존 연구로는 다음 참조. 학술지 논문으로 李炫熙, "開化期의 人物과 그 思想: 默菴備忘錄을 中心으로"『韓國思想』第17輯 1980; 전기영. 1987. "沃坡 李鍾一의 敎育思想". 『중앙사론』5; 金昌洙, 1995, "沃坡李鍾一의 思想과 行動: 그의 獨立思想과 民族獨立運動"『吳世昌敎援 華甲紀念韓國近現代史論叢』; 박걸순. 1995. "沃坡 李鍾一의 思想과 民族運動". 『한국독립운동사연구』9; 길창근. 2000. "沃坡 李鍾一의 敎育思想에 대한 考察". 『社會科學硏究』9(1); 정영희. 2004. "默菴 李鍾一의 近代敎育運動". 『역사와실학』26; 金昌洙. 2005. "3 · 1運動과 沃坡 李鍾一". 『중앙사론』21; 이현희. 2005. "동학과 민족운동". 『동학학보』9; 이현희. 2009. "의암 손병희와 3 · 1운동". 『동학학보』17; 임형진. 2009. "묵암 이종일과 3 · 1운동". 『민족학연구』8; 심형준, 2018, "민족대표 33인의 일원인 이종일의 상징화 사례 연구:「묵암비망록」, 데마고기, 상징화 주체와 전략의 변화"『宗敎硏究』Vol.78, 한국종교학회; 정운현. 2019. 「이종일, 언론인 출신으로 천도교 비밀조직을 이끈 독립선언서 인쇄 책임자"『3 · 1혁명을 이끈 민족대표 33인』등이 있다. 학술 단행본 및 자료집으로는 묵암기념사업회 편. 1979. 『默菴 李鍾一先生 警世의 偉業과 生涯』. 默菴紀念事業會; 옥파기념사업회 편. 1984. 『沃坡李鍾一先生論說集』. 敎學社; 金容浩. 1984. 『沃坡李鍾一硏究: 新村情神, 先改情神의 提唱者』. 敎學社; 沃坡紀念事業會 편. 1995. 『沃坡 李鍾一先生의 警世의 偉業과 生涯』. 옥파기념사업회; 옥파기념사업회 편. 1995. 『沃坡 李鍾一의 思想과 民族獨立運動』. 옥파기념사업회; 朴杰淳. 1997. 『李鍾一, 生涯와 民族運動』. 독립기념관 한국독립운동사연구소; 성주현, 2017. 『민중에게 다가간 독립운동가 이종일』. 역사공간 등이 있다.

4) 이에 대해서는 비망록의 발견자로 알려진 이현희 교수가 「新資料解題 〈默菴備忘錄〉: 그 사상사적 인식」(『한국사상』, Vol.16, 1978 a)과 「天道敎와 民衆運動: 〈默菴備忘錄〉과 〈東菴日記〉를 中心으로」(『廣場』, Vol.63, 1978 b) 등에서 언급한 바 있고, 20여 년 후쯤 박걸순 교수(1995; 1997)도 이에 대해 좀 더 자세하게 다룬 바 있다.

5) 《동아일보》1925년 9월 1일 자.

6) 한국사 관련 개설적 서술 사전으로서는 가장 상세한 〈한국민족대백과사전〉조차 3·1 독립선언서와 이종일의 관계에 대해서는 33인의 1인, 인쇄소 사장으로서 인쇄한 점에 대해서만 언급하고 있고, 그 준비와 거사 자체에 대해서는 權東鎭과 吳世昌 중심으로 서술되어 있다.

7) 沃坡記念事業會 編. 1984. 『沃坡李鍾一先生論說集』의 권3에 수록된 『沃坡備忘錄』이다.

8) 『張孝根日記』(이 또한 『東菴日記』로도 회자된다) 1925년 8월 31일 자. 번역문도 있으나 여기서는 필자의 번역에 따랐다.

9) 이현희(1978 a) 참조.

10) 심형준(2018)의 경우 제국신문의 기사내용과 「묵암비망록」의 분실사건 및 〈제국신문〉에 실린 묵암의 기사 용어 패턴과 「묵암비망록」번역서의 용어의 상이성과 첨언 부분을 예로 들면서 번역서를 데마고그로까지 평가절하하면서 비망록의 존재 자체도 부정하고 있다. 그는 단적인 예로 김용호의 '신촌'론에 대해 '새마을'로 해석하면서 정권의 이용 가능성을 시사한다. 하지만 그가 이러한 주장하는 논증이 성공한 것 같지는 않다. 특히 묵암 일기의 발견 시점과 사업회 구성 시점은 박정희 정부가 한창 한국 민족주의를 선양하던 1960년대가 아니라, 유신으로부터 화제를 전환할 필요가 있는 시점도 아니고 오히려 유신으로 체제저항이 심했던 1970년대 후반과 신군부 중반인 1980년대 중반에 민중혁명의 중요성을 주장하는 묵암의 일기를 체제 이용을 위해 출간했다는 것은 쉽게 동의되지 않는다. 또 관련자들의 당대 진술도 상당히 많이 존재한다는 사실을 보더라도 묵암의 비망록의 자료적 가치를 부정하는 것을 옳지 않다. 따라서 이 글은 묵암의 비망록을 주 자료로 활용한다.

11) 李丙燾, 1984, 「沃坡 李鍾一先生과 나」『沃坡李鍾一先生論說集』卷一, 默菴紀念事業會, 575쪽.

12) 지금까지 그의 자료집은 물론 일반 연구들에서 옥파를 더 많이 사용해왔으나 그가 남긴 대표적인 자료집의 명칭이 도호와 관련된 것인 만큼 이 글에서는 묵암으로 호칭하기로 한다.

13) 『沃坡備忘錄』, 1919년 3월 5일자.

14) 李炳憲 편저, 『三一運動祕史』 시사신보사. 1959. 382, 390쪽.

15) 『沃坡備忘錄』 1919년 2월 20일-2월 27일자.

16) 박찬승, 2020, 「3·1독립선언서 인쇄과정과 판본의 검토」『동아시아문화연구』80. 93-95쪽 참조.

17) 『沃坡備忘錄』, 1919년 3월 11일 자.

18) 심형준도 여기에 속한다고 하겠다. 각주 10번 참조.

19) 『沃坡備忘錄』, 1918년 9월 2일 자. 이 글 주 47 관련 서술에서 자세히 설명할 것이다.

20)『沃坡備忘錄』, 1919년 3월 1일 자.

21)『沃坡備忘錄』, 1919년 2월 27일 자.

22)『沃坡備忘錄』, 1919년 2월 28일 자.

23)『沃坡備忘錄』, 1919년 3월 1일 자.

24) 예컨대 한국 역사, 사상, 문화 관련 대표적인 사전인『한국민족대백과사전』, 〈3·1운동〉 참조. 여기는 또한 당시 천도교의 역할에 대해서도 다소 축소 서술되었다고 평가할 수 있다.

25)『沃坡備忘錄』, 1919년 3월 11일 자.

26)『沃坡備忘錄』, 1898년 1월 16일 자.

27)『沃坡備忘錄』, 1898년 3월 28일 자.

28)『沃坡備忘錄』, 1898년 1월 31일 자.

29)『沃坡備忘錄』, 1898년 2월 24일 자.

30)『沃坡備忘錄』, 1898년 3월 6일 자.

31)『沃坡備忘錄』, 1898년 3월 19일 자.

32)『沃坡備忘錄』, 1898년 4월 17일 자.

33)『沃坡備忘錄』, 1898년 3월 31일 자.

34)『沃坡備忘錄』, 1899년 3월 12일 자.

35)『沃坡備忘錄』, 1899년 5월 31일 자.

36)『沃坡備忘錄』, 1910년 9월 30일 자.

37)『沃坡備忘錄』, 1910년 10월 7일 자.

38)『沃坡備忘錄』, 1910년 10월 31일 자.

39)『沃坡備忘錄』, 1910년 12월 10일 자.

40)『沃坡備忘錄』, 1911년 1월 16일 자.

41) 박걸순, (1997), 77쪽.

42) 박걸순, (1997) 81쪽 참조.

43)『沃坡備忘錄』, 1914년 8월 31일 자.

44)『沃坡備忘錄』, 1917년 8월 31일 자.

45)『沃坡備忘錄』, 1918년 2월 28일 자.

46)『沃坡備忘錄』, 1918년 5월 6일 자.

47)『沃坡備忘錄』, 1918년 9월 2일 자.

48) 박은식,『韓國獨立運動之血史』(1920), 서문당, 126쪽. "신도가 날마다 증가하여 300만을 헤아린다. 그 발전의 신속함은 거의 고금의 종교계에 일찍이 없는 일이다."

49) 임형진(2009) 175.

50)『沃坡備忘錄』, 1920년 8월 8일 자

51)『沃坡備忘錄』, 1920년 8월 24일 자

52) 『沃坡備忘錄』, 1920년 8월 13일 자.
53) 『沃坡備忘錄』, 1920년 8월 27일 자.
54) 『沃坡備忘錄』, 1921년 12월 21일 자.

태안 동학농민혁명사의 문화 콘텐츠 활용을 위한 기초 연구 / 채길순

1) 〈금번집략(錦藩集略)〉은 조선 후기 문신 이헌영(1837-1907)의 충청도관찰사 재임 기간 동안의 사건을 기록한 일지. 재임 시기에 동학농민혁명과 관련된 기록이 포함되었다.
2) 동학농민전쟁 1차 자료집 9권에 실린 〈대교 김씨 가문의 「갑오피란록」〉은 김씨 일족 이 1894년 7월부터 1895년 3월까지 9개월간의 피란기간 중 겪은 경험담을 기록한 것으로 온양 당진 등 충청도 서부지역 동학농민군의 활동 상황과 향촌사회의 동태를 전해 준다.
3) 이 말은 원래 중국 사람을 이르는 말로, 큰나라(大國) 사람이라는 뜻에서 시작되어 이를 낮춰 이르는 말로 '대놈' '때놈' 혹은 사람의 수가 많아 떼로 몰려다니니 '떼놈'이라는 뜻으로 풀기도 했다. 혹은 북쪽을 가리키는 '되'와 결합하여 '되놈'이 '뙤놈'으로 불리기도 했다. 여기서는 태안 지역 발음과 명칭을 기준으로 '떼놈'으로 통일한다.
4) 태안 향토 사학자 김용규 블로그(http://blog.daum.net/camellium/93) 참조.
5) 충청감사 박제순의 조정 보고에 "태안(泰安)의 전 부사(府使) 신백희(申百熙), 서산(瑞山)의 전 군수(郡守) 박정기(朴錠基), 종친부(宗親府)에서 파견한 김경제(金慶濟) 등에 대하여 백성을 구휼한 일을 포상하는 특전을 묘당(의정부)에서 아뢰어 처리하도록 하여 주십시오."라고 했다.(갑오군정실기8, 129쪽)
6) 콘텐츠란 문화, 영상, 소리 등의 정보를 제작하고 가공해서 소비자에게 전달하는 정보 상품으로 정의할 수 있다. 구체적으로는 극장에서 보는 영화나 비디오, 텔레비전 프로그램, 책, 신문, CD와 라디오로 듣는 음악, 컴퓨터 게임, 인터넷으로 보는 모든 정보가 콘텐츠인 것이다.(문화관광부 편, 문화콘텐츠산업 진흥방안, 문화관광부, 2000, 3쪽)
7) 유승호, 디지털 기술이 문화콘텐츠산업의 제작 및 산업구조에 미치는 영향에 관한 연구 : 음반과 애니메이션 산업을 중심으로, 43쪽.(2001년도 춘계학술대회, 지식정보 시대에서 문화벤처와 문화콘텐츠 한국문화제학회 / 한국기업메세나협의회, 문화관광부)
8) 조산강(曹山江), 「동학군(東學軍)의 아내」, 천도교회월보 247호, 248호(1931.7-8)

「갑오동학란피란록」 연구 / 장수덕

1) 『동학농민혁명국역총서』4권에서는 「피란록을 한글로 '피난록'이라 번역하였으나 '피

란'과 '피난'의 의미는 분명히 다르다. 피난[避難]이란 용어의 사전적 의미는 '①재난[災難]을 피함 ②재난[災難]을 피해 멀리 옮아 감'이지만, 피란[避亂]은 '①난리[亂離]를 피함 ②난리[亂離]를 피[避]하여 있는 곳을 옮긴다.'는 뜻이다. 따라서 「避亂錄」은 당연히 '피란록'으로 읽어야 옳다. 「피란록」의 저자가 위 기록의 제목을 '避難錄'이 아니라 '避亂錄'이라 단 것은 동학농민전쟁을 일반적인 의미의 재난(災難)이 아니라 '난세(亂世)의 요란(擾亂)이나 동란(動亂)'으로 규정하고 있었음을 보여준다. 당시 양반들의 '갑오동란'이라는 표현도 이런 의식이 반영된 호명이라 할 수 있다. 당시 양반 사족들의 난세나 난리의식은 맹자의 일치일란(一治一亂)론에 기초한 역사 인식이다. 권정안, 「유교의 역사이해」, 『현대 한국종교의 역사이해』, 한국학중앙연구원출판부, 1998; 지수걸, 「국가의 역사독점과 민중기억의 유실-'우금티 도회'를 제안한다」, 『역사비평』 110호 (2015년 봄호), 191쪽 등 참조.

2) 「대교김씨가갑오피란록」의 명칭은 표영삼이 『교리사연구』 제5호, 2000년에서 처음 사용하면서 후학들이 제목을 인용하고 있다. 그러나 대부분 연구자들의 글을 보면 이 내용의 무대가 정확하게 어디인지 모르고 사실들만 인용하고 있음을 볼 수가 있다.

3) 『동학농민전쟁사료총서』 9, 사운연구소, 1996에 실려 있는 「대교김씨가갑오피난록」이라는 제목은 피난과 피란의 차이를 의식하지 못함으로써 발생한 것으로 보인다.

4) 이에 관한 주장의 최초 근거는 분명하지 않으나 필자가 박맹수 교수로부터 들은 바로는 처음 「피란록」을 접하면서 표영삼 선생과 함께 대교와 정안 그리고 공암이란 지명을 듣고 "이 이야기의 중심은 바로 공주라고 생각했으며 이를 공론화하는데 일조했노라."하였다.

5) 1894년 '공주전투(대회전)' 시기 남북접 농민군 지도부는 금강을 사이에 두고 남북으로 기각지세(掎角之勢)를 형성하고자 했던 것으로 보인다. 당시 남접군의 주력은 금강 남쪽의 경천과 이인, 북접군의 주력은 금강 북쪽의 대교(궁원=정안, 유구) 등의 거점(공주 공격을 위한 일종의 교두보)에 진을 치고자 했던 것으로 보인다. 하지만 1894년 10월 24일과 25일 대교전투(북접군)와 효포전투(남접군)에서 패배하자 북접 농민군은 금강을 건너 이인 등지로 집결하여 공주 부내 진입을 시도하였다. 남북접 농민군이 공주를 둘러싸고 기각지세를 형성하는데 성공했을 경우, 혹은 남북접 농민군이 공주 점거에 성공했을 경우, 내포농민군도 '북접 교단의 지시'에 따라 유구에 교두보를 확보하거나, 공주 부내로 진출했을 가능성도 있었다고 판단된다. 하지만 10월 24, 25일의 전투, 특히 북접 농민군 주력이 대교전투에서 소수의 관군(홍운섭 지휘)들의 기습 공격으로 패하자 남북접 농민군 지도부는 이런 전술을 대폭 수정하지 않을 수 없었던 것으로 보인다. 지수걸, 「1894년 공주대회전 시기의 '공주 확거 · 고수 전술'과 '호서도회 개최 계획」, 『역사문제연구』, 33호, (2015. 4), 281-333쪽 참조.

6) 이는 당진에 살고있는 필자가 「피란록」에 언급된 대부분의 피란지명이 당진지역의 있음을 알았기 때문이다.

7) 「피란록에 언급된 지명들은 대략 130곳 정도이다. 이 중에는 누구나 금방 알 수 있는 천안, 당진 등 지명이 21곳 정도이고, 지역의 사람이라면 쉽게 알 수 있는 기지, 국수봉 등의 지명이 10곳 이상 확인된다. 또한 저자가 자신을 감출 의도로 사용한 허구 지명이 공암, 온정동 등 4곳이며 그밖에는 지금은 사라졌거나 확인할 수 없는 동네명이 몇 개 더 있다.

8) 본고에서는 「갑오동학란피란록」은 「피란록」으로 다른 일반 피란록들은 '피란록'으로 구별하여 정리한다.

9) 「피란록에 대한 국역본이 이미 나와 있으며 실제로 여러 연구물에서 이를 활용하고 있으나 호우지역의 개괄을 설명하거나 사례로 활용할 뿐 어느 지역에서 어떤 특징이 있었는지를 정확하고 분명하게 언급하지 못하고 있으며 일부에서는 공주지역의 사례로 단정하는 오류를 보이기도 한다.

10) 일반적인 양반의 일기들에는 그날그날의 간지(干支)와 일기(日氣), 교우나 빈객의 관계나 및 동정, 제례 및 종중 관련 일이나 동리의 관한 기우제 및 동약 등을 기록하였음을 알 수가 있다. 여기에 더해 피란록은 유생으로서의 역할(忠)과 제례와 농사를 통해서 가문을 이어가려는 현실적 역할(孝)을 그리고 자신들의 일상까지 소중하게 간직하기 위한 '대불망(對不忘)'의 의도와 세태비판이나 잠언을 기록하여 후손들에게 경계나 교훈으로 삼게 하려는 뜻이 담겨져 있음을 알 수가 있다. -오용원, 「최홍원의 『역중일기』를 통해 본 영남선비의 일상」, 『대동한문학』 제45집 2015, 71-100쪽 참조.

11) 한다리김씨는 김알지를 시조로 하는 경주김씨의 경순왕의 후손으로 중시조 태사공 인관(仁琯)을 중심으로 가계를 이루었고 14세손인 안주공 연(堧)을 기점으로 별칭하여 대교 김씨로 불리기 시작하였다. 이후 17세손인 문정공 홍욱(弘旭)이 바로 대교(한다리) 가문을 일으킨 주요 인물이 되었으며 「피란록」의 저자 현제는 그의 10세손이다. 홍욱 이후 한다리김씨 가문 출신으로 유명한 분으로는 첫째 영조의 계비 정순왕후를 들 수 있는데, 현제에게는 8대조에서 갈라진 큰댁 고조모뻘(14촌)이 되시고, 또 한 분은 추사 김정희선생으로 현제의 8대조에서 갈라진 제일 큰집(첫째)의 조부뻘(14촌)이 된다.

12) 이에 관한 내용정리는 지면상 따로 연구 · 정리하기로 한다. 다만 본고에서 동학이나 동학도에 대한 용어 사용은 저자의 인식에 기반하여 가능하면 원문에 실린 용어를 그대로 사용하고자 하였다.

13) 덕포의 이병사는 덕산군수(1883), 전라도수군절도사(1886), 한성부 우윤(1892), 병조참판 등을 역임한 병사 이정규(李廷珪)이다. 그는 이곳으로 낙향한 이후 농민들에게 대한 가렴주구와 핍박으로 원성이 자자한 인물이었으며 '합덕민란'의 원인을 제공한 당사자이다.

14) 이는 먼 훗날 자신의 누구인지를 분명하게 알리고픈 숨은 의도를 드러냈던 것으로 보인다. 그리고 나중에서야 알게 된 사실은 현제는 피란길을 주로 일가친척이나 친구의

집 등 자신이 믿을 만한 곳으로만 전전하였다. 실제로 그는 단 한 번도 자신이 모르는 곳으로 도망하거나 떠도는 모험을 감행하지 않았다. 이는 아마도 유래없는 엄청난 난리를 맞이하여 자신과 식구들의 안전을 보장받기 위해서는 당연히 피붙이거나 친한 친구들의 덕을 빌리는 길이 최고라고 판단했던 것 같다.

15) 현제는 양반이고 효와 충을 근본으로 알고 사는 사람이었다. 따라서 그는 적어도 선친의 기일까지 거짓으로 기록하지 않았을 것이라는 필자의 추론은 곧 유효하였고 그를 찾아내는 결정적인 단서가 되었다.

16) 현제의 큰 형님는 을미생으로 1894년에 육순의 나이였으며, 둘째 형님의 산소가 신창 기곡에 있다는 사실 등 두 가지 내용 모두를 경주김씨 족보를 통해서 정확하게 확인하였다.

17) 현제가 살았던 곳은 성암리 만은 아니었다. 한다리 김씨였던 그는 ①둘째 형님 산소가 있고 친척들이 많이 살았다던 기곡에 살았다가 ②합덕읍 웅정리로 이주하였고 ③정미면 덕삼리로 이사하였고 ④송산면 도문리(한기)로 다시 이사했다가 ⑤동학농민전쟁기 전에는 음암면 성암리에 정착해 살았던 것으로 확인되었다. 그리하여 동학농민전쟁 기간의 피란처도 역시 그의 거주지와 관련이 깊은 곳에서 찾을 수 있었다.

18) 현제는 1856년 김상설의 3남으로 태어나 조실부모하고 두 분 형님들의 손에서 성장하였으나 어떤 이유에서인지 계족숙부 김상좌(金商佐)에게 양자를 가게 되었다. 현제는 8대조인 세진(世珍)의 3남 두규(斗奎)의 후손이고, 항렬로는 숙부뻘 되는 양부 김상좌는 세진(世珍)의 4남 두벽(斗璧)의 후손으로 작은집 어른이었다. 「피란록」의 기록에는 2살과 10살에 부모님을 여의었다고 하였으나 대교김씨 족보에서 아버지 김상설은 그의 나이 8살에 세상을 떠난 것을 확인할 수가 있었다. 대교김씨족보에 의거하여 현제에 대하여 좀 더 자세히 살펴보면 다음과 같다. 현제(자는 숙겸(叔兼))는 철종 병진생(1856)이니까 「피란록」을 지을 당시의 나이는 39세였다. 그가 몇 살까지 살았는지 알 수는 없었으나 기일은 8월 18일로 정확하게 나와 있으며 서산시 대산읍 묵수지 안산에 있는 그의 묘도 확인하였다.

19) 본래 그의 무덤은 당진시 송산면 한기에 있었으나 근래에 후손들이 지금의 경주김씨 문중 땅으로 이장한 것으로 들었다.(증언: 김윤환, 대산면 기은리, 90세-2016년)

20) 신승호, 수암 유진의 『임자록』 연구, 《민족문화》, 한국고전번역원, 2016, 제47집, 69-110쪽 참조. 그렇게 해서 자신이 겪은 모진 기억으로써의 사건을 후손들에게 알리고 옥중체험과 서러움의 표출, 이를 통한 후손들에 대한 권계(勸誡)를 주장하면서, 동시에 자신의 결백을 주장하는 이중적인 목적이 함께 있음을 인정하였다.

21) 윤인현은 『해상록』과 『정유피란기』 연구, 『한문학론집』 32집, 2011. 139-176쪽에서 정유재란 중에 겪었던 유자 정희득과 그의 족질 유자 정호인의 기록을 통해서 조선 중기 유자들이 지녔던 사고와 시각에 대하여 살피면서 피란록의 저술에는 선비정신이 들어있다고 주장하였다. 특히 유학(幼學)이 직접 경험한 피란내용을 바탕으로 대강

을 기록한 자료들을 훗날 다시 정리한 것이라는 측면에 의미를 두면서, 강항의『간양록』과 노인의『금계일기』, 정경득의『만사록』등도 함께 이러한 선비정신이 가득 담긴 작품들로 평가하였다. 또한 조현우,「포로실기에 나타난 전란의 기억과 자기 정당화」,『민족문학사연구』54, 2014에서 포로실기들은 피로인들이 자기정당성 확보를 위한 기억의 서사이었음 강조하면서 피로된 양반들이 끝내 항절불굴했던 자기정체성을 주장하기 위한 노력으로 '일관되게 정당한 나'를 미리 설정하고 이를 서사에 적용하였다고 분석하였다. 특히 임란이후 정부의 관대한 민심수습책 속에서도 피로되었던 양반들에게 특히 가혹했던 사실을 지적하면서 훼절을 의심 받았던 피로인들의 기록은, 적극적으로 훼절하지 않았음을 입증하려는 자기방어적 속내가 깊숙하게 들어 있음을 강조하였다.

22) 홍동현,「1894년 내포지역에 대한 기록」,『내포의 동학』,『내포문화총서』2, 2015, 138쪽에 의하면 '성을 바꾼 것에 대하여 죄책감 때문인지 그는 현인군자도 위험에 닥쳤을 적에는 처변지도를 발휘한다고 애써 변명하면서 처량하게 그 이유를 구구절절하게 적고 있다'고「피란록」을 분석하였다.

23)『한국민족문화대백과사전』설명 참조. 실제로「피란록」에는 이와 관련한 이른바 "누구를 막론하고 그 사람의 善惡은 이런 난세를 만나면 분명하게 구분된다."는 뉘앙스의 글귀는 서너 번 나오고 있다.

24)「피란록」원문 "雖然豈不自愧於內而貽笑於人乎".

25) 성씨를 보전함, 종족을 보전함.

26)『동학농민혁명 국역총서』4권 해제본 인용(필자가 일부를 수정 혹은 첨삭함-이하 설명 생략).

27)「피란록」에서 현제는 "옛 현인군자도 위험이 닥쳤을 때 융통성을 발휘하였는데 하물며 후세의 어리석은 우리들이야 말할 것이 있겠는가? 그러므로 공자께서는 진과 채 사이에서 곤욕을 당하였고, 또 미복으로 송을 지나갔다. 공자와 같이 하늘이 내리신 순강한 대성인도 부득이하게 한 때의 임시적인 방법[權宜之策]을 사용하였다. 그리고 맹자가 말한 형수가 물에 빠졌을 때 손을 내밀어 구조하는 것은 임시방편으로, 이는 아성의 불후의 교훈이다. 만약 형수가 물에 빠졌는데 손으로 몸을 만지는 것을 꺼려서 구조하지 않아 형수가 빠져 죽는다면 이는 인간의 도리와 인정이 아니다. 그래서 맹자도 그 뜻을 분명히 밝혀 후세에 교훈을 내렸으니, 이 또한 융통성 있게 처리하는 도리가 아니겠는가?"라고 하였다.

28) 결국 현제는 양반들에게 주어진 삼강의 기본덕목과 충효의 도리를 난세를 만나서도 결코 버리지 않았으며, 비록 임기응변하기는 하였지만 일용이륜(日用彝倫)의 도리를 다했노라고 강조한 것이다

29) 실제로「피란록에는 "일본과 서양 오랑캐가 들어와서 국가의 기강은 물론 민속을 어지럽히고 곡식을 수탈해 간 것이 10여 년 전부터인데 절어구민(切於救民)해야 할 관

리들까지 거인유의(巨仁由儀)하지 못하고 가렴주구에 관성까지 붙어버렸으니 어찌 동요가 일어나지 않겠는가?" 하였다.

30) 권정안, 「유교의 역사이해」, 한국정신문화연구원, 1997. 2~3쪽에 의하면 유교문화의 정체성은 "①일용이륜이란 말 속에 이미 드러나듯이 유교의 보편적 관심은 일상의 생존과 함께 도덕적으로 인간다운 삶을 추구하는 이중적 지향성을 갖는다. ②생존과 인간다운 삶의 양면적 성취를 이룩할 수 있는 방법으로 수기치인의 도를 제시한다. ③인간에 대한 절대적인 애정과 신뢰를 근본정신으로 갖는다."고 정리하였다.

31) 필자는 「피란록」에서 다음날을 이튿날로 여기고 날짜를 기록하여 정리해본 적이 있다. 그가 피란을 떠나 날을 7월 23일로 특정하고 기록을 시작하였고 8월 15일 마수머리에서 중추절을 맞아 회한에 젖는 대목까지 정리하였는데 실제로 날짜가 며칠 모자랐다. 더욱이 중추절 이후에는 그의 행적을 날짜에 따라 정리할 수 없는 순간이 왔으며 그의 행적을 날짜별로 지도에 그려보면 분명하게 빠진 날이 보이고 있다.

32) 실제로 「피란록」의 기록 내용은 중간 중간 흔들림이 없는 것은 아니나 한편의 드라마나 파노라마 사진을 보는 듯 시간대 별로 정확하게 연결되어 있다. 그가 기억력의 천재가 아니고서는 1894년 7월부터 이듬해 3월까지 9개월간 겪은 일들을 뒤바꿈 없이 정리하는 것은 불가능에 가깝기 때문이다.

33) 이는 난세에 인의를 실현하기 위한 사(士)의 입장에서 수기와 치인에 관한 자기인식을 정리한 것으로 보인다.

34) 권정안, 위의 글, 5쪽 '우환의식' 참조. 이는 대란의 시기에 백성을 이해하고 그들을 관용하며 사랑하는 '서(恕)'의 각성으로 보이며 보편적인 '인(仁)'의 실천하려는 선비의 태도로도 보인다.

35) 권정안, 위의 글, 21, 23, 43쪽 참조. 도이(島夷)들은 개화를 칭탁하며 나라의 재물과 곡식을 모두 고갈되게 하니 백싱은 추위와 배고픔에 숙을 지경이 되었으며 영악한 무리들은 먼저 왜학에 들어가고 양학에 들어가고 아학에 들어가 오백년 지켜온 법강과 예교가 일시에 무너져 백성은 모두 시양과 다름없게 되었고 하여, 작금의 상황을 '일란(一亂)의 시기' '민생의 절대 위기'로 파악하고 이 시기에 저자는 「피란록」의 집필을 통하여 인간의 보편성인 '충'을 실천하고 '인'을 충실하게 하여 온전히 사의 도리를 실천하고자 한 것으로 보인다. 이러한 그의 비판적 태도는 직서(直書)와 직필(直筆)의 춘추필법의 전통을 계승하려는 수기치인 선비의 자세로 이해된다.

36) 그리하여 여미의 저자거리에서와 같이 특별한 순간들은 많은 지면을 할애하여 공자의 권의지책(權宜之策)과 아성(亞聖)의 처변지도(處變之道)까지 들먹거리며 자가변론을 장황하게 하였던 것이다.

37) 이창구의 초기 근거지인 국수봉과 안정적 근거지였던 월곡의 움직임부터 그가 잡혀가던 날 봉화불의 행적까지 상세히 기록되어 있으며 유회에서 쌓고 이창구에게 대항하던 숭악산 농보성에 관한 기록까지 가장 정확하게 기록되어 있다.

38) '여미벌제회'의 용어는『천도교회사초고』제2편 지통 24쪽, "해미군 여미평에 제회하니 진세대진이라"에서 그대로 차용하였다.

39) 특히 이 과정에서 당진지역에서 벌어졌던 동도들의 거점지역이나 도회활동, 무기와 식량 확보과정 그리고 그들에 석권된 지역과 부도촌에 관한 내용 게다가 동학의 소접주의 이름까지 정말 많은 내용들이 담겨져 있다.

40) 충청도 청풍에 살던 선비 이면재가 청풍대접주 성두한의 기록을 중심으로 농민군과 민보군 동정 등 동학에 관한 내용을 기록하였다.

41) 충청도 영춘에 거주하던 유생 정운경이 동학지도자 체포·처형한 일, 폐정개혁 활동 등 충주, 청풍, 단양, 제천, 영춘, 영월, 평창, 정선 등에서 벌어진 동학 관련 기록을 비교적 상세하게 기록하였다.

42) 충청도 홍성 출신으로 홍문관 부수찬, 응교 등 벼슬을 지냈고 1895년과 1905년에 반일 활동을 전개한 이설이 남긴 문집으로 동학농민전쟁의 원인을 분석하고 대처방안을 제시하였으며, 특히 이승우와 13차례 주고받은 편지글이 수록되어 있다.

43) 충청도 서천 유생 최덕기의 40년 일기 중에 갑오년 당시의 기록을 발췌한 내용으로 서천지역의 동학의 입교상황과 임천과 한산지역 농민군 활동 등이 자세히 기록되어 있다.

44) 충청도 공주 출생 이철영의 문집 중에 기록으로 동학이 번성하게 된 원인을 탐관오리의 가렴주구로 소개하면서 공주와 부여지방에서 동학농민전쟁을 체험한 내용을 생생한 기록을 남겨놓았다.

45) 충청도 부여 유생 이복영의 일기 중에 계미, 갑오년의 일부 기록으로 개화와 민씨 정권에 대한 부정적 기록과 부여 대방면 일대에서 동학의 설포 과정과 홍산, 공주 등의 집강소의 상황이 기록되어 있다.

46) 충청도 공주 유생 이용규가 남긴 일기 중에서「갑오일사 7」부분의 내용으로 고부민요사와 공주 대교와 궁원에서의 대도회 설치 및 완백 김학진의 무능과 전봉준 그리고 집강소의 정황을 상세히 기록하고 있다.

47) 충청도 출생 이단석이 임술민란으로부터 천주교의 수용과정 병인양요, 임오군란, 갑신정변 등에 관한 기록과 금산, 공주, 이인 등지에서 벌어진 동학농민군의 활동과 보은집회 등의 내용이 유생의 입장에서 기록되어 있다.

48) 김윤식이 남긴 일기『음청사』중에서 충청도 면천에 유배되었던 당시의 기록으로「면양행견일기」로 보은취회 시말과 '척양척왜' '보국안민' 등 동학의 주장과 주모자들의 내용 그리고 해산 과정을 기록하고 있다.

49) 충청도 서산 출신으로 성균관 사성을 재낸 김약제가 갑오년 당시 동학농민전쟁과 중앙정계 사정을 기록한 내용이다.

50) 권정안, 위의 글 13쪽에 의하면 중국사서의 찬술 방법에는 두 가지 상호 대립적 원칙으로써 직서의 원칙과 특정 목적을 위한 숨김의 원칙이 있다고 한다.

51) 필자는 처음에 현제가 무엇을 숨기고 무엇을 노출하고 있는지 그 기준을 알지 못했다. 하여 그가 말한 지역명이나 존재에 대하여 하나하나 고증하면서 결론적으로 자신의 신분과 관련된 내용만 감추고 있음을 알게 되었다. 또한 그가 양반으로써 정서상 감추지 못할 것 같은 것을 찾아 확인하던 중 제일 먼저 단서가 될 수 있었던 내용은 '선친의 기일이 지난달 28일'(7월 28일-필자)한 대목이었다. 이는 양반으로써 성씨에 관련되었거나 조상에 관련된 내용은 함부로 지어서 말하기 힘들었을 것이라는 추정에서 시작되었고 이는 실제로 정확하게 적중하여 그를 추적하는 꼬투리가 되었다.

52) 피란지명중에는 유일하게 피란을 떠나 당도한 곳이었으며 자신의 집에서 가장 가까운 곳인 '신기'만 허명으로 기록하였고 나머지는 당시에 불리던 지명을 정확하게 기록하였다.

53) "余之所經 甘苦吉凶歷歷備 ■".

54) 현재 당진시 송악읍 기지시리에 있다.

55) 그는 백주에 말을 타고 내포의 중심인 홍주가를 활보하기도 하였으며 홍주목사 이승우가 여러 차례 사람을 보내 만나길 요구했지만 끝내 응하지 않을 정도로 오만하였다.

56) 호중의 거괴는 최제우, 박덕칠, 박도일, 이창구, 손사문, 안교선, 황하일, 이종필, 이성시였다. 박덕칠은 예산에 거주하였기 때문에 박덕칠을 따르는 자들은 그를 예포라고 일렀고, 박도일은 덕산에 거주하였기 때문에 박도일을 따르는 자들은 그를 덕포라고 일렀다.

57) 「피란록」에 의하면 농보성은 "근처의 동학에 가입하지 않은 여러 사람이 유회를 열어서 산 위에 성을 축조하여 농보로 삼자고 함께 모의하였다. 그 지역 내의 양반과 상민을 막론하고 구름처럼 다투어 몰려들었으니 이 또한 한 군데 의지할 곳이었다."라고 하여 유회를 중심으로 하여 농민들이 힘을 합하여 쌓은 성으로 보인다. 「피란록」에는 "이창구는 국수당에서 수천 명을 거느리고 농보성을 빼앗아 차지하고 있었으며, 이른바 윤치상이란 자는 차가운 검으로 농보의 우두머리를 찔러 두목이 사경을 헤매게 했으니 놀랍고 분하였다."라고 서술하여 농보성이 이창구의 손에 넘어가는 장면까지도 정확하게 기록하고 있다.

58) 「피란록」에 의하면 "저들은 자칭 척왜척양 하면서 생산에 종사하지 않고 매일 동쪽의 가옥에서 무리를 짓지 않으면 종래는 반드시 서쪽 동네에서 작당을 하여 설치하는 장기(한 개인이나 집단이 지니고 있는 가장 특출한 기술이나 재주, 필자)가 있다. 국법과 왕장(왕이 밝힌 문물과 제도, 필자)이 없었고 어느 때에는 방백과 수령을 도외시하였다. 저들 중에 만약 산송이나 채무 혹은 자질구레하게 원한을 갚을 일 등이 있으면 저들이 임의대로 판결을 하였다. 심지어는 사대부를 묶어놓고 형을 가하기도 하고, 남의 무덤을 강제로 파기도 하고, 채무를 강제로 받아내기도 하고, 근거 없는 돈을 강제로 징수하고, 유부녀를 강제로 빼앗기도 하였다. 양반가의 노비들은 그들의 노비문서를 탈취하기에 이르렀고 상전을 욕보이고 또 떠나갔다. 부자들의 돈과 곡식을 빼앗고, 남

의 소와 말을 가져갔다. 저들이 갚아야 할 물건들은 모두 탕감하여 준다는 증서를 강제로 받아내었다."고 한다.

안승환(당진시 밤절로 2-31 거주, 75세) 님은 당시 달아실(현 당진시 송악읍 월곡리)에 주둔한 동학농민군들 수십여 명이 당시 복운리에 사시던 조부모님 집에 와서 채알(遮日)을 치고 수일간 숙식을 하며 머물다 떠났다며 "동학농민군들의 주장은 다 들을만한 얘기고 사람들도 순하고 다 좋은데 딱 한 가지 임금을 바꾸자고 하는 것은 잘못됐다"라고 하시는 조모님 말씀을 들었다고 한다.

59) 현제는 초기 "유·불·선 삼도 가운데서 흘러나왔으며, 그 행위는 즉 임금에게 충성하고, 어른에게 공경하고, 집안에서 효도하고, 밖에서는 공손하여 오륜과 사단을 갖추지 않은 것이 없다고 들었다." "척왜척양 주장하여 국가대의를 위하여 해와 달처럼 밝고 서리와 눈처럼 엄하였으니 사람들이 누가 하풍을 따르지 않겠는가."하는 기록에서처럼 동학의 주장에 대하여 상당히 공감하고도 있었다.

60) 「피란록」에는 "태안에서 한장리가 앞장서서 유회를 개설하여 비류들을 남김없이 모조리 처벌하였다. 여미에는 또 서산과 해미의 도소가 개설되었다. 윤선직은 지난날에 적괴였는데 지금은 유소의 도장이 되었다."는 사실도 기록하고 있다.

61) 「홍양기사」에 의하며 이 날은 10월 22일이었다.

62) 실제로 저자의 기억에 의존해서 쓰인 1890년 이전 동학의 탄생과 확산과정에 대한 기록의 오류들을 빼고는 태안봉기와 서산봉기, 여미벌제회, 승전곡 전투, 관작리전투, 홍주성 전투까지 대부분의 내용이 동학농민전쟁의 흐름에 따라 상세하게 지도에 그려낼 수 있을 정도로 정확하다는 게 필자의 판단이다.

63) 그동안 연구자들은 「양호우선봉일기」, 「홍양기사」, 「북접일기」, 「주한일본공사관기록」, 「갑오동학기병실담」, 「북접일기」 등 다양한 사료들을 근거하여 사건별로 종합·정리하는 모양새를 취하고 있었다. 그러나 「피란록」에 근거하여 위의 사료들을 심층·고려하여 분석해보면 승전곡 전투부터 주체세력이며 참여세력 그리고 전투 과정까지 모든 것이 분명하게 드러난다.

64) 그 외에도 청군 패잔병들에 관한 내용이 3회, 조선의 대한 자부심에 관한 내용, 제국주의 침략상을 성토하거나 민초들의 고통에 관한 내용, 남학에 관한 내용까지 기록되어 있다.

65) 이는 1864년 최제우가 순도한 이후 조정이 공식적으로 동학을 '이단사설로 규정'한 것에 기인한 인식으로 보인다. 당시 영남지방 유생들도 이미 대부분이 동학을 사교로 인식하고 있었다. 권대웅, 「경상도 유교 지식인의 동학농민군 인식과 대응」, 『한국근현대연구』 51집, 2009. 75쪽 참조.

66) 갈산은 당진시 순성면 갈산리이고 삼산은 해미현 서면 삼산리로 당시 삼산동으로 불리던 곳이며 현재는 당진시 정미면 도산리이다. 두리는 해미군 서면 상두리, 하두리 지역으로 추정된다.

67) 당진시 송악읍 중흥리에 숭악산(송악산)에 축조되었던 석성을 말한다.

68) 미흡하지만 『동학농민혁명국역총서』에서 국역한 내용을 「피란록」의 원문을 재해석하여 잘못 번역된 일부 오류(예: 漢津을 한강의 나룻터라 번역한 것을 당진시 송악읍 한진리로 수정 한 것 등)들을 바로잡았다.

69) 그리하여 平常時의 '日記'와 有事時의 '피란록'이 가지고 있는 공통점은 무엇이고 차이점은 무엇인지 그리고 저자들이 의도한 저술목적이 무엇인지도 분명하게 밝힐 수가 있었다.

참고문헌

태안 지역의 동학 포덕과 조직화 그리고 동학농민혁명 / 임형진

『고종실록』
『大橋金氏家甲午避難錄』
『東學道宗繹史』
『東學史』
『時聞記』
『侍天敎宗繹史』
『天道敎書』
『천도교회사초고』
『天道敎創建史』
『崔先生文集道源記書』

갑오동학농민혁명 태안군 기념사업회, 『동학농민혁명과 교장바위』, 2006.
박걸순, 「1894년 합덕농민항쟁의 동인과 양상」, 『한국독립운동사연구』28, 독립기념관
　　　한국독립운동사연구소, 2007.
박래원, 「춘암상사의 행적」(상), 『신인간』293, 1972, 1 · 2.
박성묵, 『예산동학농민혁명사』, 화담, 2007.
성주현, 『동학과 동학혁명의 재인식』, 국학자료원, 2010.
임형진, 「내포지역의 동학 유입경로와 조직화 과정」, 『동학학보』, 2013, 12, 제29호.
채길순, 『새로 쓰는 동학기행1』, 모시는사람들, 2012.
태안군 충남역사문화원, 『북접일기』, 2006.
표영삼, "보은 척왜양창의 운동", 『신인간』, 1993. 5월호(통권 516호).
표영삼, "충청서부지역의 동학혁명운동", 동학민족통일회, 『꺼지지 않는 들불 동학』, 2009.
표영삼, 『동학』2, 통나무, 2005.
홍종식 〈東學亂實話〉口演, 『新人間』通卷34호, 1929년 4월호.
황현(이민수 역), 『동학란(동비기략초고)』, 을유문화사, 1985.

『동학농민혁명국역총서』10, 동학농민혁명참여자명예회복심의위원회, 2012.
『동학농민혁명국역총서』11, 동학농민혁명참여자명예회복심의위원회, 2013.

『동학농민혁명국역총서』4, 동학농민혁명참여자명예회복심의위원회, 2008.

묵암 이종일과 동학, 천도교, 그리고 3·1독립만세운동의 연속성 / 안외순

『沃坡備忘錄』3卷, (沃坡紀念事業會, 『沃坡李鍾一先生論說集』1984)
沃坡記念事業會 편, 1984, 『沃坡李鍾一先生論說集』(1,2,3), 서울: 敎學社.
沃坡記念事業會 편, 1995, 『沃坡 李鍾一先生의 警世의 偉業과 生涯』, 서울: 옥파기념사업.
이현희 편, 1978, '默菴 李鍾一 先生 備忘錄', 『韓國思想』16.
이현희 편, 1979, '默菴 李鍾一 先生 備忘錄(2)', 『韓國思想』17.
이현희 편역, 1981, '默菴 李鍾一 先生 備忘錄(3)', 『韓國思想』18.
박은식, 『韓國獨立運動之血史』, 서문당, 1920.
李炳憲 編著, 『3·1運動祕史』, 시사신보사, 1959.
『張孝根日記』, 『한국사논총』(성신여대 사범대) 제1집, 1976.

《제국신문》
《동아일보》, 1925.9.1.

길창근, 2000, '沃坡 李鍾一의 敎育思想에 대한 考察', 『社會科學研究』9(1).
김범수·이유진, 2009, 『옥파 이종일선생 이야기』, 창작시대.
김삼웅, 1997, 『33인의 약속』, 산하.
김용덕, 1969, '북학사상과 동학', 『사학연구』16.
김용호, 1984, 『沃坡李鍾一研究: 新村情神, 先改情神의 提唱者』, 敎學社.
김창수, 2005(1995), '3·1運動과 沃坡 李鍾一', 『중앙사론』21.
김홍주, 2010, 『(구한말) 선각자 옥파 이종일』, 세광문화기획사.
묵암기념사업회 편, 1979, 『默菴 李鍾一先生 警世의 偉業과 生涯』, 默菴紀念事業會.
朴杰淳, 1994, 「3·1 獨立宣言書 公約三章 起草者를 둘러싼 論議」, 『한국독립운동사연구』제18집.
박걸순, 1995, '沃坡 李鍾一의 思想과 民族運動', 『한국독립운동사연구』9.
박걸순, 1997, 『이종일. 생애와 민족운동』, 독립기념관 한국독립운동사 연구소.
박춘석, 2008, 『옥파 이종일』, 태안향토문화연구소.
박찬승, 2020, '3·1독립선언서 인쇄과정과 판본의 검토', 『동아시아문화연구』80.
성주현, 2017, 『민중에게 다가간 독립운동가 이종일』, 역사공간.
심형준, 2018, '민족대표 33인의 일원인 이종일의 상징화 사례 연구:「묵암비망록」, 데마고기, 상징화 주체와 전략의 변화', 『宗敎研究』Vol.78, 한국종교학회.

옥파기념사업회 편, 1995,『沃坡 李鍾一의 思想과 民族獨立運動』, 옥파기념사업회.
의암손병희선생기념사업회, 1967,『의암손병희선생전기』, 의암손병희선생기념사업회.
이현희, 1978a, '『默菴備忘錄』解題',『韓國思想』16.
이현희, 1978b, '天道敎와 民衆運動: 〈默菴備忘錄〉과 〈東菴日記〉를 중심으로',『廣場』,
　　　Vol.63.
이현희, 2005, '동학과 민족운동',『동학학보』9.
이현희, 2009, '의암 손병희와 3·1운동',『동학학보』17.
임형진, 2009. '묵암 이종일과 3·1운동',『민족학연구』8.
전기영, 1987, '沃坡 李鍾一의 敎育思想',『중앙사론』5.
정영희, 2004, '默菴 李鍾一의 近代敎育運動',『역사와실학』26.
정운현, 2019, '이종일, 언론인 출신으로 천도교 비밀조직을 이끈 독립선언서 인쇄 책임
　　　자',『3·1혁명을 이끈 민족대표 33인』, 역사인.

1960년대 이후 태안지역 동학농민혁명 기념(선양)사업 분석과 현대적 의의 / 문영식

『태안군지』(태안군지편찬위원회)
『근흥면지』(근흥면지편찬위원회)
『충남문화재대관』(1996,12,26, 충남도)
『왕조실록 태안편』(2012,10,15, 박춘석 편)
『동학혁명과 태안』(2001,19, 박춘석 편저)
『태안지역 갑오동학농민혁명 자료집』(2005,4, 동학농민혁명기념사업회)
『북접일기』(2006,6, 태안군)
『태안의 동학농민혁명』(1990,6, 김영규 편저)
『전주정신과 동학농민혁명』(2014,12,30, 동학농민혁명기념사업회)
『문화유적총람, 사찰편』(1990,9, 충청남도)
『동학농민혁명과 교장바위』(2006,2,9, 동학농민혁명태안군기념사업회)
『태안에서 점화된 동학농민혁명의 햇불』(2016,12,30, 태안기념사업회)

「갑오동학란피란록」 연구 / 장수덕

1. 자료
金玄濟, 「피란록」, 1894-1895.
慶州金氏 族譜

德水李氏 族譜

曹錫憲, 『北接日記』

「駐韓日本公使館記錄」

한국학중앙연구원, 『한국민족문화대백과사전』.

金允植, 「沔陽行遣日記」, 『동학농민혁명 국역총서』 10. 2010.

洪健, 「洪陽紀事」, 『동학농민혁명 국역총서』 4. 2010.

2. 논문

박맹수, 「박맹수교수로부터 듣는 당진동학농민혁명」, 당진문화원, 2016.

지수걸, 「호서지역 동학농민운동의 성격과 의미」, 『충남지역 동학농민혁명 교육자료집』, 2017.

권정안, 「유교의 역사이해」, 한국정신문화연구원, 1997.

吳龍遠, 「崔興遠의 『曆中日記』를 통해 본 영남선비의 일상, 《大東漢文學》第45輯, 2015.

張俊浩, 「柳成龍의 『懲毖錄』 研究」, 서강대학교 대학원 박사학위 논문, 2016.

金鍾淑, 「忠武公의 충효정신 연구」, 공주대학교교육대학원 석사학위논문, 2013.

신승호, 修巖 柳袗의 「壬子錄」 研究, 《民族文化》第47輯, 2016,

윤인현, 『海上錄』과 『丁酉避亂記』 연구, 《漢文學論集》32輯, 2011.

조현우, 「포로실기에 나타난 전란의 기억과 자기 정당화」. 《민족문학사연구》제54권, 2014.

權大雄, 「경상도 유교지식인의 동학농민군 인식과 대응」, 『한국근현대연구』 51집, 2009.

張守德, 「당진 서산 지역의 동학농민전쟁」, 당진문화원, 2016.

찾아보기

동학총서15

충청도 태안 동학농민혁명

등록 1994.7.1 제1-1071
1쇄 발행 2021년 1월 25일

엮은이 동학학회
지은이 이해준 성주현 임형진 안외순 채길순 문영식 장수덕
편집장 소경희
편 집 조영준
관 리 위현정
디자인 이주향
펴낸곳 도서출판 모시는사람들
       03147 서울시 종로구 삼일대로 457(경운동 수운회관) 1207호
전 화 02-735-7173, 02-737-7173 / 팩스 02-730-7173

인 쇄 (주)성광인쇄(031-942-4814)
배 본 문화유통북스(031-937-6100)
홈페이지 http://www.mosinsaram.com/

값은 뒤표지에 있습니다.
ISBN 979-11-6629-021-3   94900
세트   978-89-97472-72-7   94900